中国农业风险管理
发展报告 2024

中国农业风险管理研究会　编

中国农业出版社

北　京

图书在版编目（CIP）数据

中国农业风险管理发展报告.2024 / 中国农业风险
管理研究会编． -- 北京：中国农业出版社，2024.11.
ISBN 978-7-109-32652-1

Ⅰ．F324

中国国家版本馆 CIP 数据核字第 20244ZU740 号

中国农业出版社出版

地址：北京市朝阳区麦子店街 18 号楼
邮编：100125
策划编辑：贾　彬
责任编辑：张雪娇
版式设计：杨　婧　责任校对：吴丽婷
印刷：中农印务有限公司
版次：2024 年 11 月第 1 版
印次：2024 年 11 月北京第 1 次印刷
发行：新华书店北京发行所
开本：700mm×1000mm　1/16
印张：18.25
字数：230 千字
定价：88.00 元

前　言

　　2024 年是新中国成立 75 周年。从新中国成立初的一穷二白，到如今现代农业的蓬勃发展，历程波澜壮阔，成绩卓著。75 年来，中国农业通过鼓励技术创新，大幅度提高了粮食产量，直接保障了国家粮食安全；通过建立国家粮食储备体系，增强了市场调控、粮食供应保障、危机应对的能力；通过对土地综合利用和水利建设，大大提升了土地和水资源的利用效率；通过支持改善农村基础设施，发展农村新型产业，推动了农村经济多元化发展，拓展了农民增收渠道。中国农业发展的历程不仅是粮食从供给短缺到自给自足，再到略有盈余的转变过程，更是国家综合实力不断强大的缩影。正是因为有了农业的稳步发展，才支撑起了中国应对百年未有之大变局的强大底气。我们有理由相信，中国农业将在建设社会主义现代化强国中继续书写辉煌篇章。

　　在复杂多变的国际形势下，发展重要，生存重要，安全也重要，妥善应对农业风险是维护国家安全的重要组成部分，是建设农业强国的应有之义。习近平总书记多次强调，统筹发展和安全，增强忧患意识，做到居安思危，是我们党治国理政的一个重大原则。统筹发展和安全是以习近平同志为核心的党中央立足于新发展阶段国际国内新形势新情况所提出的重大战略思想，是习近平新时代中国特色社会主义思想的重要内容。面对复杂的国际国内环境和各类风险挑战，我们既要有防范风险的先手，也要有应对和化解风险挑战的高招；既要打好防范和抵御风险的有准备之战，也要打好化险为夷、转危为机的战略主动战。要清醒地认识到，农业风险管理仍然是国家风险管理的短板，是"三农"工作的弱项，农业风险管理政策体系还不够完善，应对农业风险的政策工具还比较单一，各类措施衔接还不够紧密，加强农业风险管理任重道远。为此，我们一直在跟踪农业风险问题的研究。

《中国农业风险管理发展报告》是由中国农业风险管理研究会、中华联合保险集团股份有限公司、农业农村部农村经济研究中心联合组织完成的，旨在为健全中国农业风险管理体系提供决策参考，为广大从事农业风险管理研究人员提供研究借鉴，为政府和相关企业提供推进工作的思路。从2021年起，《中国农业风险管理发展报告》成为年度报告，每年出版一本。在写作过程中，编写组收集了许多部门的政策信息，借鉴了许多专家、学者的优秀成果，先后从金融监管总局、农业农村部、财政部、中国气象局等部门的官方网站，从冯老师说农险、中国农业技术推广、e览农险、五道口金融安全中心等官方公众号上搜集了大量公开信息资料，还通过中国农业风险管理研究会向全社会征集案例，一些保险机构、科技公司、期货公司、地方农业农村部门、专家学者都主动提供资料。在此，一并向为本报告的写作提供信息和资料的单位和专家学者表示衷心的感谢！

《中国农业风险管理发展报告2024》由龙文军和原瑞玲负责组织编写，包月红、郭金秀、靳少泽、聂赟彬、史英辉、张哲、沙昊潼、倪彬超、叶江溪、胡鸣宇等都承担了部分章节的编写任务。为了更好地完成报告编写工作，写作组广泛征求了相关方面的意见。原农业部副部长尹成杰、中国农业风险管理研究会会长张红宇、中国农业风险管理研究会常务副会长兼秘书长唐园结、中华联合保险集团股份有限公司监事长董忠、农民日报社种植业部主任杨久栋、全国农业技术推广服务中心研究员朱景全、中华保险集团公司战略规划部（保险研究所）副总经理吴学明、中国农业科学院农业信息研究所研究员张峭、中国农业科学院生物技术研究所研究员王友华、中国农业科学院北京畜牧兽医研究所研究员李松励、中国检验检疫科学研究院植物检验与检疫研究所助理研究员张柳等都提出了十分中肯的修改意见。编写组还收录了中华联合保险集团股份有限公司党委书记、董事长高兴华关于农业保险的专题报告。可以说，这份报告是集体智慧的结晶。感谢各位的辛勤付出！

风险总存在，研究无止境。本报告中难免出现纰漏，欢迎各位同仁和广大读者批评赐教。

中国农业风险管理研究会

2024 年 10 月

目　　录

专 题 篇

案　例　篇

总论篇

一、2023—2024 年农业风险总体特点

（一）农作物受灾面积持续减少

气候异常凸显，极端事件多发、强发、重发，但在基础设施明显改善下农作物受灾面积持续减少。2023 年以来，在全球变暖和厄尔尼诺的共同影响下，全国气候状况总体偏差，涝旱灾害突出，因灾死亡失踪人口和直接经济损失明显增加。但农田水利和防灾减灾基础设施建设不断改善，农作物受灾面积持续减少。2023 年全国气象灾害造成农作物受灾面积 1 053.9 万公顷，同比下降 12.7%，死亡失踪 691 人，同比增长 24.7%，直接经济损失 3 454.5 亿元，同比增长 44.8%。2024 年 1—8 月，农作物受灾面积 704.8 万公顷，较 2023 年同期下降 30.7%，因灾死亡失踪人口和直接经济损失分别为 757 人和 2 124.9 亿元，比 2023 年同期分别增长 84.6% 和 87.1%。2024 年上半年，华北黄淮地区发生了长时间的干旱天气，高峰期农田缺墒达到 9 300 万亩①，较常年多 5 000 万亩，但由于灌溉条件改善，且前期蓄水较好，整个旱灾造成北方 10 个省份农作物受灾面积达到 301 万亩，经济损失 14.6 亿元，大大低于常年同期水平。

---

① 亩为非法定计量单位，1 亩＝1/15 公顷。

（二）市场风险明显增大

受国际价格传导、消费疲软、丰产叠加进口冲击等综合因素影响，部分农产品价格大幅下跌，市场风险明显增大。受全球粮食等大宗农产品供需阶段性宽松等因素影响，国际大宗农产品价格从2022年下半年以来持续大幅回落。据联合国粮农组织（FAO）数据，2022年6月至2024年6月，全球食品价格指数从154.7（2014—2016年为100）降至121.2，降幅达21.7%。近年来，国内农产品价格与国际农产品价格的关联度越来越高，尤其是主要依靠进口的农产品，受国际农产品市场的影响更明显。2023年国内主要产品价格跌多涨少，总体呈波动下行趋势。黑龙江产区2023年大豆全年平均价格5.16元/千克，比2022年下跌14.6%。牛肉平均价格从2023年10月第1周的40.48元/斤①降至2024年9月第4周的33.98元/斤，降幅达16.0%，已连续11个月下跌，跌至近五年来的最低点。国内外宏观经济疲软，部分农产品消费暂时尚未恢复到预期水平。丰产叠加进口加大了国内阶段性供给压力，以牛肉为例，大量从国外进口对国内牛肉产业造成了明显冲击，2024年6月养殖户亏损面接近80%。

（三）非传统因素影响明显加大

地缘政治和新技术应用等非传统因素影响明显加大。2023年地缘政治、大国竞争、地区冲突等对世界经济的影响和冲击越发明显，去全球化思潮、贸易保护主义、能源政治化、粮荒等因素对经济增长形成多重牵制。联合国贸易和发展会议（UNCTAD）发布的报告指出，2023年全球贸易额已较2022年的创纪录水平下降了

---

① 斤为非法定计量单位，1斤=0.5千克。

5%，这反映了地缘政治风险对全球经济活动的负面影响。国际货币基金组织（IMF）在 2023 年《世界经济展望报告》中 170 多次提及"碎片化"一词，警告"地缘政治分裂"正在给产业链、供应链造成重大损失。受地缘政治和贸易保护主义抬头影响，2023 年全球范围内实施的农产品贸易限制措施数量达到历史新高，严重阻碍了国际农产品市场的正常流通。如印度、泰国和巴基斯坦等主要大米和糖供应国在 2023 年实施了出口限制，以保护国内粮食安全。乌克兰危机导致港口关闭、物流中断等问题频发，这不仅影响了乌克兰自身的粮食出口能力，也加剧了欧洲地区粮食市场的紧张局势。此外，在快速发展的科技浪潮中，中国农业正经历着前所未有的变革，随着新技术的不断涌现和应用，也带来了如技术依赖、技术安全和技术普及程度不均等各种风险。

二、2023—2024 年农业重大风险及影响

（一）气象灾害风险

气象灾害风险是由于气候条件异常变化所引发的风险，包括干旱、洪涝、台风、暴雨、大风、冰雹、雷电、高温、低温、冰雪、霜冻等。在全球变暖和厄尔尼诺的共同影响下，2023 年我国天气形势复杂，气候异常凸显，极端事件多发、强发，气象灾害频现。2023 年全年以暴雨洪涝、旱灾、风雹、低温冷冻害和雪灾、台风为主，农业生产受到不同程度的影响。应急管理部统计数据显示，2023 年全国气象灾害造成农作物受灾面积 1 053.9 万公顷，同比下降 12.7％，死亡失踪 691 人，同比增长 24.7％，直接经济损失达 3 454.5 亿元，同比增长 44.8％。国家气候中心数据显示，2023 年暴雨洪涝受灾面积占气象灾害总受灾面积的 44.2％，较 2022 年高 9.2 个百分点；干旱占比 36.3％，较 2022 年低 13.7 个百分点；风雹灾害占比 11.2％，与 2022 年基本持平；低温冷冻害和雪灾占比 5.0％，较 2022 年高 2 个百分点；台风占比 3.3％，较 2022 年高 2.3 个百分点（图 1）。2024 年 1—8 月，我国自然灾害以暴雨洪涝、干旱、风雹、台风、低温冷冻害和雪灾为主，局地多灾重发，极端灾害事件多，灾害损失重；农作物受灾面积 704.8 万公顷，较 2023 年同期下降 30.7％，但因灾死亡失踪人口和直接经济损失分别为 757 人和 2 124.9 亿元，比 2023 年同期分别增长 84.6％和 87.1％。

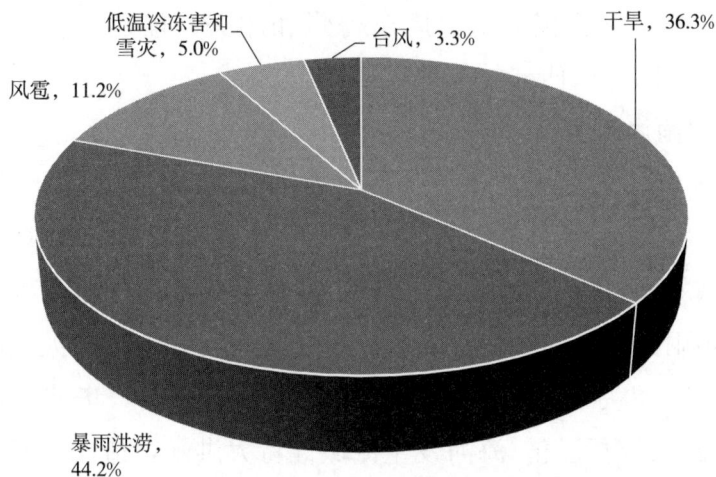

图 1　2023 年全国主要气象灾害受灾面积占总气象受灾面积比例
数据来源：国家气候中心。

1. 灾害时空分布情况

2023 年气象灾害时空分布不均，"北重南轻"格局明显。2023 年 1—3 月，除西南地区冬春连旱、西藏林芝重大雪崩灾害外，灾情总体相对平稳。初夏，河南等地出现连阴雨天气，给夏收造成不利影响。进入主汛期，超强台风"杜苏芮"、海河流域性特大洪水、松辽流域严重暴雨洪涝等重大灾害相继发生。12 月中旬山西等地发生低温雨雪冰冻灾害对群众生产生活造成较大影响，12 月 18 日甘肃积石山 6.2 级地震造成甘肃、青海两省重大人员伤亡。北方、南方因灾倒塌房屋数量占全国总损失的比例分别为 92.2%、7.8%，直接经济损失占比分别为 73.7%、26.3%。2024 年 1—8 月，灾害时空分布差异大，局地灾害损失重。年初，相继发生新疆乌什 7.1 级地震、云南镇雄山体滑坡、中东部地区极端低温雨雪冰冻等重大灾害。入汛以来，洪涝、干旱、地质灾害、风雹等灾害交织发生。华北地区以风雹、干旱为主，西南地区以干旱、洪涝、风雹和地质灾害为主，华南、华东、中南地区以洪涝、风雹和地质灾害为主，西北地区地震、沙尘暴等灾害多发，局地多灾重发，极端灾害事件多，灾害损失重。广东梅州和韶关、福建龙岩、安徽黄山、湖南岳阳、广西桂林等地灾情突出。

2. 暴雨洪涝灾害

2023 年华北、东北遭受严重暴雨洪涝灾害，局地山洪地质灾害突发。2023 年全国平均降水量 612.9 毫米，较常年偏少 3.9%，出现区域暴雨过程 35 次。2023 年 5 月底至 6 月初，河南出现大范围持续阴雨天气，与小麦成熟收获期叠加重合，造成较大范围农作物受灾。7—8 月受"杜苏芮"台风残留云系影响，华北、东北相继出现极端暴雨天气，海河发生流域性特大洪水，造成京津冀等地重大人员伤亡和财产损失，松花江流域发生严重汛情灾情，造成黑龙江、吉林等地受灾严重。西南、西北等局地山洪地质灾害多点散发，四川、重庆、陕西等地人员伤亡较大。2023 年全年洪涝灾害共造成 5 278.9 万人次不同程度受灾，因灾死亡失踪 309 人，倒塌房屋 13 万间，直接经济损失 2 445.7 亿元。此外，全国共发生滑坡、崩塌、泥石流等地质灾害 3 666 起，灾害级别以小型为主，主要发生在华北、西南等地区。2024 年 1—8 月，全国强降雨过程频繁、强度大、极端性明显，南方多地重复受灾。7 月，受极端强降雨影响，西南、西北、黄淮、中南、东北等地接连遭受较为严重的暴雨洪涝和地质灾害，城镇内涝、山洪、泥石流、山体滑坡等灾害点多面广、群发并发，灾情发展快、受灾范围广、灾害损失重。8 月，全国有 99 个国家站日降水量达到极端事件标准，辽宁羊山、甘肃泾川等 14 个站突破历史极值，引发山洪、泥石流、滑坡等灾害，陕西、辽宁等地局地重复受灾。

3. 台风

2023 年台风生成和登陆个数偏少、登陆强度偏强，带来多场极端强降雨。2023 年西北太平洋和南海共有 17 个台风生成，较常年显著偏少，其中 6 个登陆我国，较常年略偏少。台风"杜苏芮"

登陆期间给浙江、福建带来大暴雨，引发局地山洪和部分城市内涝，登陆后北上，环流在陆地长时间维持，造成华北、黄淮、东北等多地出现极端强降雨，引发严重暴雨洪涝灾害；台风"苏拉"登陆时在冷空气的配合下，给广东、广西带来大范围大暴雨；台风"海葵"登陆后残涡长时间影响华南地区，福建、广东多地多个站点降水突破历史极值。2023年，台风灾害共造成1 131.6万人次不同程度受灾，因灾死亡失踪12人，倒塌房屋7 000余间，直接经济损失474.9亿元。2024年1—8月，共有2个台风登陆我国。7月，台风"派比安"于7月22日在海南万宁登陆，强度弱、风雨小，未造成较大损失。7月25日台风"格美"登陆福建，其残余环流对湖南造成重大影响，共造成浙江、福建、江西、广东4省147.4万人次受灾，紧急转移安置21.6万人次，直接经济损失57.9亿元。随后，台风"格美"残余环流深入内陆，给湖南等地带来极端强降雨，引发的洪涝和地质灾害造成湖南郴州、衡阳、湘潭等地121.6万人次不同程度受灾，因灾死亡失踪94人，紧急转移安置9.6万人次，直接经济损失86.1亿元。

4. 干旱

2023年西南、北方、西北等地出现阶段性干旱，灾情总体轻于常年。2023年，我国先后发生西南冬春连旱、北方局地夏旱、西北地区伏秋旱，灾情总体偏轻。年初，西南大部降水偏少，特别是云南1—5月平均降水量较常年偏少五成。5—6月华北、黄淮高温过程多、极端性显著，东北西部降水偏少两至三成。6—8月，内蒙古西部、宁夏、甘肃大部、青海南部等地降水和区域内河流来水量偏少，部分地区人畜饮水和农业灌溉出现临时困难。2023年，干旱灾害造成2 097.4万人次不同程度受灾，农作物受灾面积3 803.7千公顷，直接经济损失205.5亿元。2024年1—8月，南北方旱情交替发展，年中已基本缓解，主要影响西南、西北、华北、黄淮等地。1—4月，西南地区因降雨持续偏少、库塘蓄水不足，出现阶段性旱情，云南、四川等地发生冬春连旱，部分山丘区人畜饮水出现临时困难，春耕生产用水紧张，云南旱情相对较突出。入汛后，西南地区旱情因降雨基本解除，部分地区发生旱涝急转。5月以来，华北、黄淮地区因持续高温少雨，旱情快速发展，部分土壤墒情持续偏差，旱情对河南、山东等地夏播和在田作物生长造成不利影响。6月中旬以来，受降雨影响，华北、黄淮大部旱情缓解或解除。

5. 风雹灾害

2023年风雹灾害多点散发，多地遭受强对流天气影响。2023年全国共出现33次强对流天气过程，较近五年同期均值偏少，主要集中在春夏两季。全国共有1 100余个县（市、区）遭受风雹灾害影响，广泛分散在华北、黄淮、西北、西南等地。全年共观测记录到26次龙卷风，其中强龙卷风9次，显著高于多年平均次数。江苏盐城、宿迁、南通等地龙卷风灾害造成14人死亡。2023年，风雹灾害共造成605.3万人次不同程度受灾，因灾死亡57人，农作物受灾面积1 174.5千公顷，直接经济损失117.3亿元。此外，全年有17次沙尘天气影响我国。2024年1—8月，强对流天气高发，风雹灾害点多面广。1—3月，我国大部分地区强对流偏少偏弱；4月后，进入强对流高发期，且类型复杂、强度极端。北方以大风、冰雹为主，农作物及部分设施农业受损较重；南方以短时强降雨、雷暴大风等强对流天气为主。7月，山东中西部遭遇强对流天气，菏泽、济宁、泰安等地出现13次龙卷风，通信、电力等基础设施和房屋损毁较重，因灾死亡6人，损坏房屋9 400余间，直接经济损失4.9亿元。内蒙古、新疆部分地区遭遇雷暴大风、冰雹等强对流天气，导致农作物倒伏、农业大棚等设施受损，农作物受灾面积95.7千公顷，直接经济损失8.1亿元。

6. 低温冷冻害和雪灾

2023 年全国共遭受 31 次冷空气过程影响，其中寒潮过程 8 次。11 月内蒙古和东北地区出现强降雪，12 月河北、山西、北京、天津等地共有 18 个站日最低气温跌破建站以来 12 月历史极值，中部地区出现大范围雨雪天气，造成河北、山西、山东、河南等地受灾。此外，1 月 17 日西藏林芝派墨公路发生雪崩，造成 28 人死亡，为我国近年来死亡人数最多的一次雪崩灾害。2023 年，低温冷冻害和雪灾共造成 322.5 万人次不同程度受灾，因灾死亡 30 人，农作物受灾面积 519.2 千公顷，直接经济损失 49.2 亿元。2024 年 1—8 月，我国共发生 19 次冷空气过程，较常年同期略偏多，其中 2 次达到寒潮级别。2 月，连续两轮低温雨雪冰冻天气过程影响中东部地区，持续时间长、影响范围广、雨雪强度大、降水相态复杂，造成湖北、湖南、江苏、安徽等 20 个省（自治区、直辖市）636 万人次不同程度受灾，农作物受灾面积 671.2 千公顷，直接经济损失 197.5 亿元；同时与春运叠加，对公路保畅、电力保供、群众出行和生产生活造成严重影响。

（二）市场风险

农业市场风险是指由于市场因素的不确定性对农产品价值实现造成影响的风险，主要源于市场供求失衡引发的价格变动。2023 年以来农产品价格总体呈震荡下跌态势，受国际价格传导、消费疲软、丰产叠加进口冲击等综合因素影响，部分农产品价格大幅下跌，市场风险明显增大。

1. 国际农产品价格下行向国内市场的传导明显

受全球粮食等大宗农产品供需阶段性宽松等因素影响，国际大宗农产品价格从 2022 年下半年以来持续大幅回落。据 FAO 数据，2022 年 6 月至 2024 年 6 月，全球食品价格指数从 154.7（2014—

2016 年为 100）降至 121.2（图 2），降幅达 21.7%，其中肉类、奶制品、谷物、植物油价格指数分别下降 5.8%、14.9%、30.8% 和 37.8%。近年来，国内农产品价格与国际农产品价格的关联度越来越高，尤其是主要依靠进口的农产品，受国际农产品市场的影响更明显。2023 年国内主要产品价格跌多涨少，总体呈波动下行趋势。2023 年三大主粮价格稳中有分化，稻谷收购价格上涨，小麦批发价格下跌，玉米产区批发价格持平；受国际大豆价格下跌及进口增加双重影响，国产大豆价格低位运行，其中黑龙江产区全年平均价格为 5.16 元/千克，比 2022 年跌 14.6%；食用植物油价格受全球高库存和国际价格下跌影响明显走低，主产区湖北三级菜籽油出厂价较 2022 年跌 28.3%；肉奶价格持续偏弱运行，猪肉批发价格下跌明显，全年猪肉平均价格为 25.79 元/千克，比 2022 年下跌 16.1%。因市场阶段性供大于求，生鲜乳收购价格全年持续下跌，收购平均价格为 3.84 元/千克，较 2022 年下跌 7.7%。2024 年以来，国内主要农产品价格整体低位运行，小麦国内价格从 1 月的 1.61 元/斤下降至 6 月的 1.37 元/斤，降幅达 14.9%；牛肉平均价格从 2023 年 10 月第 1 周的 40.48 元/斤降至 2024 年 9 月第 4 周的 33.98 元/斤（图 3），降幅达 16.0%，从 2023 年 10 月至 2024 年 9 月已连续 11 个月下跌，跌到了近五年来的最低点。

2. 宏观经济疲软，农产品消费总体偏弱

2023 年世界经济低迷，国际格局复杂演变，地缘政治冲突频发，外部环境复杂性、严峻性、不确定性上升。据世界银行（World Bank）预测，2023 年全球经济增速为 2.72%，2024 年为 2.6%，明显低于 2013—2019 年年均增长 3.0% 的水平。从国内看，面对复杂严峻的国际环境，国内经济总体向好，但也面临有效需求不足等突出问题。据国家统计局数据，2024 年 1—8 月，社会

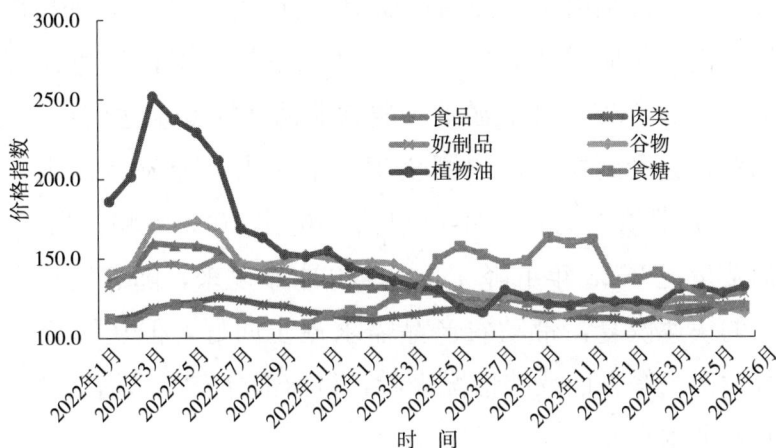

图 2　2022 年 1 月至 2024 年 6 月 FAO 食品价格指数波动情况
数据来源：FAO。

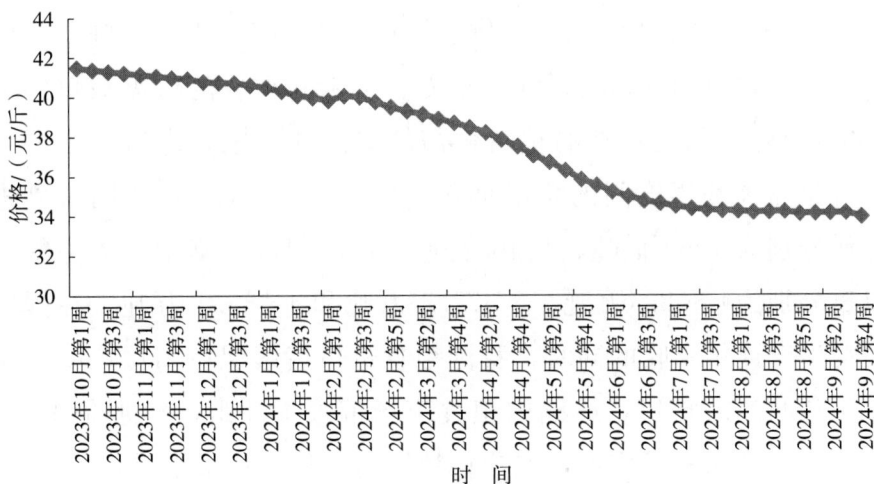

图 3　2023 年 10 月至 2024 年 9 月牛肉集贸市场价格
数据来源：农业农村部畜牧兽医局。

消费品零售总额累计增长 3.4%，较 2023 年同期低 3.6 个百分点。从农产品看，2023 年，随着居民收入水平的不断提高以及营养健康理念的普及，食物消费结构不断优化，农产品消费需求向健康化、绿色化、多元化、个性化转型升级，高品质、特色化农产品消费持续增加，但部分产品消费偏弱。如小麦口粮消费和工业消费明显下降，一方面是由于居民消费欲望不强、信心不足，外出就餐减少使餐饮消费相应减少，同时工厂开工不足，主食消费也有所下降；另一方面，2023 年旅游业、餐饮业消费恢复未达到市场预期，酒类消费相应受到影响，白酒全年产量同比下降 30％以上，对小麦工业消费带动乏力，全年口粮消费量比 2022 年略下降 0.3％，工业消费量比 2022 年下降 4.1％。2024 年以来，随着餐饮业、旅游业等的快速恢复，带动农产品需求逐步向好，但从综合加工企业、批发市场等方面反映情况来看，目前部分农产品消费暂时尚未恢复到预期水平①。

3. 丰产叠加进口加大国内阶段性供给压力

综合 FAO、《中国农业展望报告 2023—2032》等的预测研判，2020—2023 年我国粮食供需缺口在 1.2 亿~1.4 亿吨，其中大豆供需缺口约 9 000 万吨，小麦、玉米和稻谷的供需缺口约为 1 000 万吨，除大豆外的粮食供需缺口总体有限，进口的主要目的应是品种和年度间的余缺调剂。但 2021—2023 年我国粮食进口量分别为 1.64 亿吨、1.46 亿吨、1.62 亿吨，其中三大主粮进口量分别为 4 308.4 万吨、3 677.4 万吨和 4 186.1 万吨。在国内粮食生产连年丰收的同时，我国粮食进口持续保持高位，明显超过正常的产需缺口，给国内粮食市场带来了冲击，特别是玉米、大豆丰产叠加进口增加，农户售粮压力凸显。从玉米看，2023 年我国玉米大幅增产，生猪养殖持续处于亏损状态，有效需求增长不足，但玉米进口量明显增加，2023 年玉米产需缺口为 706 万吨，实际进口量为 2 713.0 万吨，是产需缺口的 3.8 倍。丰产叠加进口增多导致粮食收购价持续走低，加工企业收购国产粮的积极性不高，主产区农户售粮进度较慢。据国家粮油信息中心数

---

① 资料来源：农业农村部官网。

据，截至 2024 年 1 月 24 日，东北地区玉米售粮进度为 45%，同比慢 10 个百分点。从大豆看，2023 年国家推出一揽子大豆生产支持政策措施，大豆播种面积稳中有增，总产量再创历史新高，达到 2 084 万吨，大豆需求量为 11 076 万吨，产需缺口为 8 992 万吨，实际进口量为 9 941 万吨，居历史次高，是产需缺口的 1.1 倍。在国产大豆增产、国内大豆饲用需求明显下降的情况下，进口大豆仍有接近 1 亿吨的水平，国内大豆市场呈现阶段性供大于求，黑龙江和内蒙古春节前农户大豆销售进度分别较 2022 年同期慢 14% 和 23%。从牛肉看，在肉牛肉羊增量提质行动、粮改饲等国家及地方支持政策的带动下，2022—2024 年我国牛肉产量分别为 718 万吨、753 万吨和 761 万吨。在牛肉产量保持增长的同时，进口量也在快速增长，2022 年为 269.01 万吨，较 2021 年增长 15.3%，2023 年为 273.74 万吨，较 2022 年增长 1.8%，2024 年 1—7 月为 165.4 万吨，同比增长 8.5%。由于价格优势明显，2024 年上半年国内牛肉深加工企业和餐饮企业普遍选用进口牛肉，大量从国外进口牛肉对国内牛肉产业造成了明显冲击，6 月养殖户亏损面接近 80%。

（三）植物重大病虫害风险

植物病虫害风险是指在植物生长和发育过程中，因害虫和病原微生物危害而导致其形态、生理和生化上的病理变化所造成产量损失和品质降低的风险。2023 年小麦、水稻、玉米、马铃薯等粮食作物重大病虫害总体中等发生，全国发生面积 27.6 亿亩次，比 2022 年增长 3.8%，比近五年平均发生面积降低 4.1%，对 70% 以上的产区构成威胁，各地加大防控组织力度，及时采取有效措施，坚决遏制重发危害，努力减轻灾害损失。全国植保专业统计资料显示，2023 年通过病虫害防控措施，挽回粮食损失 2 382.3 亿斤，占粮食总产量的 17.13%。

1. 小麦重大病虫害

2023 年全国小麦生长中后期主要病虫害总体偏重发生，小麦"三病一虫"发生面积 3.13 亿亩次，防治面积 6.89 亿亩次。其中，赤霉病在湖北、安徽、江苏、河南和山东南部等长江中下游、江淮、黄淮南部麦区大流行，发生面积 3 692.4 万亩次，防治面积 3.11 亿亩次；条锈病在湖北北部、河南南部、甘肃南部、陕西关中和新疆伊犁河谷等局部麦区偏重流行，湖北大部和安徽中西部、河南中北部和山东西南部、四川盆地和甘肃中东部等出现中度以上流行，发生面积 770.61 万亩次，防治面积 2 795.74 万亩次；纹枯病在江苏中北部、河南大部、山东西南部、湖北大部等地偏重发生，发生面积 1.04 亿亩次，防治面积 1.13 亿亩次；蚜虫在河南、山东、河北、山西等黄淮海麦区偏重发生，发生面积 1.53 亿亩次，防治面积 2.13 亿亩次。

2. 水稻重大病虫害

2023 年我国水稻病虫害总体中等偏重发生，发生面积 9.88 亿亩次，防治面积 16.2 亿亩次。稻飞虱在南方稻区总体偏重发生，发生面积 2.55 亿亩次，防治面积 2.65 亿亩次，其中褐飞虱在江南、长江中下游和华南东部稻区，白背飞虱在西南东部稻区偏重发生；稻纵卷叶螟在江南、长江下游和华南东部稻区重度发生，发生面积 2.03 亿亩次，防治面积 2.65 亿亩次；二化螟在江南、长江中游和西南北部稻区偏重发生，发生面积 1.92 亿亩次，防治面积 2.77 亿亩次；水稻纹枯病在江南、华南、长江中下游、西南北部和东北南部稻区偏重发生，发生面积 1.96 亿亩次，防治面积 3.01 亿亩次；稻瘟病在东北冷凉稻区、南方丘陵山区和沿江沿淮稻区中等以上程度发生，感病品种重发流行，发生面积 2 696 万亩次，防治面积 1.46 亿亩次。

3. 玉米重大病虫害

2023 年全国玉米重大病虫害总体偏轻发生。玉米"三虫两病"发生面积 4.5 亿亩次，防治面积 5.45 亿亩次。草地贪夜蛾主要在西南、华南地区偏重发生，江南、长江中下游地区发生代次多、程度偏轻，江淮、黄淮、西北、华北局部地区偏轻发生，发生面积 4 067 万亩次，防治面积 4 937.4 万亩次；黏虫总体中等发生，东北、西北、华北和西南局部地区出现集中危害，发生面积 3 577 万亩次，防治面积 4 048 万亩次；玉米螟在黄淮海夏玉米产区偏重发生，东北、华北和西南局部地区中等发生，发生面积 2.36 亿亩次，防治面积 2.39 亿亩次；玉米大小斑病在东北、华北、西北、黄淮海和西南等大部地区中等发生，局部偏重发生，发生面积 1.09 亿亩次，防治面积 1.04 亿亩次；玉米南方锈病在黄淮海夏玉米产区偏重流行，发生面积 6 482 万亩次，防治面积 1.1 亿亩次。

4. 其他重大病虫害

此外，马铃薯晚疫病在西南、西北和东北部分地区偏重流行，发生面积 1 784 万亩次，实施预防控制面积 2 990 万亩次；草地螟在内蒙古及其周边局部重发，发生面积 104 万亩次；东亚飞蝗在环渤海湾、华北内涝湖库区局部点片发生。

（四）动物疫病风险

2023 年以来，全国报告发生多起动物疫情，疫病仍是畜牧业健康发展的最主要威胁之一。

1. 疫病种类多，潜在威胁大

根据农业农村部官方网站公布信息，2023 年 4 月至 2024 年 5 月，全国共报告发生一、二、三类主要动物疫病 27 种，发病动物 184.45 万头（羽、只、匹），病死动物 21.11 万头（羽、只、匹），报告统计的发病死亡率为 11.4%（表 1）。一、二、三类主要动物疫病发病数占比分别为 0.3％、14.7％和 85.0％，死亡数占比分别为 2.7％、24.7％和 72.6％。一类主要动物疫病 2 种，发病动物 5 675 头（羽、只、匹），病死动物 5 654 头（羽、只、匹）。其中口蹄疫发病动物 21 头（羽、只、匹），高致病性禽流感发病动物 5 654 头（羽、只、匹），病死动物 5 654 头（羽、只、匹）。二类主要动物疫病 18 种，发病动物 27.17 万头（羽、只、匹），病死动物 5.22 万头（羽、只、匹）。报告发病数占前三位的病种依次为猪流行性腹泻、布鲁氏菌病、山羊传染性胸膜肺炎，占二类主要动物疫病报告发病总数的 91.1％；报告死亡前三位的病种依次为猪流行性腹泻、山羊传染性胸膜肺炎和猪繁殖与呼吸综合征，占二类主要动物疫病报告死亡总数的 94.7％。三类主要动物疫病 7 种，发病动物 156.71 万头（羽、只、匹），病死动物 15.32 万头（羽、只、匹）。报告发病数占前三位的病种依次为鸡球虫病、巴氏杆菌病、猪流感，占三类主要动物疫病报告发病总数的 98.7％；报告死亡数占前三位的病种依次为鸡球虫病、巴氏杆菌病、猪流感，占三类主要动物疫病报告发病总数的 97.7％。

表 1　2023 年 4 月至 2024 年 5 月全国主要动物疫病报告情况

病名	累计发病数/头（羽、只、匹）	累计死亡数/头（羽、只、匹）	发病死亡率/％
一、二、三类主要动物疫病	1 844 536	211 125	11.4
一类主要动物疫病	5 675	5 654	99.6
口蹄疫	21	0	0.0
高致病性禽流感	5 654	5 654	100.0
二类主要动物疫病	271 724	52 242	19.2
狂犬病	3 139	127	4.0
布鲁氏菌病	29 263	16	0.1
炭疽	22	18	81.8

（续）

病名	累计发病数/头（羽、只、匹）	累计死亡数/头（羽、只、匹）	发病死亡率/%
日本脑炎	179	63	35.2
棘球蚴病	1 673	107	6.4
日本血吸虫病	7	3	42.9
牛结节性皮肤病	86	8	9.3
牛传染性鼻气管炎	474	40	8.4
牛结核病	108	3	2.8
绵羊痘和山羊痘	1 886	285	15.1
山羊传染性胸膜肺炎	11 228	2 523	22.5
猪瘟	241	54	22.4
猪繁殖与呼吸综合征	5 221	1 776	34.0
猪流行性腹泻	207 013	45 175	21.8
新城疫	3 814	319	8.4
鸭瘟	3 302	115	3.5
小鹅瘟	3 848	1 521	39.5
兔出血症	220	89	40.5
三类主要动物疫病	1 567 137	153 229	9.8
巴氏杆菌病	66 345	17 949	27.1
马立克病	4 974	1 923	38.7
猪丹毒	5 144	715	13.9
囊尾蚴病	121	12	9.9
猪流感	61 134	10 451	17.1
鸡球虫病	1 418 587	121 319	8.6
牛病毒性腹泻	10 832	860	7.9

数据来源：根据农业农村部公布数据整理。

2. 疫病分布地域广，传播途径与诱发因素多

2023 年 3 月 27 日，广西壮族自治区崇左市从违规调运活牛中发现口蹄疫疫情，经广西壮族自治区动物疫病预防控制中心确诊，

崇左市大新县在 S60 合那高速雷平停车区内查获的违规调运（无检疫证明）活牛中，发现 O 型口蹄疫疫情，同群牛 79 头。发现疫情后，当地已按照有关疫情应急预案要求及时规范处置。2023 年 5 月 12 日，新疆维吾尔自治区和硕县查获一起牛口蹄疫疫情。经新疆维吾尔自治区动物疫病预防控制中心确诊，巴音郭楞蒙古自治州和硕县乌什塔拉公路动物卫生监督检查站在查获的一车牛中，发现口蹄疫疫情，同群牛共 35 头，其中发病 8 头。发现疫情后，当地已按照有关疫情应急预案要求及时规范处置。2023 年 7 月 28 日，西藏自治区那曲市发生一起野禽 H5N1 亚型高致病性禽流感疫情，发病死亡野生棕头鸥等野禽 5 182 只，疫点 3 千米内无养殖家禽户。疫情发生后，当地立即按照应急实施方案规定对全部病死野禽进行无害化处理，并对周边环境开展排查、封锁和消杀，严禁人员及畜禽进入疫情管控区。2023 年 12 月 9 日，重庆市綦江区发现一起生猪口蹄疫疫情。经重庆市动物疫病预防控制中心确诊，重庆市綦江区农业农村委在外地调入的一车生猪中，发现 O 型口蹄疫疫情，同群生猪共 60 头。发现疫情后，当地已按照有关疫情应急预案要求及时规范处置。2023 年 12 月 11 日，福建省福州市长乐区发生野禽高致病性禽流感疫情，经国家禽流感参考实验室确诊，福建省福州市长乐区潭头镇野外滩涂发生一起野禽 H5N1 亚型高致病性禽流感疫情，发病死亡野生赤颈鸭等野禽 7 只。疫情发生后，当地立即按照有关应急预案要求进行规范处置，并对周边家禽开展监测排查，未发现家禽异常情况。2024 年 2 月 5 日，西藏自治区阿里地区日土县发生一起野羊小反刍兽疫疫情，发病死亡野羊 15 只。疫情发生后，当地立即按照有关应急实施方案要求进行处置，并对疫点周边家畜开展监测排查，未发现家畜异常情况。2024 年 5 月 17 日，经国家禽流感参考实验室确诊，青海省海北藏族自治州刚察县和海南藏族自治州共和县发生野禽 H5 亚型高致病性禽流感疫情，发病死亡渔鸥等野禽 275 只。疫情发生后，当地立即按照有关应急预案要求进行规范处置，并对周边家禽开展监测排查，未发现家禽异常情况。2024 年 5 月 31 日，西藏自治区那曲市色尼区发生一起 H5 亚型高致病性禽流感疫情，死亡野生棕头鸥等野禽 190 只，疫点 3 千米内无养殖家禽户。疫情发生后，当地立即按照应急实施方案规定开展应急处置，对全部病死野禽进行无害化处理，并对周边环境开展排查和消杀。2024 年 6 月 17 日，经国家禽流感参考实验室确诊，浙江省宁波市象山县发生野禽 H5 亚型高致病性禽流感疫情，发病死亡野禽 43 只。疫情发生后，当地立即按照有关应急预案要求进行规范处置，并对周边家禽开展监测排查，未发现家禽异常情况。

（五）农产品质量安全风险

在当今社会，农产品质量安全已成为关乎国计民生的重要议题，不仅是食品安全链条的第一道防线，还是保障消费者健康、维护市场稳定、促进农业可持续发展的基石，贯穿于生产源头至消费终端的全过程。农产品质量安全不仅聚焦农药残留、重金属污染等有害物质的限量控制，还广泛涉及营养成分、口感风味及储藏保鲜等多维度评估。我国农产品质量安全仍面临不容忽视的风险挑战，需持续加强监管与防控。

1. 农资市场乱象仍然不少

农资市场乱象，显著影响农业生产者利益与农产品质量安全。一是种子市场乱象丛生。部分不法商家为追求短期利益，将未经审定的种子推向市场，给农业生产带来极大风险。"三无"种子质量难保，严重侵害了合法育种企业的权益，增加了农业生产风险。二是农药与兽药市场违规事件频发。一些生产商或经销商为了增强药效，不惜增加常规药物使用量甚至违法使用禁限用药物。如 2023

年，农业农村部对 2 780 批次农产品（不含豇豆）进行抽检，发现违禁药物氧乐果、克百威等。针对豇豆另设专项抽检，发现部分样品存在克百威、毒死蜱等禁用农药及常规农药残留超标问题。三是化肥市场的欺诈行为层出不穷。部分生产商为降低成本，在化肥生产中偷减养分、虚标含量，使农民在投入大量资金购买化肥后，却未能获得应有的肥效，影响了农作物的生长与产量。同时，有机肥市场也存在有机质含量不足的问题。四是农资销售逐步向线上转移，为不法商户提供了可乘之机。他们利用网络平台无证经营假劣农资，进行虚假宣传，误导消费者购买。2023 年 12 月，消费者网联合北京阳光消费大数据研究院发布的《农产品直播电商消费舆情分析报告（2023）》显示，农产品直播电商消费舆情中，"虚假宣传"问题最严重，占比超过半数。这些行为不仅严重扰乱了农资市场的正常秩序，更对农产品质量安全造成了恶劣影响。

假冒伪劣农资产品对农产品质量安全的危害显著。农民使用低劣种子可能导致农作物出苗率低、生长缓慢、抗逆性差，甚至绝收，从源头上威胁了农产品的稳定产出。农药残留超标损害农产品品质，降低其市场竞争力。农药中超标的有害化学物质在农产品内部积累，并随着食物链的传递进入人体，对人类健康构成潜在的长期威胁，增加了公共卫生风险。假冒伪劣的化肥与有机肥产品中，可能掺杂有重金属、有害微生物等污染物，这些有害物质同样对农产品安全及人体健康构成直接危害，长期施用会破坏土壤生态系统，导致土壤结构退化、肥力下降，进而恶化农作物的生长环境，限制其生长潜力。有害物质还可能通过土壤渗透作用污染地下水系统，对更广泛的生态环境造成不可逆的损害。假冒伪劣农资产品的使用直接导致农作物减产或品质下降，对农民收入造成巨大冲击，进而可能削弱其持续投入生产的积极性与信心。

2. 农产品储藏、加工与流通隐患

在农产品加工与流通链条中，操作程序的非标准化与卫生不达标，可能引发微生物污染、化学物质残留等风险，构成了农产品质量安全的重大隐患，直接削弱了农产品的最终品质。不同种类的农产品在共享储藏、运输及加工空间时，若缺乏有效的隔离措施，极易发生交叉污染现象，影响整体质量。包装材料的安全性亦不容忽视，其含有的潜在有害物质在特定环境条件下可能向农产品中迁移，形成新的污染源，进一步加剧质量安全风险。在资源匮乏的偏远农村区域，冷链基础设施的匮乏与落后更是加剧了农产品质量安全的挑战。冷链系统的不足导致农产品在流通过程中难以保持适宜的温度与湿度条件，增加了腐败变质的风险。同时，淡旺季供需失衡问题也因冷链设施的不完善而加剧，造成资源浪费与经济损失。农产品物流基础设施的滞后与物流企业管理的不规范等问题交织，为农产品在流通过程中的污染提供了可乘之机，严重阻碍了农产品质量安全的有效保障。此外，流通组织的碎片化、低组织化水平以及管理现代化的不足，限制了其市场响应速度与抗风险能力，进一步放大了农产品质量安全的脆弱性。

当农产品在储藏、加工、流通等关键环节管理不善时，其后果往往远超产品本身的价值范畴，深刻影响到消费者的健康福祉与农业生产者的可持续发展。消费者作为农产品供应链的终端，一旦摄入受污染的农产品，可能罹患食物中毒、肠胃疾病等。这些健康问题不仅给个人带来身心痛苦，还加剧了医疗负担，对整个社会的公共卫生体系构成挑战。对于农业生产者而言，农产品质量安全问题无异于一场品牌危机。一旦产品被曝出质量问题，农业生产者的品牌形象将遭受重创，市场声誉受损，长期发展前景堪忧。质量安全问题导致的需求下滑、销售受阻及退货召回等，直接转化为经济损失，增加经营风险，甚至可能迫使生产者退出市场。

3. 农产品追溯体系不完善

农产品质量安全，一靠产，二靠管。农产品追溯体系，作为确保农产品质量安全的关键机制，面临着技术落后和信息不对称的挑战。该体系在覆盖范围和可追溯性上尚存在瓶颈，追溯信息的真实性和完整性亟待提升。鉴于食用农产品生产周期的冗长与作业环节的繁复，生产者面临实时、全面记录追溯信息的巨大难度，特别是在农资信息（如肥料、农药的制造商、批次、规格等）的保留上，常因缺乏有效管理机制而导致追溯数据缺失。更有甚者，部分生产者存在违规使用农药、忽视安全间隔期规定等行为，并试图通过上传虚假信息以规避监管，严重侵蚀了追溯体系的基石——信息的真实性。农产品质量安全追溯体系的建设，本质上是一个跨部门、跨环节的复杂系统工程，要求实现从生产源头至消费终端的全链条无缝监管。然而，当前市场环节的验码查证机制尚不健全，市场准入门槛偏低，产地准出与市场准入之间的衔接机制存在明显断裂，这无疑削弱了追溯体系在保障农产品质量安全方面的实际效果。

追溯体系的不完善，直接导致了农产品市场信息透明度的下降，使得消费者难以通过有效渠道验证产品的真实来源与质量状况，对农产品质量安全普遍不信任不仅增加了监管部门的执法难度与成本，还迫使生产者不得不投入更多资源以自证清白，无形中抬高了生产成本。在全球贸易背景下，农产品追溯体系已成为国际市场的普遍要求，我国追溯体系的不完善可能构成国际贸易的壁垒，削弱我国农产品的国际竞争力与市场份额。

（六）生物安全风险

生物入侵是全球面临的主要生态问题之一。截至2023年底我国已记录有660多种外来入侵物种，是世界上生物入侵比较严重的国家之一。根据外来物种对我国农林业生产和生态安全的影响，大致可分为 3 类：有益于国民经济的外来物种、利大于弊的外来物种和有害的外来入侵物种。外来物种主要通过自然入侵、无意引入、有意引进 3 种方式进入我国。2022 年 4 月 22 日，农业农村部审议通过了《外来入侵物种管理办法》，并于当年 8 月 1 日起正式实施。2023 年中央一号文件提出："严厉打击非法引入外来物种行为，实施重大危害入侵物种防控攻坚行动，加强'异宠'交易与放生规范管理。"2023 年 2 月，农业农村部发布《农业农村部关于落实党中央国务院 2023 年全面推进乡村振兴重点工作部署的实施意见》，明确严密防控外来物种侵害。开展外来入侵物种普查，完善源头预防、监测预警、控制清除等全链条监管体系。

2023 年我国基本完成外来物种普查工作。2023 年 6 月，农业农村部、自然资源部、生态环境部、海关总署、国家林草局印发《加强外来物种侵害防治 2023 年工作要点》，坚决防治外来物种侵害。健全林草外来入侵物种监测预警体系，依托现有林草有害生物监测站点、自然保护区监测站、野生动物疫源疫病监测站及生态定位站，布局完成 200 个外来入侵物种国家级监测站。2023 年 7 月，农业农村部等 6 部门印发《关于做好外来入侵物种普查数据汇交工作的通知》，确保做好普查数据汇交、质量核查和成果分析等工作。据统计，普查工作累计投入普查人员 87.98 万人次，投入资金 7.98 亿元，累计完成踏查路线里程 494.08 万千米，踏查覆盖面积10 137.73万公顷，占林地、草原、湿地总面积的 17.72%。全国共设置样地34.82 万个、样方 140.64 万个、样线 4.08 万条，采集标本 13.39 万号，收集照片视频 1 551.47 万张（套），发现外来物种约 525 种。

农业农村部多措并举，落实重大危害外来入侵物种防治工作。根据《中华人民共和国生物安全法》，农业农村部、自然资源部等部门联合制定了《重点管理外来入侵物种名录》，自 2023 年 1 月 1 日起施行，组成了外来入侵物种防控部际协调机制，组建多领域专家组成的外来入侵物种防控专家委员会，制定实施《进一步加强外来物种入侵防控工作方案》，系统推进外来物种入侵防控工作。2023 年 3 月，农业农村部在海南省文昌市组织召开重大危害外来入侵物种防控现场会，总结交流防控工作经验，部署推进外来入侵物种治理工作。要求各地聚焦福寿螺、凤眼蓝、薇甘菊等重大危害物种，紧抓防控关键期，因地制宜选取选用物理清除、喷施药剂、生物防治等措施，及时组织开展灭除。4 月，在海南省举行农业外来入侵物种防控现场灭除活动，总结防控工作经验做法，组织防控技术培训交流，开展重大危害入侵物种薇甘菊综合治理技术示范。举办以"加强外来物种入侵防控 维护国家生物安全"为主题的科普直播活动，近 10 万人次观看了线上直播，提升了公众对外来物种入侵的防控意识。9 月，在贵州省举办重点管理外来入侵物种紫茎泽兰现场灭除活动，来自全国各地的 80 余位专家分别前往白刺花替代紫茎泽兰对比区、皇竹草种植基地、花椒替代区开展现场灭除及观摩学习。10 月，在云南省召开外来入侵物种薇甘菊防控现场会，总结交流防控工作进展，对加强外来入侵物种治理进行再动员、再部署、再推动。

国家林草局印发了《全国森林、草原、湿地生态系统外来入侵物种国家级监测站建设方案》，重点组织实施《互花米草防治专项行动计划（2022—2025 年）》，联合自然资源部分别在福建省宁德市、山东省东营市两次召开全国互花米草防治工作现场会，联合自然资源部、农业农村部印发《互花米草调查技术规程》并开展调查工作，摸清全国互花米草 123 万亩，形成互花米草数据库和"一张图"，启动"互花米草可持续治理技术研发"应急揭榜挂帅项目，开展互花米草治理技术科技攻关，配合财政部安排中央财政补助资金支持地方开展年度防治任务 52 万亩，2023 年底共完成除治约 60 万亩。

生态环境部围绕生物多样性保护战略目标，持续强化包含生物安全在内的生物多样性保护顶层设计，将生物多样性保护纳入《中华人民共和国国民经济和社会发展第十四个五年规划和 2035 年远景目标纲要》《全国重要生态系统保护和修复重大工程总体规划（2021—2035 年）》《中国生物多样性保护战略与行动计划》等中长期发展规划。不断完善生物多样性保护法律法规体系，建立修订外来入侵物种领域的法律法规，落实细化相关法律规定。发布和调整重点管理外来入侵物种名录。2024 年 4 月制定发布《外来入侵植物对陆域自然保护区植物多样性影响评估技术导则（HJ 1345—2023）》。全面开展执法监督检查，做好外来入侵物种防控和监管的行刑衔接。优化提升资金和人才支持。持续加大生物多样性保护资金支持，强化提升公众参与生物多样性保护的意识，积极引导企业参与生物多样性保护。

（七）非传统农业风险

近年来，全球农业面临的风险越加复杂多样，特别是一些非传统农业风险逐渐显现，并对农业生产和粮食安全构成重大威胁。

1. 地缘政治风险

法国外贸银行的一项调查显示，地缘政治风险是 2024 年全球经济和市场面临的最大威胁，地缘政治动荡可能导致全球经济增速放缓、市场波动加剧。UNCTAD 发布的报告指出，2023 年全球贸易额已较 2022 年的创纪录水平下降了 5%，这反映了地缘政治风险对全球经济活动的负面影响。

一是国际关系的复杂性与不确定性。首先是中美关系，双方在经贸、科技、军事等领域存在诸多分歧和竞争，且 2024 年是美国大选年，大选结果将直接影响中美关系的发展，总统候选人在竞选过程中可能展示不同的对华态度，加剧中美关系的不确定性。如中美之间的贸易摩擦既涉及关税、贸易壁垒等经济手段，又涉及技术、投资等多个领域。这场贸易摩擦加剧了全球供应链的不确定性和风险。其次是地缘政治博弈在加剧。大国间的地缘政治博弈回归，局部地区冲突持续，俄乌冲突的影响持续外溢，加剧了全球地缘政治的不确定性。最后是周边地区的不稳定因素。如巴以冲突不断升级，导致地区局势紧张，增加了地区安全的不确定性，而这些都直接影响着农业的稳定发展。

二是国际农产品供应链面临挑战。2023 年全球范围内实施的农产品贸易限制措施数量达到历史新高，这些措施包括关税壁垒、非关税壁垒、出口限制等，严重阻碍了国际农产品市场的正常流通。例如，印度、泰国和巴基斯坦等主要大米和糖供应国在 2023 年实施了出口限制，以保护国内粮食安全，这些国家占全球糖供应量的 28％，对于中国这样的糖消费大国来说，这无疑增加了进口成本和供应风险。

三是地缘政治冲突是国际农产品供应链面临的最大风险之一。地区冲突可能导致交通中断、港口关闭、物流受阻等问题频发，进而影响农产品的正常流通和供应。如乌克兰是欧洲重要的粮食出口国之一，俄乌冲突导致乌克兰港口关闭、物流中断等问题频发，不仅影响了乌克兰自身的粮食出口能力，也加剧了欧洲地区粮食市场的紧张局势。对于中国这样的粮食进口大国来说，虽然直接冲击相对较小，但间接影响不容忽视。

2. 新技术风险

在快速发展的科技浪潮中，中国农业正经历着前所未有的变革，从传统的耕作方式到现代化的精准农业，科技的融入极大地提升了农业生产效率和产量。然而，随着新技术的不断涌现和应用，中国农业也面临着诸多新的挑战和风险。

一是技术依赖风险。《中国农业科技行业发展现状分析与投资趋势预测报告（2024—2031 年）》显示，2023 年中国农业机械设备市场规模已达到 3 662.80 亿元。然而，令人担忧的是，这些农机装备中，重大农机和食品装备的核心部件 90% 以上来自国外。这意味着，一旦国际供应链出现波动或中断，如贸易壁垒、技术封锁等，中国农业可能会面临"断供"的风险。种业是农业的"芯片"，报告指出，目前我国农业农村领域技术仅 10% 处于国际领跑地位，51% 处于跟跑阶段，与国际领先水平仍存在较大差距。尽管近年来中国在种业科技上有所突破，但整体上与国际领先水平仍有差距，而这种依赖可能导致农业生产的稳定性和安全性受到威胁。

二是技术安全风险。随着物联网、大数据等技术在农业中的广泛应用，农业数据的安全问题日益凸显。农业数据涉及农户的个人信息、种植信息、销售信息等敏感数据，一旦被非法获取或篡改，将对农业生产造成严重影响。例如，智能灌溉系统、智能温室等物联网设备若被黑客攻击，可能导致农田灌溉失控、温室环境异常等严重后果。

三是技术普及程度不均风险。虽然新技术在农业中的应用越来越广泛，但是不同地区、不同农户之间的技术普及程度仍存在较大差异。一些偏远地区或小规模农户可能由于资金、技术、人才等方面的限制，难以享受到新技术带来的好处。这种技术普及程度不均不仅限制了农业生产的整体提升速度，还可能加剧农村地区的贫富差距和社会不平等问题。以智能农机为例，虽然其在提高农业生产效率方面具有显著优势，但高昂的购置成本和维护费用使得许多小规模农户望而却步，这些农户往往只能依靠传统的手工劳作方式进行农业生产，生产效率低下且劳动强度大；相比之下，一些规模较大、资金雄厚的农户则能够轻松购置智能农机并享受其带来的便利和效益。此外，一些地区在农业技术培训方面还存在不足。一些农户由于缺乏相关知识和技能，难以掌握新技术的操作方法和应用技巧，不仅影响了新技术的推广效果和应用效益，还可能引发一些不必要的生产事故和损失。

三、农业风险管理发展与成效

（一）农业基础设施建设

在农业转型与规模化种植的浪潮中，农业基础设施建设作为坚实的支撑体系，对农业风险管理起到了关键作用。农田有效灌溉面积的扩大、高标准农田建设的开展、农村交通与信息网络的升级、现代设施农业的发展以及仓储保鲜冷链物流体系的构建，促使农业生产在稳定性与抗风险能力上实现了质的飞跃。这一系列基础设施的完善，不仅有效缓解了长期以来农业生产高度依赖自然条件的"靠天吃饭"现象，还显著提升了粮食与经济作物生产的产量与品质，为农业的稳健发展注入了新的活力。

1. 高标准农田建设

高标准农田建设作为保障国家粮食安全、推动农业可持续发展的基石，其重要性在全球粮食安全挑战日益严峻的当下尤为凸显。近年来，国家高度重视并大力推进高标准农田建设，截至 2022 年底，全国已累计建成高标准农田 10 亿亩，每亩产能提高 10%～20%，农业靠天吃饭的局面正加快改变。2023 年，高标准农田建设进程继续加速，新建和改造提升农田 8 611 万亩，建成高效节水灌溉农田 2 462 万亩。建成后的高标准农田平均耕地质量可提高约 1 个等级，亩均粮食产能增长 10%～20%。2023 年底，国家增发国债资金 1 254 亿元，支持建设高标准农田 5 400 万亩，同时将中央亩均补助标准提高至 2 000 元以上。从 2024 年开始，中央预算内投资、中央财政资金渠道支持高标准农田投资亩均补助标准同步提高。坚持质量第一的原则，将东北黑土地区、平原地区以及具备水利灌溉条件地区的耕地优先建设成高标准农田。

高标准农田建设通过田块优化、沟渠系统完善、节水灌溉技术应用、生态林网构建及绿色农业技术的集成推广，显著改善了农业生产环境，有效削弱了极端天气对农作物生长的负面影响，大幅增强了农业抵御灾害的能力。高标准农田建设引领农业向规模化、标准化、专业化转型，推动了农业机械化水平的全面提升，提高了水土资源利用效率与土地产出率，为农业可持续发展奠定了坚实基础；显著加强了农田生态系统的防护屏障，有效控制了水土流失，提升了农业生产资料的利用率，减少了农业面源污染，为绿色农业发展提供了坚实保障。基于经济视角，高标准农田建设后，平均每亩农田可节约生产成本并增加效益约 500 元，能显著提振农民的生产信心，促进土地流转与规模化经营，进一步提升农业综合效益与农民收入。

2. 水利基础设施建设

近年来，我国加速推进水网骨干网络的构建与优化，涵盖大中型灌区的全面建设与现代化改造，中小型水库、引调水工程、抗旱备用水源等多元化水利设施的建设。2023 年，我国成功实施了 598 项大中型灌区改造项目，显著完善了灌排体系，新增并恢复灌溉面积超过 3 500 万亩[①]。水利部积极推进环北部湾水资源配置等重大引调水工程，投资建设了贵州观音、云南桃源、西藏帕孜等重点水源工程，实施一批中小型水源工程，有效促进水资源的跨时空优化配置，增强农业灌溉的供水保障能力。针对部分灌区存在的设施老

---

① 数据来源：陈晨. 粮食安全水利基础不断夯实［N］. 光明日报，2024-06-11 (010)。

化、能力下降和用水效率不高等问题，国家发展改革委、财政部等部门于 2023 年增发 634 亿元国债资金，专项支持 1 022 处大中型灌区的续建配套和现代化改造，预计可新增恢复改善灌溉面积 5 500 多万亩，显著提高了农业灌溉用水利用效率与农业综合生产能力[1]。此外，我国还积极筹划在粮食主产区和水土资源优越区域新建一批节水型、生态型灌区，截至 2024 年 5 月底，江西平江、湖南梅山等 161 个现代化灌区建设项目已正式启动，预计新增灌溉面积 500 万亩。2024 年 5 月，财政部农业农村司公布了 2024 年水利发展资金分配结果（表 2），资金重点投向中小河流治理等 11 大领域，旨在全面提升水利基础设施的质量与效益（表 3）。据统计，2023 年我国耕地灌溉面积达 10.55 亿亩，在占全国 55％的耕地面积上生产了全国 77％的粮食和 90％以上的经济作物[2]。

表 2　2024 年水利发展基金分配情况

地区	金额/万元	占比/％
合计	4 102 928	100
北京	34 100	0.83
天津	23 907	0.58
河北	387 740	9.45
山西	116 359	2.84
内蒙古	117 583	2.87
辽宁	65 519	1.60
大连	1 842	0.04
吉林	126 246	3.08
黑龙江	101 945	2.48
上海	442	0.01
江苏	74 540	1.82

---

[1]　数据来源：农业农村部官网。

[2]　数据来源：同[1]。

（续）

地区	金额/万元	占比/%
浙江	83 624	2.04
宁波	8 447	0.21
安徽	115 310	2.81
福建	91 778	2.24
厦门	4 994	0.12
江西	218 327	5.32
山东	183 550	4.47
青岛	7 235	0.18
河南	214 469	5.23
湖北	144 294	3.52
湖南	266 508	6.50
广东	96 312	2.35
广西	134 986	3.29
海南	32 547	0.79
重庆	132 829	3.24
四川	267 794	6.53
贵州	114 349	2.79
云南	195 627	4.77
西藏	62 818	1.53
陕西	197 044	4.80
甘肃	179 602	4.38
青海	52 984	1.29
宁夏	48 451	1.18
新疆	165 969	4.05
新疆生产建设兵团	32 857	0.80

数据来源：财政部。

注：辽宁、浙江、福建、山东、广东数据均不含该省计划单列市数据。

表3 2024年水利发展基金绩效目标

绩效指标	指标值
中小河流治理	完成135条，治理总长3 007.9千米
小型水库除险加固	完成757座
中型灌区节水配套改造	完成改造面积346.7万亩
山洪灾害防治县数	完成2 076个
山洪灾害防治设施维修养护	完成1 881个
农村饮水工程维修养护	完成67 973个
小型水库工程维修养护	完成88 711座小型水库白蚁等害堤动物日常检查、治理19 717座小型水库白蚁危害
水资源刚性约束与调度	实施72个节水型社会达标建设（含再生水配置）项目
农业水价综合改革面积	新增农业水价综合改革面积8 093.3万亩、深化农业用水权改革试点灌溉面积793.3万亩
水土流失综合治理	完成844个中型以上病险淤地坝除险加固和老旧淤地坝提升改造
水系连通及水美乡村建设	实施幸福河湖40条/个，用于81个水系连通及水美乡村建设试点县

数据来源：财政部。

在应对自然灾害方面，面对2023年台风"杜苏芮"引发的海河流域严重洪涝灾害及多流域的超警戒洪水，我国农业防灾减灾体系经受住了严峻考验。通过协同调度京津冀84座大中型水库拦洪超28.5亿米³，调度北关、卢沟桥等关键枢纽有序分泄洪水，启用8处蓄滞洪区蓄洪滞洪25.3亿米³，相当于175个西湖的水量，有效减轻了中下游地区的防洪压力，保护了农田与农作物的安全[1]。在西北4省份遭遇严重旱情的情况下，相关流域机构通过加强供水调度等措施保障了秋粮灌溉需求，实现了大旱之年的粮食稳产丰产目标。水利基础设施的建设大大降低了自然灾害对农业的冲击，提

---

[1] 数据来源：中国水利官网。

升了农田在极端天气下的稳定生产能力，并优化了水资源配置。

3. 现代设施农业建设

2023 年 6 月，农业农村部联合国家发展改革委、财政部、自然资源部印发了《全国现代设施农业建设规划（2023—2030年）》，对推动现代设施农业改造提升进行了具体布局。支持建设以节能宜机为主的现代设施种植业，包括传统优势产区设施改造提升，日光温室、连栋温室和植物工厂等高端生产设施建设、蔬菜和水稻生产大县的区域性集约化育苗（秧）中心建设以及西北寒旱和戈壁地区现代设施蔬菜产业发展等。支持建设以高效集约为主的现代设施畜牧业，包括规模养殖场、畜禽屠宰场的改造升级，立体多层生猪养殖圈舍建设，精准饲喂、智能环境控制、粪污处理利用等设备配套和完善。支持建设以生态健康养殖为主的现代设施渔业，包括标准化池塘、深远海养殖渔场建设，水产养殖设施装备升级等。2023 年我国设施农业面积 4 000 余万亩，占世界设施农业总面积的 85％以上，其中设施蔬菜面积占我国设施农业面积的 80％以上，居世界首位[①]。全国大中拱棚以上的设施面积达 370 万公顷（5 550 万亩），占世界设施园艺面积的 80％。连栋温室面积 99.9万公顷（1 500 万亩），占全国设施面积的 27％[②]。

现代设施农业依托先进的生产设备、工程技术及管理策略，对温室、塑料大棚等保护性结构内的环境要素（如温度、光照、水分、土壤条件、气体环境及营养供给）实施精确调控，显著优化了植物与畜禽的生长环境，有效降低了自然灾害对农业生产的影响，能够实现农作物的反季节生产和多样化生产，提供特色鲜明、多样

[①] 数据来源：敖阳利. 给农业插上科技的翅膀：现代设施农业发展情况调查［N］.中国财经报，2023-09-05（08）。

[②] 数据来源：CARM 智慧农业与数字乡村分会公众号，我国设施农业的发展特点及现状，2023-08-04。

化、高品质的农产品，从而增强农产品的市场竞争力，减少因市场供需失衡和价格波动带来的风险。

4. 农产品仓储保鲜冷链物流建设

近年来，地方政府对于构建高效、可靠的农产品仓储保鲜冷链物流体系的重视程度显著增强。自 2020 年起，农业农村部与财政部联合实施农产品仓储保鲜冷链设施建设项目，将以地理标志农产品为代表的特色农产品纳入实施范围。2022 年印发《"十四五"全国农产品产地仓储保鲜冷链物流建设规划》，覆盖特色农产品优势区等区域，支持建设一批田头冷藏保鲜设施、农产品骨干冷链物流基地和产地冷链集配中心，旨在通过全域覆盖的成网配套设计与系统性推进策略，编织出一张覆盖广泛、运作高效的冷链物流网络。截至 2023 年 4 月，累计支持约 3.6 万个家庭农场、农民合作社及农村集体经济组织，建设 6.9 万个产地冷藏保鲜设施，新增库容超过 1 800 万吨，显著推动了 350 个农产品产地实现冷藏保鲜能力的县域整体提升，有效促进了冷链物流服务网络向广大农村地区延伸①。

农产品仓储保鲜冷链物流体系的不断完善，对多维度提升农产品价值链效能具有深远且显著的促进作用。具体而言，该体系通过提高农产品的保鲜效果与流通效率，显著降低了产品在供应链中的损耗率与浪费现象，有效遏制了因腐败变质而引发的污染风险，进而强化了食品安全保障体系，极大地提振了消费者的信任与满意度。农业农村部数据显示，农产品产地冷藏保鲜设施建设项目实施以来，项目覆盖区域的农产品产后损失率平均由 22.7% 降低到 7.1%；项目区建设主体生鲜农产品储藏周期平均延长了 87.3 天，为农民创造了更多的销售机会与利润空间，实现了错季销售，增强

---

① 数据来源：农业农村部官网。

了农业生产的灵活性与抗风险能力。此外，建设产地冷藏保鲜设施，有效延长了农业产业链条，促进了农民群众就地就近就业，增加了农民收入。

（二）农业科技和智能装备发展

科技已成为推动农业农村经济增长的核心驱动力，引领着传统农业向现代农业转型。2023 年，面对多重挑战，我国粮食产量达到 13 908.2 亿斤，比 2022 年增加 177.6 亿斤，创下了历史新高，这不仅是农业科技与智能装备发展成果的集中展现，更是我国农业风险管理能力显著提升的重要标志①。

1. 系统推动农业科技进步

目前，我国农业科技整体水平已经迈入世界第一方阵。农业农村部官网数据显示，我国现有国家级农业科研平台 867 个，农业科技进步贡献率超 63%，作物良种覆盖率超过 96%，农作物耕种收综合机械化率约为 73%。我国以应用为导向，构建了一个层次分明、协同高效、适度竞争的农业科技创新体系。该体系紧密围绕前端关键核心技术、中端技术模式集成与后端适用技术推广三大环节，实现了全方位、系统性的战略部署。通过全面推进农业关键核心技术攻关，特别是针对底盘技术、核心种源以及丘陵山区农机装备等长期制约农业发展的"卡脖子"问题，我国成功培育出一批具有自主知识产权的"火花技术"，显著增强了农业科技的自给能力与国际竞争力。我国重点建设了一批区域引领性的种业科技创新中心、企业实验室与企科创新联合体，遴选了一批创新型国家农业阵型企业，建设了国家农业高新技术产业示范区，强化了农技推广体系与科研院校、科技服务企业的贯通合作，形成了优势互补、资源

---

① 数据来源：农业农村部官网。

共享的良好局面。

自主创新推动了农业关键领域如生物育种、智能农机装备、农业物联网等核心技术的突破，直接提升了农业生产的智能化、精准化水平，从而增强了对农业灾害、病虫害等风险的预警和防控能力。农业科技创新成果的转化和应用，推动了农业产业结构调整和优化升级，提升了农业产业的抗风险能力和市场竞争力。结合区域资源禀赋和市场需求，发展特色农业和优势产业，提升了农产品的品质和附加值，增强了农产品的市场竞争力。

2. 种业振兴行动成效显著

2024 年，新中国成立以来规模最大的农业种质资源普查顺利完成，新收集种质资源超过 53 万份。我国农作物种源自给率超过 95%[①]，杂交水稻、白羽肉鸡等标志性育种成果显著，确保了当家品种的自主可控。种源关键核心技术攻关和生物育种重大项目启动实施，国家育种联合攻关和畜禽遗传改良计划扎实推进。自主研发的基因编辑技术正加快产业化应用，生猪、奶牛等专用育种芯片国产化进程加快。耐盐碱小麦和短生育期冬油菜等新品种初步育成，首批 51 个玉米大豆转基因品种获审定批准。国产白羽肉鸡品种国内市场占有率超 20%[②]，并首次出口至坦桑尼亚，自主培育的肉牛、南美白对虾新品种亦在加速推广。棉花中发现名为 GhJAZ24 的新型高效广谱杀虫蛋白，可以替代化学农药高效毒杀鳞翅目害虫，对农业绿色发展具有重要意义。国家种业企业阵型初步构建，涵盖农作物、畜禽、水产等领域的龙头企业。通过深化产学研金合作机制，开展关键核心技术和育种联合攻关，优先纳入重大品种推广补助政策试点范围，着力打造领军企业和专业化平台企业。国家

---

① 数据来源：农业农村部官网。
② 数据来源：同①。

级种业基地布局优化，种源供给保障能力持续增强。良种繁育体系全面构建，基本覆盖粮棉油糖、猪牛羊禽、鱼虾蟹贝等多领域，供种保障率提升至 75% 以上[①]。科技装备升级加速，良种生产、加工设施改造与新技术应用并进，种子质量认证制度有效实施，种源质量显著提升。国家和省级救灾备荒种子储备制度完善，确保了省级种子储备的全面覆盖，为农业安全生产提供了坚实保障。

聚焦关键核心技术的突破与优良品种的培育，实现了粮食作物单产与品质的双重飞跃，不仅显著增强了我国粮食生产的自给自足能力，有效降低了外部依赖与供应短缺的潜在风险，更为国家粮食安全的稳固基石奠定了坚实基础。通过深入研发与推广耐盐碱、抗旱、抗病虫害等特性突出的优良品种，作物对极端气候与病虫害的抵御能力得到了显著提升，有效减轻了自然灾害对粮食生产的冲击，显著降低了因不可抗力导致的粮食减产风险，保障了农业生产的连续性与稳定性。优良品种的广泛应用极大地优化了农业生产环境，减少了因品种不适应环境而引发的产量波动。同时，生物育种技术的飞速进步，为作物适应多样化环境提供了强有力的技术支持，进一步巩固了农业生产的稳定性。此外，高产、优质的种子能够显著提高农民的收入水平，减少因产量低、品质差而导致的经济损失。这有助于激发农民的生产积极性，促进农业生产的可持续发展。

3. 智能农机装备创制成果丰硕

自 2023 年起，农业农村部与工业和信息化部协同，汇聚各方资源，针对农业机械领域的短板，特别是大型大马力机械、丘陵山区小型机械以及智能化领域的不足，进行了系统性的研发与推广应用。在"一大"（大型大马力机械）方面，成功实现了高端农机装

---

① 数据来源：农业农村部官网。

备的国产化突破,包括 240 马力^①、320 马力无级变速拖拉机的量产,700 马力青饲料收获机等大型设备的样机试制与产业化应用。国内品牌农机在多个细分市场占据主导,如 6 行打包采棉机、高速插秧机、12 千克/秒喂入量谷物联合收获机等,市场份额超过 50%,加速了国产替代进程。在"一小"(丘陵山区适用小型机械)方面,多款 6~15 度坡丘陵山地拖拉机、再生稻收获机等设备实现产品定型;针对特定需求研发的山地玉米播种机、山地轨道运输机等得到推广,显著改善了丘陵山区农业生产条件,实现了从"无机可用"到"有好机用"的跨越。智能装备如雏鸡断喙机器人、设施巡检机器人、设施植保机器人等的成功研发,打破了国外垄断局面,提升了农业智能化水平。全国安装北斗终端农机已达 220 万台,作业效率和作业精度达到国际先进水平。植保无人机总量超过 20 万架,年作业面积突破 21 亿亩次,极大地提升了作业效率,实现了农药减量增效^②。2024 年,北京市作为示范区,依托"北斗+智慧农业"技术体系,构建了玉米、大豆等作物单产提升的智能化生产模式,推动了"无人农场"的落地应用。不仅应用了物联网、云计算、人工智能等前沿科技,还融合了路径规划、智能感知、跟踪控制、远程通信等现代农业信息及装备技术,对传统农机具进行"智造升级",实现了农业生产全程的智能化、无人化,为减少劳动力依赖、提升农业生产效率与资源利用率树立了典范。

农业智能装备的应用显著优化了生产流程,实现了精准化和高效化,大幅度提升了农业生产效率,有效帮助农民应对气候变化带来的不确定性,增强了粮食生产的稳定性和可持续性。农机作为现代农艺技术规模化推广的重要工具,是推动传统农业向现代农业转

---

① 马力为非法定计量单位,1 马力=0.735 千瓦。
② 数据来源:农业农村部官网。

型的关键驱动力。在播种和插秧阶段，高性能播种机和高速插秧机强化了土壤的保水能力和水稻的抗灾能力。例如，潍柴雷沃的复式条播机，以其出色的碎土整平等综合能力，荣获 2023 年中国农业农村重大新技术殊荣。在植保环节，农用无人机等精准作业工具有效防治了病虫害，防止了干热风和早衰。在收获和干燥阶段，收获机械和烘干机显著减少了极端天气对粮食的损害，2023 年潍柴雷沃、湖南农夫等农机企业生产的履带式收获机和移动式烘干机，为及时抢收和烘干提供了机械化支持，为保障国家粮食安全起到了重要作用。

4. 农情监测预警系统不断完善

随着《数字乡村发展战略纲要》和《数字乡村发展行动计划（2022—2025 年）》的深入实施，农业领域正加速推进数字化和智能化技术的投入与应用，旨在提升农业生产效率与抗风险能力。在此背景下，构建高效、精准的农情监测预警系统成为关键一环。该系统集成了卫星遥感、无人机、物联网等技术，形成了"天空地一体化"的全方位、多层次农情信息监测网络。该网络以农业科学观测数据中心为核心，辅以遍布各地的实验站与农情基点县，实现了对农作物生长状态、土壤湿度、气象条件等关键参数的实时、动态捕捉，广泛应用于墒情、虫情、灾情、苗情监测，还融入了智能预警机制，确保农民能够即时获取农田环境的精确信息，从而科学决策、灵活调整种植策略与管理措施。例如，2024 年青岛市利用卫星遥感、人工智能算法和大数据分析技术，开展主粮作物遥感识别分析和地块级耕地监测，主粮作物识别准确率达到 97％以上，产量预估准确率达到 93％以上。布设绿色高产物联网信息采集点 44个，建设绿色增粮"1＋10"大模型，构建墒情、苗情、虫情等物联网全方位远程监控体系。开发农产品价格行情监测系统，实行日监测、周报告、月分析，已采集发布农产品市场价格信息 1 100 万条，引导市场主体合理调控产能，提前规避市场风险[①]。

数字化与智能化技术的深度融合与应用，在农业领域催生了革命性的变革，为农民提供了前所未有的精准管理方案。这些技术不仅赋能农民进行科学决策，还帮助他们灵活调整种植策略，从而实现对作物生长环境的精细调控与优化，直接促进了作物产量与品质的双重提升。农业风险管理模式实现了根本性转变，即从传统的被动响应型管理，转向基于大数据与智能分析的主动预防与干预模式。这种转变显著增强了农业系统的内在稳定性与韧性，提高了抵御外部冲击与不确定性因素的能力，为农业可持续发展构筑了坚实的基石。此外，数字化与智能化技术的广泛应用还极大地促进了农业科技的普及与深化应用，加速了农业技术创新的步伐，推动了农业整体科技水平的提升，为农业现代化进程注入了强劲动力。系统持续生成的海量数据，不仅为农业管理提供了强有力的数据支撑，使得决策过程更加科学化、精细化，同时也为农业科研开辟了新的研究路径与资源宝库，促进了农业科研的深入发展与创新能力的持续提升。

（三）农业风险管理体系建设

农业风险管理体系建设是为了减少或者消除各类风险对农业生产的影响，而建立的一套政策法规、组织机构和运行机制。保障粮食等重要农产品供应是乡村振兴和农业强国建设的基础与底线。一旦粮食供应和高价值的农业产业链因为遭受灾害或市场风险而出现较大损失，不仅农业经营主体难以承受，消费者也难以接受供应不足带来的后果。因此，必须加快健全农业风险管理体系，做好应对预案，未雨绸缪。建立农业风险管理体系要从思想认识、政策法

---

① 数据来源：农业农村部官网。

规、组织机构、技术支撑、人才培育以及监督管理等多方面着手。

1. 树立系统思维、底线思维和综合风险管理理念

进一步增强忧患意识，将健全的农业风险管理体系作为防范化解系统性风险的重要基础。宁肯"十防九空"，也要强化农业风险管理的战略性布局和前瞻性预案，将农业风险管理作为完善农业支持保护、服务农业高质量发展、服务乡村振兴的重要手段，提升到国家战略层面来通盘考虑。要充分利用广播、电视、报刊、互联网等媒体，大力宣传农业风险管理的好经验、好典型，统一思想认识，营造良好的舆论氛围，让社会各界都能关心和支持农业风险管理工作。

2. 完善农业风险管理的政策法规体系

从农业产业链风险综合管理的视角来推进完善法律法规架构，夯实农业风险法治基础，严格安全生产执法、推动依法行政决策、推进应急标准建设等，培育良法善治的全新生态。2016年《农业保险条例》修订以来，我国农业保险的政策地位、市场规模、服务对象、市场主体等都发生了很大变化，《农业保险条例》的部分规定已滞后于农业保险发展的新情况、新要求，难以满足我国农业风险管理的新目标要求，应尽快成立《农业保险条例》修订的工作专班，为农业保险立法创造条件。

3. 改革优化农业风险管理组织机构

深化体制机制改革，打造统一权威高效的治理模式。包括健全领导管理体制、完善监管监察体制、优化应急协同机制、压实应急管理责任等。改革完善中国农业再保险职能，更好发挥农业再保险大灾风险分担作用，防范化解重大风险，织密灾害事故的防控网络，进一步完善农业保险的协调与监督管理职能。切实抓好农业保险基层服务体系建设，形成县区有农业保险服务中心、乡镇有农业保险服务站、村组有农业保险服务点的三级农业保险基层服务网络，充分发挥基层网络在保险政策宣传、承保信息采集等方面的作用。加强气象监测站点和人工增雨防雹设施的建设，提高气象站点的数据监测质量和水平，提高增雨防雹能力。

4. 完善农业风险管理的市场体系

要大胆探索、勇于创新，充分释放信贷担保、农业保险、农产品期货期权、"保险＋"等市场风险管理工具的活力，提高其在我国农业风险管理体系中的地位和作用。加大农业生产经营主体的风险教育培训力度，提高市场主体利用市场化风险管理工具分散和转移风险的能力。

5. 完善农业风险管理的科技支撑体系

科技是农业风险管理的重要支撑力量。要加大农业保险科技赋能力度，建立投保、勘损、理赔等综合服务信息化系统，提高农业保险出险赔偿能力，鼓励农业保险机构简化交易环节、优化服务模式，应用互联网、大数据等科技手段，优化或创新农业保险产品形态、组织架构、业务流程、经营模式等，鼓励农业保险机构与农机服务、农技推广等基层农业服务体系开展联合，促进生产技术、防灾技术、保险手段的结合。优化农业领域科技布局，在农业农村重大风险识别、评估、预警和管理方面设置重大专项，组织全国科技力量就其中的重大关键问题开展深层次研究，加快科研攻关和产业化应用，培养打造一批政产学研用协同合作的科技创新联盟，提高我国农业风险管理体系的科技支撑保障能力。

6. 加强农业风险管理人才培养、业务培训

支持大中专院校增设农业风险管理专业，培养农业风险管理方面的专业技术人才。综合运用集中培训、研讨、进修、自修、案例教学、技术考察、咨询服务、对口培训、网络培训等多种形式，为从事农业风险管理工作的人员有针对性地开展继续教育服务。支持企业参与农业风险管理人才培养，引导保险机构建设实训基地、打

造人才孵化基地、建设产业学研协同创新基地。加强农民的教育培训，通过举办培训班或依托媒体平台等，提高农民群众对包括农业保险在内的各项风险管理手段的认识，增强风险管理意识，提高预防能力。

7. 加强风险管理跨部门协同与沟通

推动建立相关部委共同参与的农业风险综合管理部际沟通协调机制，统筹协调各级政府、相关部门和部门内部在农业风险管理和防控中的权责和分工，更好地发挥政策合力。创新工作方式，按照风险监测识别、风险评估预警、风险控制缓释、风险分散转移和风险管理效果评价的风险管理流程，研究设计我国的农业风险管理体系、措施、政策和工具，秉持理念先行、软件带动硬件的思路，解决不同部门、不同主体的思想认识问题，统一思想，谋定而后动。梳理和完善产业链各环节不同类型的风险管理政策手段和措施，如国家农业直接补贴政策、农产品价格支持政策和农业保险政策进行协同，强化应急预案准备、应急物资准备、紧急运输准备、救助恢复准备等。

8. 提高农业保险的服务质量

扩大农业保险覆盖面，完善森林、草原保险制度，鼓励各地因地制宜开展优势特色农产品保险。探索构建涵盖财政补贴基本险、商业险和附加险等农业保险综合产品体系，创新开展农村环境污染责任险、农产品质量险、农民短期意外伤害险等险种，积极发展适应各类农业经营主体需求的多元化、多层次保险产品。加快农业保险向农业全产业链延伸，将农机库棚、仓储冷库等农业生产设施设备纳入保险范围。提高农业保险保障标准，逐步提高保险保障水平，并尽快建立农业保险保障水平动态调整机制。发挥再保险的引导作用，构建风险分担机制，合理确定分保比例，进一步提升农业保险保费的财政补贴资金的惠农效率，降低经营主体对直接保险业务的逐利预期。

（四）农业风险管理工具创新

"保险＋期货"作为农产品价格风险管理工具，利用保险的渠道优势和期货的风险管理优势，根据农产品期货价格和现货价格变动的平行性这一原理进行风险转移，自 2016 年起连续 8 年被写入中央一号文件，充分表明中央对这一模式的关注和期待。经过多年的创新探索，"保险＋期货"覆盖品种、面积不断扩大，保险产品种类持续丰富，在保障农民收入、助力乡村产业走向标准化规模化、服务初级农产品保供稳价、赋能普惠金融等方面取得显著成效。根据中国期货业协会提供的数据，截至 2023 年 6 月 30 日，我国共有 73 家期货公司通过"保险＋期货"模式为橡胶、大豆、生猪、棉花、苹果等 18 个品种提供了风险管理服务，累计承保货值 1 346.04 亿元，涉及现货数量共计 2 749.65 万吨。项目覆盖 31 个省（自治区、直辖市）的 1 224 个县，覆盖农户 538.7 万户次，农民专业合作社 3 101 个、家庭农场 1 488 个、涉农企业 2 349 个。共投入保费 67.2 亿元，实现赔付 44.93 亿元。其中，期货交易所补贴保费 21.85 亿元，参保主体自缴保费 20.44 亿元，地方政府财政补贴保费 20.33 亿元，期货公司支持保费 2.96 亿元，自缴保费赔付率 219.81％。"保险＋期货"模式在助力乡村振兴、服务粮食和重要农产品保供稳价等方面发挥了积极作用。"保险＋期货"模式不断优化。例如，"保险＋期货＋订单农业"模式，能够有效解决订单农业中违约率偏高的问题。"保险＋期货＋银行"模式，不仅可以降低农业生产者的经营风险，还能将保单作为信贷抵押物，解除银行对资金安全性的担心。此外，随着互联网、区块链等数字技术的发展，"互联网＋保险＋期货""区块链＋保险＋期货"等模式应运而生，降低了"保险＋期货"的成本，提高了运作效率。

（五）农业风险管理人才体系支撑

农业风险管理的重要性日益凸显，而有效的农业风险管理离不开人才支撑。农业风险管理人才体系的建设，是实现农业可持续发展和乡村振兴的关键环节。通过政策支持、产学研协同、高端人才引育和基层人才培养，我国已逐步构建起一支强有力的农业风险管理人才队伍。首先，农业风险管理的专业人才数量稳步增加，各地已初步形成了从基础培训到高级研究生教育的完整体系。其次，人才质量显著提升。通过高等教育和产学研合作培养的复合型人才，具备了较强的实际操作能力和创新精神，在实际工作中能够有效应对复杂的农业风险。农业风险管理人才体系的完善，不仅增强了我国应对农业风险的能力，也为实现农业现代化和农村经济振兴提供了强大的支撑力量。未来，随着农业风险管理人才体系的不断发展和深化，我国农业的风险管理能力将进一步提升，为全球粮食安全贡献更多的中国智慧和力量。

四、健全农业风险管理体系的政策建议

以中国式现代化全面推进强国建设、民族复兴伟业，对"三农"工作提出新的更高要求，既要全方位夯实粮食安全根基，增强农业产业链、供应链韧性和稳定性，又要大力推进农业高质量发展，更好满足人民日益增长的美好生活需要。世界百年变局全方位、深层次加速演进，全球农业产业链、供应链不确定性因素明显增多，全球气候变化加剧，水旱等自然灾害发生的频次和强度不断提高，农业发展的外部条件和内在动因发生深刻变化，传统农业风险、非传统农业风险以及各种"黑天鹅""灰犀牛"事件交织叠加、激荡传导。适应新形势、新任务，迫切需要加强农业风险管理，提高农业应对风险能力，增强产业发展韧性，有力夯实中国式现代化建设的农业底板。

（一）牢固树立综合农业风险管理理念

坚持系统思维、底线思维，树立适应加快建设农业强国目标、大农业大食物观要求、总体国家安全观要求的综合农业风险管理理念，着力构建朝着多功能、开放式、综合性方向发展的立体农业风险管理体系，有力发挥保农业多功能、保农业全产业链、保农业可持续发展、保农业大市场等多维作用。走出农业风险管理"重灾、轻防"的老路子，摆脱过去应急防范、灾后救助的传统思维定式，强化防灾减损、风险减量的风险管理理念，建立健全资源共享、风险共担、互利共赢的风险管理思路，将农业风险管理落实到生产前中后全过程、产业产加销全链条。进一步增强忧患意识，把健全的农业风险管理体系作为防范化解系统性风险的重要基础，把农业风险管理作为完善农业支持保护、推进现代农业发展、促进乡村产业振兴、改进农村社会治理、保障农民经济收益的重要手段，强化农业风险管理的顶层设计、战略性布局和前瞻性预案。

（二）构建气候适应型农业风险管理体系

将农业应对气候变化上升到国家战略高度，继续把农业作为适应气候变化的重点领域，加强中长期气候变化对农业影响的研究，提升农业生产及相关产业适应气候变化的能力。根据农业气候资源区划和动态变化趋势，适时调整优化农业产业布局、作物种植结构和品种配置，选育高产优质抗逆作物、畜禽水产和林果花草良种，调整农业基础设施建设布局。发展农田智能化排灌、气候适应型作物、林果应变栽植、畜禽水产健康养殖技术体系，推广节水灌溉、旱作农业、抗旱保墒、排涝去渍等适应技术。加强水土保持与生态防护，在适宜地区推广保护性耕作，发展混林农业和山区立体农业，推广合理的间作套作体系，增强农业生态系统气候韧性。加强适应气候变化的种质资源保护基地和种子库建设，加强耕地质量建设，大力发展气候智慧型农业，强化农业适应气候变化技术创新。加强气候变化应对和防灾减灾工作，健全灾害监测预警和响应机制，完善灾害诊断技术与标准，提高灾害防护标准，做好防灾减灾物资储备，加强防灾减灾与适应技术培训。

（三）完善市场风险监测预警和管理机制

健全农产品全产业链监测预警体系，加强重要农产品全产业链风险调查研判，建立动态监测、实时预警机制，加强市场信息发布和服务。重点关注政策和宏观形势变化，全面及时监测农产品生产、流通、消费各环节动态数据和信息，分析国内外宏观经济形势变化、农产品市场调控政策变化、产业技术发展及其对农产品市场的影响，准确科学分析国内外农产品供需状况及市场运行走势，加强调控和应急保障。进一步加强数据获取关键技术研究，强化农业信息分析学科建设，加快共性关键技术攻关，研究重大自然灾害、突发事件、国际环境急剧变化等情景下的粮食供需匹配、运输、调运、消费、市场管控技术，开展农产品数据分析关键模型、核心算法研究，提升农产品监测预警技术水平。

（四）强化农业风险管理的科技创新支撑

将科技创新作为强化农业风险管理的重要支撑，加快用现代科技手段改造传统农业，注重用现代物质条件装备农业，提升农业科技进步贡献率，加快实现高水平农业科技自立自强，提升农业风险管理的科技支撑保障能力。优化农业农村科研力量布局，在农业农村重大风险识别、评估、预警和管理等方面设置重大专项，开展农业风险管理核心关键技术科研攻关，解决风险管理中的突出技术短板，提升科技支撑能力和管控效率。鼓励运用大数据、云计算、人工智能、区块链等技术，创新发展农产品期货、农业再保险、巨灾保险等金融工具，开发保险与衍生品市场组合的多元化农业风险管理工具，强化逆周期保障和调节作用。加快农业保险科技在业务运营、政府监管、机构内控和大灾风险分散等方面的应用，加快农业保险"保防救赔"综合服务信息化系统和数据平台建设，加大农业保险科技投入强度，提升保险机构科技化数字化服务水平，简化交易环节、优化服务模式。深化数字技术应用，优化或创新农业保险产品形态、组织架构、业务流程、经营模式等，鼓励农业保险机构与农机服务、农技推广等基层农业服务体系开展联合，促进生产技术、防灾技术、保险手段的结合。

（五）加快新阶段农业保险高质量发展

按照建立"价格、补贴、保险"三位一体政策体系的要求，强化农业保险高质量发展的规划引领和顶层设计，聚焦农业保险发展突出短板和新阶段发展目标任务，确定若干重点任务或专项行动。强化粮食和重要农产品稳定安全供给的保险保障，全面实施三大粮食作物完全成本保险和种植收入保险，提高大豆等油料作物保险保障水平，完善其他大宗农产品保险政策，积极探索和完善渔业保险、种业保险、林草保险相关政策。创新完善多层次农业保险产品体系，丰富农业保险产品类型，创新农业保险模式，完善"农业保险＋"产品形态和服务模式，推动农业保险从单一功能向多种功能转变，大力提高农业保险综合保障能力。加快推进农业保险风险区划和费率动态调整，研究制定风险区划图和基准费率表，完善费率科学厘定和动态调整机制。持续优化农业保险运行机制，规范市场秩序，优化市场主体进入和退出机制，合理确定区域市场竞争结构，调动市场主体积极性。健全农业保险基层服务体系，用好保险服务站点，加强协保员管理和培训。完善农业保险查勘定损工作机制。有序推进国家农业保险大灾基金入轨运行，加强大灾基金与其他大灾风险管理制度的衔接。

（六）强化农业风险管理工具联动

优化农业投入、价格支持、农业补贴、金融服务等为重点的农业支持保护政策体系，丰富完善最低收购价、疫病防控、贸易合作、信贷担保、保险期货等各种农业风险管理工具，建立风险管理工具联动机制，强化政策工具组合效率，推动风险管理工具集成发力。加大改革创新力度，统筹发挥有为政府和有效市场作用，强化政策组合协同，健全农业风险监测预警体系、农业防灾减灾体系、灾害救助体系、农产品收储体系、农业保险体系、农产品期货期权体系、农业信贷担保体系，统筹发挥各类风险管理工具的作用，提高农业风险管理能力，加快农业风险治理体系和治理能力现代化。

专题篇

一、粮食安全专题

　　保障国家粮食安全是一个永恒的主题。2023年，我国有力应对极端天气等多重挑战，保证粮食和重要农产品生产稳定、供给充足，全年粮食产量13 908.2亿斤，高基数上再增177.6亿斤，再创历史新高，大豆面积产量稳定双增，肉蛋奶、果菜茶等生产总体稳定，市场供应充足。与此同时也要看到，粮食安全面临着来自外部环境波动和内在动因变化，风险冲击、不确定难预料因素交织叠加，各种"黑天鹅""灰犀牛"事件多发频发，给当前和今后一个时期粮食和重要农产品稳定安全供给带来很多困难挑战。在复杂多变的形势下，必须坚持底线思维，增强忧患意识，统筹发展和安全，统筹应对传统风险、非传统风险和突发事件，提高应急处突能力和发展韧性，确保农业产业链安全，牢牢端稳中国饭碗。

（一）当前发展形势

1. 全球粮食安全现状

　　2023年，全球粮食供需基本保持稳定，但粮食安全仍面临地缘冲突、经济冲击以及极端天气事件等诸多风险挑战。

　　一是粮食生产稳中有增。据FAO预测，2024/2025年度全球谷物产量的预报数将环比上涨790万吨，增幅0.3%，达到28.54亿吨，略高于2023/2024年度水平，创历史新高。环比涨幅主要源自亚洲、拉丁美洲等主产区的粗粮、小麦和大米的产量提升。

　　二是粮食消费略有增加。据FAO预测，2024/2025年度世界谷物消费量最新预报数为28.56亿吨，环比略有增加，达到540万吨，增幅0.2%，同比增长1360万吨，增幅0.5%。其中，全球大米、玉米和大麦及其他用途消费量预测有所上调，但小麦消费量预计比2023/2024年度下降0.7%。

三是粮食库存保持充盈。据FAO预测，2024/2025年度世界谷物库存量预计达到8.94亿吨，较2023/2024年度高出1.3%。全球谷物库存消费比将与2023/2024年度基本持平，仍保持在30.8%，反映出新一季将继续维持充足的供应前景。

四是粮食贸易存在振荡。据FAO预测，2024/2025年度全球谷物贸易量预计达到4.81亿吨，较2023/2024年度下降3.0%。其中，粗粮贸易量预计为2.31亿吨，比2023/2024年度下降3.9%；小麦、玉米、大米贸易量预计较2023/2024年度分别下降3.7%、4.4%和3.4%。

五是气候变化加剧不确定性。2023年，受厄尔尼诺现象的影响，东南亚、欧洲等地出现持续高温干旱天气。泰国、越南等主要大米出口国及主要水稻种植国都因为少见的持续性干旱而影响产量。由于对厄尔尼诺现象的担忧，囤粮、禁止出口等连带举措的出现可能会引发粮食供应紧张和粮食价格通胀问题，进而导致更严重的粮食安全问题出现。

六是地区突发性饥饿问题严峻。不断加剧的地缘冲突、经济冲击以及极端天气事件相互关联、叠加共振，导致饥饿人口数量激增，全球粮食安全形势并不乐观。2024年世界粮食计划署（WFP）发布的《全球粮食危机报告》显示，全球有59个国家和地区的近2.82亿人正面临严重的突发性饥饿问题。FAO数据显示，全球食物不足发生率仍远高于新冠疫情前水平，6.91亿～7.83亿人受到饥饿影响；2020年新冠疫情暴发后，非洲等部分欠发达地区粮食安全问题更加严重（图4）。

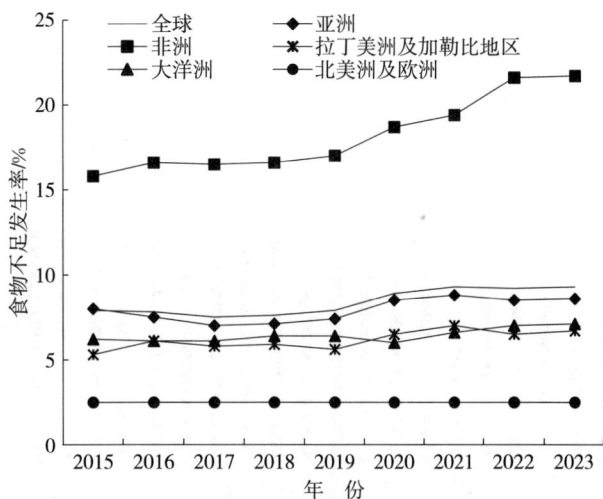

图 4 2015—2023 年全球食物不足发生率变化情况

资料来源：FAO。

2. 中国粮食安全现状

2023 年，中国顶住多重风险挑战压力，坚持"确保谷物基本自给、口粮绝对安全"的新粮食安全观，坚定实施以我为主、立足国内、确保产能、适度进口、科技支撑的国家粮食安全战略，实行最严格的耕地保护制度，实施"藏粮于地、藏粮于技"战略，持续推进农业供给侧结构性改革和体制机制创新，粮食生产能力不断增强，粮食供给结构不断优化，国家粮食安全保障更加有力，依靠自身力量端牢自己的饭碗。

一是粮食产量稳步增长。总产量连上新台阶，2023 年粮食总产量 13 908.2 亿斤（图 5），在高基数上再增 177.6 亿斤，再创历史新高，连续 9 年稳定保持在 1.3 万亿斤以上。人均粮食占有量达到 493 千克，比 2022 年增加 7 千克，稳定在世界平均水平以上，高于国际公认的 400 千克的粮食安全线。通过实施粮油等主要农作物大面积单产提升行动，2023 年粮食平均亩产 389.7 千克、提高2.9 千克，单产提高对增产的贡献达到 58.7%。

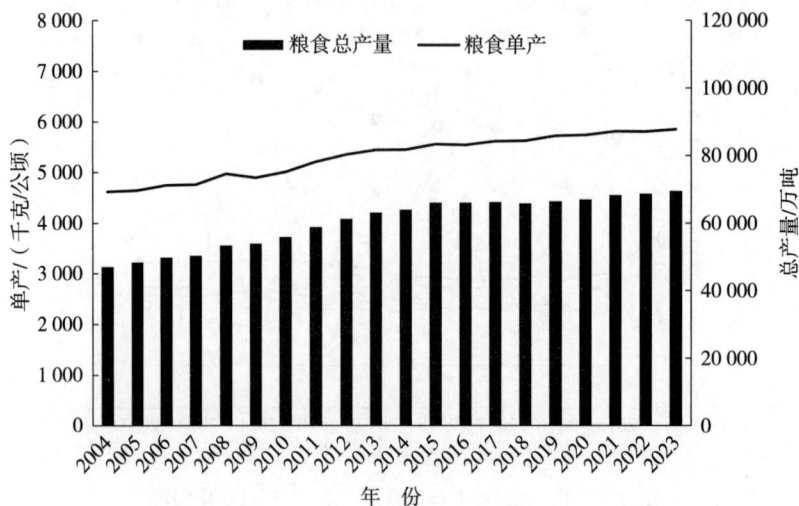

图 5　2004—2023 年粮食总产量及单产变化情况

资料来源：国家统计局。

二是谷物供应基本自给。2023 年谷物产量 6.4 亿吨，占粮食总产量的 92.2%，比 2022 年增加 818.7 万吨，谷物自给率超过95%，口粮自给率在 100% 以上，做到了谷物基本自给，口粮绝对安全。

三是"菜篮子"产品生产供应充足。2023 年油料、肉类、禽蛋、牛奶、蔬菜和水果的人均占有量分别为 25.9 千克、69.1 千克、25.3 千克、29.8 千克、566.5 千克和 221.6 千克。居民人均直接消费口粮减少，动物性食品、木本食物及蔬菜、瓜果等非粮食食物消费增加，膳食品种丰富多样，饮食更加健康。

四是营养水平得到改善。《2023 年中国食物与营养发展报告》显示，2022 年中国居民人均每日能量供给量为 4 871 千卡[①]。可食用消费食物中，植物性食物来源的能量、蛋白质及脂肪的人均每日供给量分别为 2 592.8 千卡、62.8 克和 76.8 克；动物性食物来源

---

① 千卡为非法定计量单位，1 千卡≈4.186 千焦。

的能量、蛋白质及脂肪的人均每日供给量分别为822.5千卡、63.4克和55.1克。城乡居民膳食能量得到充足供给，蛋白质、脂肪、碳水化合物三大营养素供能充足，碳水化合物供能比下降，脂肪供能比上升，优质蛋白质摄入增加。

五是食物贸易发展迅猛。国际食物市场和海外农业资源已成为补充中国国内生产供应和弥补产销缺口的重要组成部分。据世界贸易组织（WTO）统计，2023年中国食物进出口总额达到3 361亿美元，其中进口总额达到2 359亿美元，自2022年以来稳居全球第一大食物进口国。食物进口来源地集中在巴西、美国、泰国、澳大利亚等国家，集中度较高。食物进口品类中，油料作物占比最大，其中大豆占比超过1/4，自给率仅为18%左右，对外依存度依然很高。

（二）主要风险点

1. 极端自然灾害多发重发

气候变暖趋势仍在持续，据中国气象局全球表面温度数据集分析表明，2023年全球平均温度为1850年有气象观测记录以来的最高值，近十年（2014—2023年）全球平均温度较工业化前水平（1850—1900年平均值）高出约1.2℃；2023年，中国地表年平均气温较常年值偏高0.84℃，为1901年以来的最暖年份。《中国气候变化蓝皮书（2024）》显示，近年来，中国极端天气气候事件趋多趋重，1961—2023年平均年降水量呈增加趋势，平均每十年增加5.2毫米，极端高温和极端强降水事件趋多趋强，20世纪90年代后期以来登陆中国台风的平均强度波动增强。随着全球变暖形势日益严峻，极端天气衍生出的自然灾害和病虫害进入高发期，严重威胁全球粮食生产和粮食市场的稳定性。

2. 资源环境约束持续偏紧

中国农业资源禀赋欠佳，人均耕地占有量和人均水资源量远低于世界平均水平，给粮食供应安全带来挑战。在粮食消费需求刚性增长与资源环境"硬约束"长期并存的局面下，中国粮食供需"紧平衡"成为常态，并且会越来越紧。人口增长和膳食结构转型升级，推动国内食物消费需求总量仍将持续扩张[①]。随着中国城乡居民生活水平逐步提高，膳食结构的转型升级，对动物性产品的消费将会快速增长[②]。此外，国内水土资源短缺问题日益加剧，对粮食生产的制约明显。受制于自然资源禀赋，国内粮食增产仍高度依赖化学品的高投入及资源的高强度开发利用，导致资源环境这根弦越绷越紧。伴随着中国粮食生产越来越向主产区和少数省份集中，粮食生产重心北移趋势越发明显，粮食主产区的资源环境约束显著增强。

3. 农业生产成本快速攀升

随着工业化、城市化的推进及农村人口结构的变化，人工成本、土地成本和其他生产要素成本持续上涨，中国粮食生产成本步入快速上升通道。如表 4 所示，2013—2022 年，中国稻谷、小麦、玉米三大主粮作物的平均总生产成本从 1 026.2 元/亩上涨到 1 252.7元/亩，增长 22.1%，年均增长 2.2%。其中，生产成本从 844.8 元/亩上涨到 972.6 元/亩，增长 15.1%，年均增长 1.5%；土地成本从 181.4 元/亩上涨到 280.1 元/亩，增长 54.4%，年均增长 5.4%。值得注意的是，流转土地租金上涨迅速，从 2013 年的 26.3 元/亩上涨到 2022 年的 59.5 元/亩，10 年间增长了

---

① 据 FAO 预测，中国谷物总量需求将在 2029 年达到 22 307 万吨的峰值，包含大豆在内的粮食总量需求将达到 76 691 万吨。

② 国务院发展研究中心课题组的研究表明，中国的肉类需求将在 2030 年达到峰值，而奶类、蛋类和水产品则分别将在 2047 年、2030 年和 2069 年达到总量需求峰值。

126.4%，年均增长 12.6%。从国际比较来看，与美国等新大陆国家相比，中国农业生产在经营规模和成本竞争力上先天不足，受人工成本和土地成本上涨的推动，中国主要粮食产品单位产量的总成本已全面超过美国。随着国内外粮食价格差距的持续扩大，中国粮食产品的国际竞争力将进一步减弱，粮食进口的压力有增无减，给农产品贸易调控和国内相关产业发展带来更加巨大的压力和冲击，同时比较效益低也影响了农民种粮积极性。

表 4　2013—2022 年主要粮食作物生产成本变化

单位：元/亩

分类	三种粮食平均		稻谷		小麦		玉米	
	2013 年	2022 年	2013 年	2022 年	2013 年	2022 年	2013 年	2022 年
总成本	1 026.2	1 252.7	1 151.1	1 361.9	914.7	1 140.8	1 012.0	1 256.8
生产成本	844.8	972.6	957.8	1 101.8	760.9	899.4	815.1	918.0
物质与服务费用	415.1	560.5	468.5	644.7	417.1	559.8	359.7	476.9
人工成本	429.7	412.2	489.3	457.1	343.8	339.6	455.4	441.0
家庭用工折价	397.3	368.8	430.8	373.6	333.5	326.7	427.0	407.5
雇工费用	32.4	43.3	58.5	83.6	10.2	12.9	28.4	33.5
土地成本	181.4	280.1	193.3	260.1	153.9	241.4	197.0	338.9
流转地租金	26.3	59.5	44.1	73.3	14.0	45.2	20.8	59.9
自营地折租	155.1	220.6	149.2	186.8	139.9	196.2	176.2	279.0

资料来源：历年《全国农产品成本收益资料汇编》。

4. 全球供应链安全面临挑战

当今世界，一系列非市场因素严重扰乱全球农产品市场和贸易秩序，国际地缘政治格局不稳定、贸易保护主义重新抬头、全球粮价和农资价格波动、气候变化以及疫情等公共安全事件，已严重威胁到中国农业生产和粮食安全。中国面临的出口限制风险，全球粮食价格经历过 2007—2008 年、2010—2011 年和 2020—2023 年 3 次大幅度上涨，每次上涨都发生过大范围出口限制，全球粮食出口限制的品种涉及小麦、大米、玉米、大麦、荞麦、油料和食用植物油等，这些产品中不少是我国进口量较大、存在硬缺口的品种。另外，地缘冲突可能会导致中国农产品进口供应链部分中断，尤其是大豆、油菜籽、食糖、高粱对北美洲和南美洲市场依赖度超过80％，一旦冲突涉及这些区域和农产品，短期内很难找到相关农产品的足够替代进口来源。

（三）风险管理的主要手段和效果

1. 提高粮食安全保障能力

落实藏粮于地，全力提升耕地质量，实施新一轮千亿斤粮食产能提升行动方案，逐步把永久基本农田全部建成高标准农田，大力发展农田水利，做好防洪防涝工程建设，推进抗旱水源工程和抗旱应急能力建设，因地制宜推广高效节水灌溉技术，推动农业可持续发展。积极推进藏粮于技，加强农业种质资源保护利用，全面实施农业生物育种重大项目，加快农机农艺、良种良法等科技突破，加强基础设施建设，强化灾害应急管理，加大技术推广力度，健全农作物病虫害等防治体系，构建农业防灾减灾长效机制，全面提高农业抗风险能力。

2. 加大农业保护支持力度

调动地方政府重农抓粮积极性，完善粮食主产区财政奖补支持政策，健全横向利益补偿机制和粮食产销区利益联结机制，支持主产区发展粮食加工产业，把更多增值收益留在主产区。调动农民种粮积极性，建立健全种粮农民收益保障机制，完善价格、补贴、保险"三位一体"的政策体系和农资稳价保供应对机制。加大金融支持力度，推进农业保险提质增效，建立健全多层次农业保险保障机制，支持和鼓励农业保险由单一粮食生产向全产业链条风险保障转变，增强防范化解农业生产风险的能力。积极培育新型农业经营主体，发展多种形式的适度规模经营及面向小农户的代耕代种等社会化服务，不断提高粮食生产现代化水平。

3. 切实提升粮食调控能力

强化产购储加销协同保障，完善粮食监测预警体系，加强精准调控和预期管理，保障粮食市场运行总体平稳。用好国内国际两个市场、两种资源，重视应对气候变化，增强防灾备灾意识，提升应急保供能力。深化粮食收储制度改革，增强粮食最低收购价政策弹性和灵活性，完善应急物资品种结构和储备布局。维护粮食市场秩序，加强粮食期现货市场监管和资金管理，确保国内粮食价格稳定。做好粮食储备调节，在确保"谷物基本自给、口粮绝对安全"的前提下，适当增加进口和加快农业"走出去"步伐，构建多元化粮食进口格局，加快建立粮食贸易数字化平台。

4. 构建多元化食物供给体系

树立大农业大食物观，积极开发各类非传统耕地资源，加强科技研发和生产投资，探索有效发展模式，突破我国传统耕地稀缺的自然条件限制。积极开发各类非传统耕地资源，全方位多途径拓宽食物来源渠道，扩大大豆和油料生产自给，提高肉、蛋、奶、蔬菜供给量。统筹用好后备耕地、森林、草原和江河湖海资源，拓宽食物来源渠道。加快推进设施农业现代化，利用非耕地发展设施种植业，发展畜禽立体养殖，建设肉牛肉羊集约化养殖设施。发展生物科技生物产业，培育壮大食用菌产业，大力发展新型饲用微生物蛋白。增加水产品供给，建设现代海洋牧场，发展深远海养殖。

二、农产品贸易专题

（一）当前发展形势

1. 全球农产品贸易现状

全球农产品贸易持续稳步增长。根据联合国商品贸易统计（UN Comtrade）数据库统计，2010—2022 年，全球农产品出口额由 11 702.9 亿美元增加到 20 432.0 亿美元（图 6），增长了 74.6%，年均增长 4.8%。除 2015 年大幅下降 10.0% 和 2019 年小幅下降 0.4% 外，其余年份均保持增长，其中 2021 年出口额同比增长 17.0%，为历年最高。全球农产品出口额占全球商品出口额的比重保持在 7.6%~9.3%，2022 年为 8.2%。

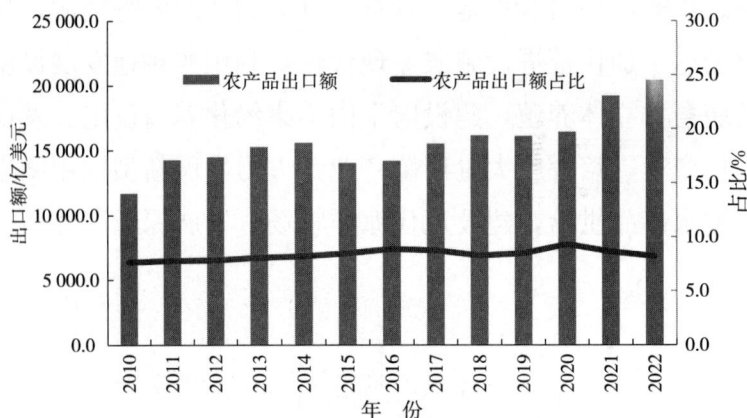

图 6　2010—2022 年全球农产品贸易情况
资料来源：UN Comtrade 数据库。

全球农产品贸易以畜产品、饮品类、谷物和水产品为主。2022年全球畜产品、饮品类、谷物和水产品出口额分别为 3 467.0 亿美元、2 538.0 亿美元、1 798.3 亿美元和 1781.7 亿美元，占全球农产品出口总额的比重分别为 17.0%、12.4%、8.8% 和 8.7%，四者合计占 46.9%（图7）。

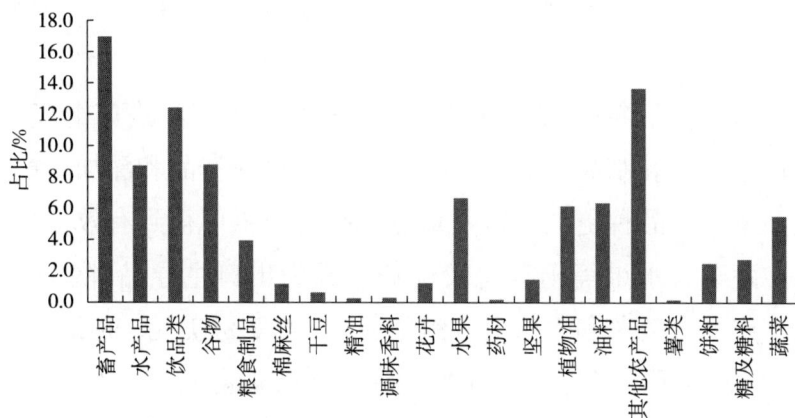

图 7　2022 年全球农产品贸易结构

资料来源：UN Comtrade 数据库。

美国是全球最大的农产品出口国和进口国。2022 年，全球前五大农产品出口国分别为美国、巴西、荷兰、德国和中国，分别占全球农产品出口总额的 9.8%、6.9%、6.1%、5.1% 和 4.5%，合计占 32.4%。2021 年以来，受中国农产品贸易多元化战略推动，巴西农产品贸易地位快速提升，出口额占全球农产品出口总额的比重从 2020 年的第五位跃升至 2022 年的第二位。全球前五大农产品进口国分别为美国、中国、德国、荷兰和日本，分别占全球农产品进口总额的 11.5%、11.4%、6.2%、4.2% 和 4.1%，合计占 37.4%。

2. 中国农产品贸易现状

贸易规模稳步增长。2013—2023 年，农产品进出口总额由 1 857.6 亿美元增加至 3 330.3 亿美元，增幅 79.3%，年均增长

6.0%。其中，进口额从 1 186.7 亿美元增加至 2 341.1 亿美元，增幅 97.3%，年均增长 7.0%；出口额从 670.9 亿美元增加至 989.3 亿美元，增幅 47.4%，年均增长 4.0%。目前我国是全球第二大农产品贸易国（仅次于美国）、第一大进口国和第五大出口国（前四位依次是美国、巴西、荷兰和德国），2023 年中国农产品贸易额占世界农产品贸易总额的 9.5%，成为全球农产品贸易增长的主要动力。

贸易结构不断优化。油籽、谷物等原料型产品进口继续增加，肉类、水果、乳制品、对虾、葡萄酒等直接消费品和深加工产品进口逐渐增多，品种更加丰富，重点产品进口供应得到有效保障。水产品、蔬菜、水果等仍具比较优势，成为出口主导品种，2023 年我国水产品、蔬菜和水果出口额分别为 204.1 亿美元、185.5 亿美元和 70.6 亿美元，三者合计占农产品出口总额的 46.5%。

贸易市场日趋多元。2023 年我国前五大进口来源地为巴西、东盟、美国、欧盟和澳大利亚，分别占农产品进口总额的 24.9%、15.8%、14.0%、8.5% 和 5.2%。前五大出口市场为东盟、中国香港、日本、美国、韩国，分别占农产品出口总额的 23.6%、11.1%、10.3%、10.2% 和 6.3%。

（二）主要风险点

1. 国际环境复杂多变，不确定性和不稳定性明显增强

当今世界正经历百年未有之大变局，国际经济政治环境的复杂性、严峻性、不确定性明显上升，对我国农业对外开放与合作带来挑战。一是全球经济复苏乏力。后疫情时代全球经济逐步恢复，但仍低于疫情前水平。世界银行（World Bank）预测 2024 年世界经济将增长 2.6%，明显低于 2013—2019 年年均增长 3.0% 的水平。二是贸易保护主义持续加剧。根据国际货币基金组织（IMF）数

据，2023 年各国共宣布采取约 3 000 项贸易限制措施，是 2019 年的近 3 倍。三是地缘冲突风险升高。乌克兰危机、巴以冲突等地缘政治风险，对世界和平稳定产生深远影响。四是大国博弈持续深化。近年来，美国加紧实施印太战略，对外推行脱钩、断供和制裁，将世界逐步推向中美各居一方平行体系，世界形成两大平行的贸易和产业体系难以避免。

2. 农产品贸易依存度持续提高，供应链可控性面临挑战

2004 年我国农产品贸易首次出现逆差，2009 年后贸易逆差呈持续扩大趋势，2023 年达到 1 351.8 亿美元，"大进小出"已成为常态，贸易依存度持续上升，从 2013 年的 5.6％上升至 2024 年的 9.6％，提高了 4 个百分点，特别是小麦和玉米等主粮品种持续突破进口配额，大豆自给率不足 20％。一方面，农产品丰产叠加进口已明显超过正常产需缺口，给国内市场带来了冲击。以粮食为例，综合 FAO、《中国农业展望报告（2023—2032）》等的预测研判，2020—2023 年我国粮食供需缺口在 1.2 亿～1.4 亿吨，其中大豆供需缺口约 9 000 万吨，小麦、玉米和稻谷的供需缺口约为 1 000万吨，除大豆外的粮食供需缺口总体有限，进口的主要目的应是品种和年度间的余缺调剂，但 2021—2023 年我国粮食进口量分别为 1.64 亿吨、1.46 亿吨、1.62 亿吨，其中三大主粮进口量分别为 4 308.4 万吨、3 677.4 万吨和 4 186.1 万吨。另一方面，重要农产品进口来源高度集中，供应链可控性面临挑战。近年来，我国持续构建多元化进口格局，相继开放缅甸、巴西和南非玉米输华通道，允许俄罗斯全境小麦进口，对美国依存度明显下降，但不同品种的主要进口来源国相互叠加，对少数国家供给能力的依赖度依然较高。中美经贸摩擦加剧警示我们，进口产品市场的高度集中可能引发较大的市场风险，有必要调整和改善农产品贸易的全球布局。从进口渠道和贸易格局看，ADM、邦吉、嘉吉、路易达孚四大粮商控制了国际贸易的主要粮源，我国虽有进口大国优势，但没有主要定价权，进一步增加了我国农产品进口的不稳定性和市场风险。

3. 农业对外合作国际规则制定和话语权有待提升

构建高标准国际经贸规则是全球产业链、供应链、价值链深入发展的必然要求。长期以来，我国秉承合作共赢理念，加强与全球尤其是发展中国家的农业国际合作，有力地促进了东道国农业发展，但受国家实力、文化背景差异等多方面的原因影响，我国的国际话语体系与西方国家主导的话语体系存在较大差异，在舆论掌控、规则制定等方面的跟进不足、支撑不够，制约话语权与影响力。当前，全球贸易治理体系正在发生重大变化，国际规则进入重构期，国际合作的主导权之争、国际规则的制定权之争异常激烈，美国等西方发达经济体牵头推进所谓全面、先进、高水平自贸协定，企图将我国排除在全球贸易秩序之外，急需加强地区经济合作、参与全球经贸规则重塑，打破美欧的区域规则限制。

（三）风险管理的主要手段和效果

我国已成为全球主要农产品进口国和出口国，但我国农业对外开放和农产品贸易面临诸多挑战，贸易保护主义持续加剧、地缘冲突风险不断升高、大国博弈持续深化，不断改变全球产业链的布局，国际市场、贸易、投资的不确定性和不稳定性明显增强。展望未来，我国将经历由农业贸易大国向贸易强国迈进的关键时期。农业生产方式将经历变革，重要农产品供给将显著增加，消费需求刚性增长，农产品贸易规模将继续扩大。我国与主要贸易伙伴之间合作仍是主流，国际农产品市场和农产品贸易仍有不确定性。

1. 坚定不移推进高水平对外开放，做好两个统筹

我国人口众多，农业基础薄弱，在全面建设现代农业过程中，把立足国内作为农业农村经济发展长期战略的同时，必须按照统筹国内发展和对外开放要求，不断丰富农业对外开放的形式和内容，拓展广度和深度，提高质量和水平。党的十八大以来，以习近平同志为核心的党中央坚持开放共赢，坚定不移推进更高水平对外开放，多次强调中国开放的大门不会关闭，只会越开越大。展望未来，必须在开放中合作、在合作中共赢，实现优势互补、共同发展，加快构建相互尊重、公平正义、合作共赢的新型农业国际合作关系，同时要紧密结合国内外需求和关注，统筹利用好国内国际两个市场、两种资源，促进国内外要素有序流动。

2. 推进多元化进口，提高对供应链的掌控能力

提升统筹利用两个市场、两种资源的能力，加强对农产品贸易的战略规划，努力构建稳定、高效、畅通的农产品供应链。对重要农产品供需进行梳理，进一步明确进口优先序，加强战略性农业国际合作，推动进口市场多元化，不断拓展贸易渠道，提升贸易水平。更好发挥贸易和投资的协同效应，务实稳步推动农业"走出去"，鼓励国内有实力的跨国农业企业做大做强，在国际粮源地建设物流中心，建设仓储、码头，加强对大宗农产品贸易的掌控。研究对企业在境外生产的农产品回运优惠政策，探讨对部分紧缺农产品回运免征进口环节增值税的可能性。

3. 积极参与全球农业治理，提升国际规则制定话语权

一是积极开创全球经济合作新局面。积极推进加入《全面与进步跨太平洋伙伴关系协定》（CPTPP）和《数字经济伙伴关系协定》（DEPA），对协定相关条款进行深入全面的研究和评估，梳理可能需要采取的改革举措，加快数字贸易基础设施建设，完善数字产业治理监管体系，构建跨境数据监管体系，为加入国际高标准贸易协定做好准备。绿色经济方面，全球产业链、供应链正在向绿色低碳转型，以气候变化为主题的新型国际贸易体系和竞争格局正在形成，我国必须积极参与碳相关国际标准的制定，大力支持绿色产品贸易。二是深化与国际机构合作，拓展合作领域。发挥 WTO、FAO、二十国集团（G20）、亚太经济合作组织（APEC）、金砖国家（BRICS）等机制平台作用，主动参与和影响农业规则的制定，宣传推介中国在减贫、保障粮食安全、乡村治理、推动农业可持续发展方面的成功经验，促进形成更加公平合理的农业国际经贸秩序。三是深度参与国际标准规则制定，提供中国方案。积极支持国际植物保护公约（IPPC）、国际食品法典委员会（CAC）和世界动物卫生组织（OIE）等国际组织工作，深度参与有关农药、兽药、食品安全等方面的国际标准制定或修订，推动制定相关国际自愿准则和良好实践，积极参与涉农国际公约谈判履约。

三、植物病虫害防控专题

（一）当前发展形势

近年来，受耕作技术调整、全球气候变暖、农作物种植区域集中和农机跨区作业范围扩大等因素的影响，我国植物病虫害风险扩散蔓延加速，农作物生产中的病虫害发生情况呈现总体加重趋势。相关统计分析显示，2019—2023 年我国农作物主要病虫害年均发生 59.93 亿亩次。总体来看，当前我国植物病虫害发展形势主要体现出发生种类多、发生面积大、破坏性强、波及范围广等特征。

一是病虫害发生种类多。我国是世界上农作物病虫害发生最严重、种类最多的国家之一，常年发生病虫害种类超过 1 400 种。其中，根据农业农村部 2023 年公布的《一类农作物病虫害名录（2023 年）》，列入名录的一类农作物病虫害已由此前的 17 种增加至 19 种。近年来，受气候变化、外来虫源增加影响，我国农作物病虫害发生种类不断增加，重大病虫害发生呈现反复流行暴发的趋势。根据全国农业技术推广服务中心关于农作物重大病虫害的趋势预报，小麦共计有赤霉病、条锈病、茎基腐病、白粉病、叶锈病、秆锈病、根腐病、叶枯病、全蚀病 9 种重大病害和蚜虫、麦蜘蛛、地下害虫、麦叶蜂、吸浆虫、一代黏虫、土蝗 7 种重大虫害；水稻共计有水稻纹枯病、稻瘟病、稻曲病、南方水稻黑条矮缩病、水稻白叶枯病、穗腐病、胡麻叶斑病、根结线虫病、橙叶病 9 种重大病害和稻飞虱、稻纵卷叶螟、二化螟、三化螟、灰飞虱、大螟、稻秆潜蝇、黏虫、台湾稻螟、水稻附线螨、稻粉虱 11 种重大虫害；玉米共计有南方锈病、大斑病、小斑病、褐斑病、弯孢叶斑病、灰斑病、穗腐病、白斑病、北方炭疽病、茎腐病、瘤黑粉病、丝黑穗病、线虫矮化病 13 种重大病害和草地贪夜蛾、玉米螟、三四代棉铃虫、二三代黏虫、甜菜夜蛾、地下害虫、双斑长跗萤叶甲、玉米蚜虫、蓟马、叶螨 10 种重大虫害。预报中涉及小麦、水稻、玉米三大粮食作物发生的重大病虫害种类共计 49 种。此外，危险性外来物种入侵加重了农业有害生物的危害，比如 2019 年"幺蛾子"草地贪夜蛾入侵我国并不断扩散，波及我国 27 个省份，给农业生产造成了巨大损失。

二是病虫害发生面积大。近年来，由于耕作技术调整和全球气候变暖，土壤的湿度和温度十分有利于病虫繁殖，使得土壤和环境中初始菌源量和虫源量几乎处于饱和状态，集中连片化的耕地又十分有利于病虫害在农作物之间扩散，导致我国农作物病虫害形势较为严峻。2023 年，农作物病虫害发生面积 3.9 亿公顷（图 8），同比增长 2.28%，与 2011 年的 4.7 亿公顷相比，下降 17.27 %。2019—2023 年，水稻"三虫三病"病虫害年均发生面积 9.17 亿亩次，防治面积 14.72 亿亩次；小麦"四虫四病"病虫害年均发生面积 5.55 亿亩次，防治面积 9.70 亿亩次；玉米"四虫三病"病虫害年均发生面积 5.92 亿亩次，防治面积 5.49 亿亩次。虽然农作物病虫害发生面积整体呈现波动下降的趋势，但是 2021—2023 年的农作物病虫害呈现连年重发的态势。根据全国农业技术推广服务中心预测，2024 年，我国小麦赤霉病、纹枯病、茎基腐病、蚜虫大流行风险高，水稻"三虫两病"在局部地区呈现重发态势，玉米"四虫两病"总体呈现偏重发生。

三是病虫害造成的破坏性大。我国每年都有重大农作物病虫害流行和暴发，导致农作物大面积减产，最严重时甚至绝收，病虫危

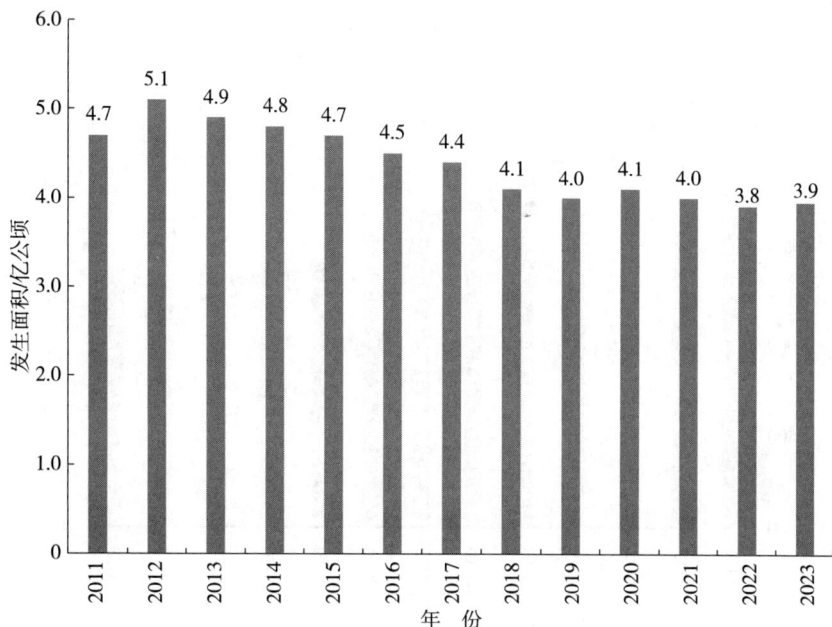

图 8　2011—2023 年我国农作物病虫害发生面积
数据来源：国家统计局、全国农业技术推广服务中心。

害导致农作物品质严重下降。2011 年以来，我国农作物病虫害造成的粮食损失量均超过 1 400 万吨，2012 年粮食损失情况最为严重，为 2 251 万吨（图 9）。尽管我国加大病虫害防控力度，显著减少了粮食损失，但是农作物病虫害破坏性仍然较大。为了有效防治病虫害，可能会过量滥用化学农药，由此也会带来农药残留超标、环境污染、抗药性等一系列问题，严重影响我国农产品质量安全，威胁生态环境和农业可持续发展。

四是病虫害波及范围广。近年来，随着我国农产品流通区域扩大、数量增加以及设施农业的发展，农作物病虫害的流行范围越来越广。2023 年，小麦赤霉病在湖北、安徽、江苏、河南和山东等省份大流行，波及长江中下游、江淮、黄淮地区的大部分区域，发生面积 3 692.4 万亩次；水稻稻飞虱在南方稻区大范围流行，波及江南、长江中下游、华南东部、西南等稻区，发生面积高达 2.6 亿

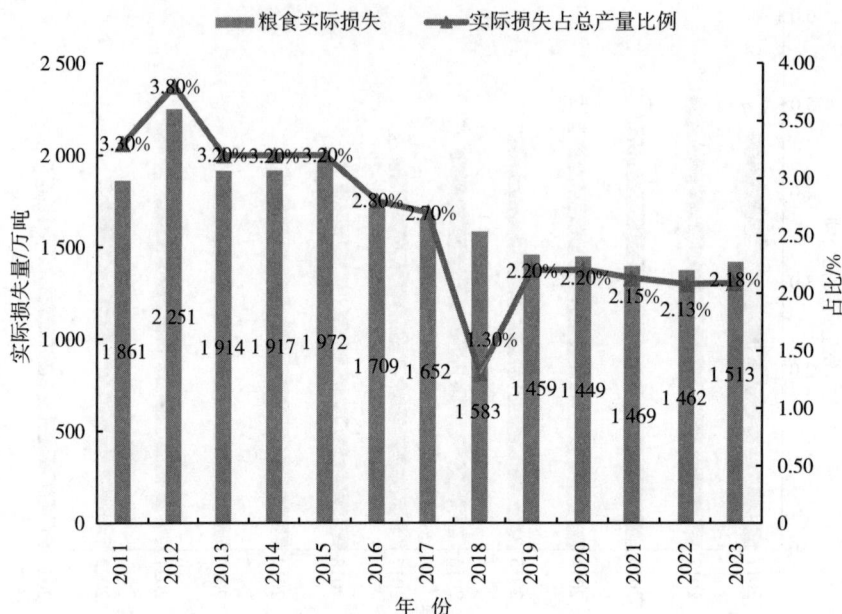

图 9 2011—2023 年我国农作物病虫害造成的粮食损失情况
数据来源：全国农业技术推广服务中心。

亩次。根据全国农业技术推广服务中心的预测分析，2024 年农作物重大病虫害将会威胁 70% 的农作物产区。

（二）主要风险点

一是全球气候变暖加重了植物病虫害发生态势。FAO 2021 年 6 月发布的一份科学综述指出，气候变化导致病原体侵染风险增加、昆虫代谢和活动增强，会显著影响病虫害在全球各地的传播、分布范围和造成的破坏。由于全球气候变暖，农作物病虫害的发生态势和在农业系统中的传播风险会明显加重。一些害虫已经改变了它们的迁徙路线和地域分布。冬季温度的上升将有利于害虫和病原体入侵较为寒冷的北方地区。相关研究表明，气候变暖导致我国病虫害发生率自 1970 年以来每年上升约 3%，贡献了病虫害总体增加量的 1/5。小麦、水稻、玉米三大粮食作物的虫害发生率分别由

1970 年 的 8.4％、17.7％、24.4％ 增长 至 2010 年 的 34.4％、62.0％、35.2％，病害发生率分别由 1970 年 的 2.2％、9.8％、6.1％增长至 2010 年 的 23.1％、40.8％、20.1％[①]。可以预见，全球气候变化导致的病虫害增加将会严重威胁我国的粮食生产。

二是全球贸易扩大加剧了外来病虫害入侵风险。自加入 WTO 以来，中国的农产品贸易发展迅速，贸易总额由 2001 年 的 279 亿美元增加至 2023 年 的 3 330 亿美元，增长幅度为 1 194％，成为仅次于美国的第二大农产品贸易国。同时，我国农产品进口规模的扩大和贸易伙伴的增加显著增加了外来病虫害的入侵风险。根据 FAO 的分析，外来病虫害一旦进入新的环境，就能够迅速蔓延、扩散、暴发。外来病虫害通过国际贸易传播的媒介非常广阔，不仅能够依附在粮食作物、水果和种子等农产品上，还能够以承载容器、包装箱为媒介。外来病虫害的入侵严重威胁我国的农业安全，据不完全统计，截至 2023 年底我国已发现 660 多种外来入侵物种。比如，2019 年入侵我国的草地贪夜蛾，已扩散至全国 27 个省份近 2 300 个行政县（区），2022 年全国发生面积 4 000 多万亩次。在广东，部分地区玉米田块危害株率超过 60％，没有及时喷药防治或防治不到位的玉米田块危害株率甚至达 100％，几乎绝收，同时也危害甘蔗、花生和香蕉等作物。

三是耕作模式变化改善了植物病虫害发生条件。高产优质品种推广、种植结构调整、设施农业的发展和化肥农药的过量使用等耕作模式的变化改善了病虫害的生存和成长环境，创造了有利于病虫害发生的生态条件。第一，高产优质农作物品种的种植推广改善了害虫的食物条件。随着农作物品种的更新换代，作物的收获指数和

---

① 数据来源：WANG C, WANG X, JIN Z, et al. Occurrence of crop pests and diseases has largely increased in China since 1970 [J]. Nat Food, 2022 (3)：57-65。

营养含量不断提高。这不仅意味着农产品对人类的价值提高，还意味着害虫的食物条件将会极大改善。营养条件的优化有利于害虫的繁衍和成长，加重了虫害的发生态势。第二，种植结构调整加重了病虫害的集中暴发风险。2016 年我国围绕保障粮食安全的目标对种植业结构调整进行了部署，扩大了粮食作物的种植比例，并基于不同地区的耕作制度和优势种植品种进行分类调整。种植结构的调整导致主要农产品生产区域更为集中，加剧了病虫害的集中暴发风险。比如山东省减少棉花种植面积以扩大玉米种植面积，致使棉铃虫由棉花转移到玉米上为害，加之玉米生产区域的集中极大地提高了玉米"三虫两病"的发生风险，加重了对玉米的破坏程度。第三，设施农业的发展加大了病虫害的发生风险。近年来我国经济作物的种植面积不断扩大。经济作物相较于粮食作物对自然条件和技术条件的要求更为严苛，推动了设施农业的迅速发展。设施农业虽然改善了农作物的生长环境，但也为病虫害创造了有利条件。比如蔬菜大棚内适宜的环境有利于病原物的越冬，设施栽培带来的复种指数提高导致土传病害发生严重，设施内农作物品种的连作使部分病虫害的发生规律出现了新的变化，提高了病虫害的发生风险。第四，化肥农药的过量使用加重了病虫害的防控态势。一方面，农作物的生长需要从土壤中吸收各种必要的微量元素。农作物对这些营养物质的吸收程度不仅影响作物株体的生长，还影响到作物对特定害虫的适宜性，从而影响到害虫的流行与发生。研究表明，氮肥的大量使用加重了病虫害的发展。以水稻为例，我国水稻生产中普遍存在氮肥施用超量的问题，导致水稻病虫害发生率增加 1.9 倍，病情指数增加 1.1 倍[①]。另一方面，农药的过量使用增加了病虫

---

① 数据来源：郭明亮. 中国水稻氮过量对农药用量的影响［D］. 北京：中国农业大学，2016。

害的抗药性。害虫在遗传各种性状的同时，存在小概率的变异。当用农药毒杀某种害虫时，总有少量的变异个体存活。当过一段时间后，这些变异的抗性个体发展成优势种群，导致原有的农药用量不能有效控制这些害虫，从而只能加大农药用量。因此，农药过量使用与害虫抗药性增强存在一种相互促进的恶性循环关系。

（三）风险管理的主要手段和效果

一是生物防控手段。生物防控的本质就是利用食物链与物种间的生克关系来达到防治病虫害的效果，实现遏制病虫害与保护生态环境的最佳平衡。一般而言，生物防控手段主要有 3 种。第一，生物农药防治，常见的有应用植物源农药以及真菌、细菌、病毒和能分泌抗生物质的抗生菌，如应用白僵菌防治马尾松毛虫（真菌）。第二，寄生性天敌防治，主要有寄生蜂和寄生蝇，最常见的有赤眼蜂、寄生蝇防治松毛虫等多种害虫，肿腿蜂防治天牛，花角蚜小蜂防治松突圆蚧。第三，捕食性天敌防治，农作物虫害有很多天敌，主要为食虫、食鼠的脊椎动物和捕食性节肢动物两大类。脊椎动物中，食虫天敌有山雀、灰喜鹊、啄木鸟等，鼠类天敌有黄鼬、猫头鹰等；节肢动物中捕食性天敌有瓢虫、螳螂、蚂蚁等昆虫，还有蜘蛛和螨类。

二是物理防控手段。物理防治就是利用简单工具和光、电、热、温度和放射能等物理因素，来消灭和预防病虫害。其中既包括最简单的徒手捕杀和清除，也包括最先进的智能监测和数字防控技术。物理防治技术具有科学性、合理性、可行性，在应用时会涉及多种人工防治方式或机械设备，主要优点是不会对作物产生不良影响、防治效果比较好，缺点是效率较低、成本较高。黏虫板和杀虫灯是我国目前普遍用到的物理防治技术，使用这些病虫害防治设备，易于农民操作，可用于长久的病虫害防治。近年来，随着科技的发展，数字技术、信息技术逐渐应用于病虫害防控领域，极大地提高了防控效率，取得了良好的防控效果。

三是化学防控手段。化学防治是指使用化学农药防治病虫害，具备效果好、方法简便、成本低、效率高等优势，特别是能够在病虫害大量发生的短期内起到巨大作用，在病虫害防治方法中占有重要地位。近年来随着农药科技的不断发展，各种化学农药在施用过程中对农作物的不良影响逐渐降低，对生态环境的危害也有所降低，在自然环境中即可分解。同时，植保机械的发展，特别是植保无人机的快速发展，使得农民可以更方便地使用植保机械设备进行化学防治，不仅可以加大药物覆盖率，还能够提高病虫害的防治效果。

专栏 1　蛛联庇禾——水稻病虫草害零化学农药防控技术

井冈山大学蜘蛛研究团队联合省、市、县植保机构研发推广蛛联庇禾——水稻零化学农药种植技术模式，即以蜘蛛控虫为核心的水稻病虫草害零化学农药防控技术模式，可使水稻种植过程中化肥使用量降低80%，化学农药（包括杀虫剂、杀菌剂、除草剂）使用量降低100%，产量达到常规化防田产量的90%，实现水稻零化学农药种植，生产健康大米，保护农业生态环境。

"蛛联庇禾"技术是一种基于自然生态系统原理的水稻病虫草害生物防治集成体系。"蛛"代表天敌蜘蛛控虫技术；"联"是指联合使用复合益生菌剂防病技术和菜籽枯田间酵解除草技术，也是指多种蜘蛛联合控虫、多种益生菌联合防病、菜籽枯田

间酵解时多因子联合减除杂草；"庇禾"则是指通过天敌蜘蛛组合控虫、复合益生菌防病、菜籽枯田间酵解除草，替代水稻种植过程中使用的化学杀虫剂、杀菌剂和除草剂，达到控制病虫草害、为水稻丰产保驾护航的目的，生产出高品质、零农残的商品大米。

（资料来源：井冈山大学官网）

四、动物疫病防控专题

近年来动物疫病扩散和高发，同时牲畜补栏调运频繁，非洲猪瘟、高致病性禽流感、口蹄疫等重大动物疫病发生和传播风险持续存在，防控形势依然非常严峻。2023年中央一号文件继续对抓好非洲猪瘟等重大动物疫病常态化防控和重点人兽共患病源头防控作出部署和要求。各级农业农村部门认真贯彻落实中央决策部署，扎实做好动物疫病防控工作，取得积极进展。各地未报告发生区域性重大动物疫情，全国动物疫情形势总体平稳，有力保障了畜牧业生产安全、公共卫生安全和国家生物安全。但我国动物疫病防控仍面临诸多不确定性，形势依然复杂严峻。

（一）当前发展形势

一是非洲猪瘟等重大疫病防控形势依然严峻。我国动物疫病种类多，包括病毒、细菌、寄生虫等，且不断发生变异，潜在威胁大，防控难度高。2023年4月至2024年5月，全国共报告发生一、二、三类主要动物疫病27种，发病动物184.45万头（羽、只、匹），病死动物21.11万头（羽、只、匹）。非洲猪瘟病毒已经在我国定植，污染面广、变异毒株多、防控难度大，已经成为养殖场户的长期威胁。特别是在2023年生猪价格低迷、养殖端面临较大亏损压力的背景下，一些养殖场户被迫降低防疫支出，疫病防控力度有所减弱，疫病发生风险增加。部分养殖场户和从业人员对动物疫病防控工作重视不够，存在侥幸心理，防控措施落实不到位。

专栏 2　哈兽研首次发现非洲猪瘟不同基因型间自然重组病毒

近日，中国农业科学院哈尔滨兽医研究所（以下简称哈兽研）国家非洲猪瘟专业实验室首次证实了非洲猪瘟病毒不同基因型之间可以通过自然重组进化。2023 年 5 月 30 日，相关研究在线发表于《自然通讯》（*Nature Communications*）。

非洲猪瘟对全球养猪业构成严重危害，目前已经报道了 24 种非洲猪瘟病毒基因型。2018 年，Georgia07 样基因Ⅱ型强毒株传入我国，对生猪产业造成严重影响；2020 年，国内田间发现欧洲早期低毒力 NH/P68 样基因Ⅰ型病毒。

近期，国家非洲猪瘟专业实验室从不同地方送检疑似阳性样品中分离出 3 株遗传上高度同源的非洲猪瘟基因Ⅰ型和Ⅱ型自然重组病毒株。这些重组病毒根据 *B646L* 基因鉴定为基因Ⅰ型，但其基因组包含来自 Georgia07 样基因Ⅱ型强毒株的 10 个不连续片段，占比 56%。实验研究显示，该重组病毒对家猪具有高度致死性和传播力；来自基因Ⅱ型强毒株 MGF_505/360 和 EP402R 发挥了关键毒力基因功能。值得注意的是，此项研究证实的自然重组病毒株，给疫苗研发带来新的挑战。当前我国尚无批准应用的非洲猪瘟疫苗，通过严密的病原检测及时发现清除传染源，以及严格的生物安全措施切断传播途径，仍然是防控非洲猪瘟唯一的可行办法。

（资料来源：中国农业科学院哈尔滨兽医研究所）

二是疫病分布地域广、传播途径与诱发因素多。随着现代畜牧业的快速发展和全球贸易的日益频繁，动物疫病防控工作面临着前所未有的挑战。一方面，动物疫病的种类不断增多，传播速度加快，地域分布广，防控难度加大。2023 年通报疫情中，涉及全国多个省份，包括了调运、野禽活动以及人接触染病动物造成人兽共患等多种传播途径。另一方面，随着贸易和交通的便利，动物及其产品流通加快，一旦疫情发生，很容易在短时间内迅速传播。在动物产品流通与交易市场等场所，也多次检出病毒毒株，给动物疫病防控增加了难度。此外，畜禽调运、屠宰，畜产品加工、流通等环节通常需要跨区异地完成，运输过程不能实现完全消杀，容易造成疫病的传播扩散，影响人畜安全。

三是新发动物传染病不断出现。新发动物传染病的不断出现是一个全球性的挑战，它们不仅威胁着动物的健康，还可能对人类公共卫生安全造成潜在影响。新发动物传染病的暴发往往会导致大量动物死亡，对畜牧业造成巨大经济损失。此外，疫情还可能影响国际贸易和消费者信心。许多新发动物传染病是由病毒变异引起的，这些病毒能够跨越物种界限，从动物传播给人类，如禽流感、SARS、COVID-19 等。

四是境外动物疫病传入风险持续加大。这主要由于全球化进程的加速、国际贸易的频繁、气候变化以及野生动物与人类活动的交互增多等多重因素共同作用的结果。随着全球化的深入发展，国际贸易活动日益频繁，动物及其产品的跨国流动成为常态，为动物疫病的跨国传播提供了便利条件。同时，人类活动不断向自然领域扩张，导致野生动物与人类的接触机会增多。一些原本只在野生动物中传播的疫病，有可能通过接触传给人类饲养的动物，进而引发疫情。此外，气候变化可能导致生态环境发生变化，影响动物疫病的流行规律和分布范围。一些原本在特定气候条件下不易传播的疫病，可能因气候变化而扩散到新的地区。部分国家和地区在动物疫病监测和防控方面存在不足，难以及时发现和有效控制疫情，导致疫情在境内蔓延并有可能传播到其他国家。非洲猪瘟、高致病性禽流感、牛结节性皮肤病系境外新传入的外来动物疫病，对养牛业危害严重。我国新疆等地曾发生过牛结节性皮肤病疫情，给我国畜牧业带来了不小的经济损失。

五是动物疫病防控体系不健全，基层防控力量薄弱。机构改革后，大部分地区乡镇畜牧兽医站撤销，从业人员编制划归乡镇（街道）管理，导致防疫力量弱化，工作效率不高。由于疫病防控工作的专业性、技术性等特点，需要按照岗位职责任务匹配相应的专业技术人员，但目前防控人员数量普遍不足，混岗混编情况较为普遍，尤其是专业技术人员缺乏。基层兽医工作条件艰苦，很难招引专业技术人才，老龄化问题突出。防疫员薪酬待遇较低，防疫工作积极性不高，队伍不稳定。基础设施薄弱，财政投入不足。部分县（区）不具备重大动物疫病病原学检测能力，不能有效发挥动物疫情监测预警作用。同时，大部分乡镇防疫冷链体系年久老化，未及时更新换代，缺乏必要的生物制品储藏设施、动物疫情信息采集处理设备等硬件设施。加之每年的动物检疫监督、防疫管理、监测经费十分有限，很难适应当前防控动物疫病的需要。

（二）主要风险点

动物疫病传播具有极强的隐蔽性，同时也具有明显的季节性特点。掌握疫病传播特点能够有效降低疫病发生概率，防范疫病造成的损失。

一是做好季节性疫病防控。冬春季节由于环境温度降低、通风不良、饲养管理难度增加以及病原体传播增加等因素，共同导致了动物疫病的高发。例如，禽流感病毒对温度比较敏感，夏季环境中病毒存活时间缩短，而冬季病毒存活时间较长，增加了感染的风险。为了保暖，冬春季节禽舍的通风往往不如夏季好，这导致空气中的病毒和细菌数量增加，同时不良的通风还可能刺激呼吸道黏膜，降低机体的抵抗力，从而增加感染的机会。冬春季节，由于动物的活动范围减少，接触频率增加，有利于病原体的传播。因此，加强冬春季节的动物疫病防控措施尤为重要。

二是预防"大灾之后有大疫"。大灾之后有大疫的原因主要包括灾后环境和卫生条件的急剧恶化，以及由此导致的传染病传播条件的改善。自然灾害如地震、洪水等会导致基础设施受损，包括供水系统、卫生设施等，这会导致人类和动物饮用水和食物供应受到影响，以及环境卫生状况急剧恶化。例如，洪水过后，原本干净的水源可能被污染，尸体处理不及时为病菌的传播提供了条件。自然灾害后的环境变化，导致动物聚集和接触的增加，为病原体提供了更有利于传播的环境。例如，蚊虫和其他病媒生物的滋生地可能因为洪水而增加，从而增加了通过蚊虫传播疾病的风险。灾害带来饲喂、清洁等困难也会造成动物免疫力的下降，更容易受到传染病的侵袭。

专栏 3　洪涝灾区动物防疫技术指南（2023 年版）（摘要）

洪涝灾害后，非洲猪瘟、高致病性禽流感等重大动物疫病和炭疽、血吸虫病等人兽共患病发生和传播风险增大。为切实做好洪涝灾区动物防疫工作，降低动物疫病发生和传播风险，制定本技术指南。

一、蓄滞洪区内动物防疫重点措施

及时打捞收集死亡畜禽。严格落实属地管理责任、部门监管责任和养殖场（户）主体责任，及时打捞收集因灾死亡畜禽尸体，防止尸体腐烂发臭引起病原扩散。做好死亡畜禽无害化处理，做好死亡畜禽运输管理，严格按照"四不准、一处理"（不准宰杀、不准食用、不准出售、不准转运、必须无害化处理）要求，做好死亡畜禽无害化处理。全面开展养殖场环境消

毒，控制媒介生物。

二、蓄滞洪区外做好预防性消毒

对畜禽养殖场所、屠宰加工场所、畜禽交易市场、无害化处理场所等重点场所，全面开展预防性消毒。

三、强化疫情监测预警

增加疫病监测频次，严密监视疫情动态，对死亡畜禽采样送检，及时发现和消除隐患。重点监测非洲猪瘟、高致病性禽流感等重大动物疫病和炭疽、血吸虫病等人兽共患病，及时报告监测信息，快速采取预防性措施。对血吸虫病疫区，要疏通沟渠排水，防止钉螺滋生。严禁灾后立即到滨湖草洲放牧耕牛，必要时投喂吡喹酮驱虫。

四、组织做好紧急免疫

对未进行口蹄疫、高致病性禽流感、小反刍兽疫等免疫接种的畜禽，要立即进行免疫；对已免疫接种的畜禽，可根据免疫抗体监测情况及周边疫情情况，必要时强化免疫1次。对猪瘟、猪丹毒、猪肺疫、仔猪副伤寒、羊痘、鸡新城疫、鸡白痢、球虫病、禽伤寒、禽霍乱等其他畜禽传染病，要根据当地疫情动态，做好免疫接种。对曾发生炭疽、猪链球菌病、乙型脑炎的地区，要根据风险评估结果及时进行免疫。

五、加强畜禽饲养管理

加强圈舍通风，控制好舍内温湿度，做好清洁卫生，及时清理粪便，避免粪污溢流。饲喂安全饲料和饮水，可在饮水中适当添加复合维生素、益生菌、电解质等，增强畜禽抵抗力。保持饲料储存间清洁干燥，防止饲料霉变。及时淘汰低龄、体弱、伤残、患病畜禽，降低饲养成本。商品畜禽达到出栏体重标准的，尽快出栏，合理降低饲养密度。对应激易引发的细菌性疾病，可采取预防性给药等保健措施。加强圈舍巡查，发现异常情况，及时报告和处置。

（资料来源：农业农村部畜牧兽医局）

三是做好日常环境消杀隔离。对于非洲猪瘟等动物疫病，目前还缺乏有效的疫苗和治疗药物，日常的消杀隔离仍是唯一有效的防控手段。要保持畜舍的清洁卫生，及时清除粪尿污物，减少有害气体的刺激与损害，减少疫病的继发感染，提高畜禽的整体免疫水平。及时消毒灭源，特别是对汛期受到水淹的畜舍、仓库、饲料加工间等场所和料槽、饮水器、运输工具等重点部位在排水清污后进行彻底消毒。对病死畜禽以及其他相关污物等进行无害化处理。引进外来动物时，建议严格进行隔离检疫，隔离观察至少 1 个月，确认无病后，方可进入舍内。严格落实进出养殖场及其生产区的人员、车辆及其他所有物品消毒等措施。

（三）风险管理的主要手段和效果

当前，各级政府高度重视动物疫病防控工作，加大了投入力度，加强了基础设施建设，提升了防控能力。随着科技进步，新的防控技术和手段不断涌现，为动物疫病防控工作提供了有力支持。然而，面对复杂多变的防控形势，我们仍需保持高度警惕，持续加强防控工作。

一是强化法律制度保障。2021 年 1 月 22 日，《中华人民共和国动物防疫法》由中华人民共和国第十三届全国人民代表大会常务委员会第二十五次会议修订通过，自 2021 年 5 月 1 日起施行。这为加强对动物防疫活动的管理，预防、控制、净化、消灭动物疫病，促进养殖业发展，防控人兽共患病，保障公共卫生安全和人体健康提供了根本遵循。2022 年 10 月 30 日，中华人民共和国第十三届全国人民代表大会常务委员会第三十七次会议修订通过《中华人民共和国畜牧法》，自 2023 年 3 月 1 日起施行，为规范畜牧业生产经营行为、保障畜禽产品供给和质量安全、防范公共卫生风险、促进畜牧业高质量发展等提供了重要保障。这两部法律的修订，完善了动物疫病防控的制度设计。

二是强化基层动物防疫体系建设。完善疫病监测预警网络,逐步提升监管和服务能力。近年来,在机构改革过程中,一些地方基层动植物疫病防控机构被撤并、人员被削减,影响动植物疫病监测预警、防控指导、检疫监管和应急处置等防控工作的正常开展。2022年1月,农业农村部、中央机构编制委员会办公室联合印发《关于加强基层动植物疫病防控体系建设的意见》,要求各地压实属地责任,统筹调整基层农业农村部门工作力量,优化存量、补充增量,配齐配强专业人员,全链条做好动植物疫病防控各项工作。

专栏4　打赢辽沈"布鲁氏菌病防疫战"——辽宁省
畜间人兽共患病防控成效显著

按照农业农村部的部署要求,辽宁省认真贯彻习近平总书记关于"人病兽防、关口前移,从源头前端阻断人兽共患病的传播路径"的指示精神,采取宣传干预以及"免、检、消、杀、管"等综合防控举措,全省防疫体系不断完善,畜间人兽共患病流行态势得到有效控制,人间病例数量显著下降,防控成效斐然。

一、"一副手套"促进宣传,布鲁氏菌病防线关口前移

为做好防疫工作,凤城市开展"手套"工程,其中省、市提供一部分一次性手套、消毒药品。凤城市疫控中心筹措资金购买手套、消毒药品,向养殖场、屠宰场从业人员发放手套2.34万余副、消毒药品600余箱,现场指导防护、消毒技术。辽宁省制定了以"手套工程"为载体的人兽共患病防控宣传培训方案,以强化宣传为重点,营造全民防控舆论氛围。通过"电视滚屏提醒""大喇叭下乡进村""专家赶大集进校园"等多种方式,全方位、多渠道、全覆盖对从事养殖、屠宰等高危职

业人群开展宣传培训，增强高危人群疫病防控和自我防范意识。2023年初以来，全省累计开展宣传培训350余场次，发放宣传材料70万余份、乳胶手套26万余副、消毒药110余吨、防护用品6万余套。

二、"一把药枪"提升免疫率，加大投入织密防线

"今年凌源市政府给村防疫员每人配备一把多功能连续灌药枪进行牛羊布鲁氏菌病免疫，使用起来太方便了，而且非常安全！"李忠丰介绍说："过去我们采用注射器给牛羊进行灌服免疫，灌服过程中牛羊经常会打喷嚏，这样疫苗、唾液易喷在防疫员身上、脸上，不仅增加了防疫人员感染布鲁氏菌病的风险，还达不到免疫效果。我们有了多功能连续灌药枪后，不但使用起来特别方便，而且注射量精确，设计合理，大大减少了我们的感染风险，免疫效果特别好。"辽宁省建立稳定资金投入机制，以加大投入为支撑，夯实布鲁氏菌病防控基础。省、市、县三级都将防控经费纳入财政预算，省财政每年固定投入9 500万元用于防疫，下一步将进一步优化防疫资金使用方向，每年拟调整强制免疫补助资金2 000万元，专项用于加强畜间布鲁氏菌病监测、流调、净化及基层防疫基础建设等工作。

通过提升兽医实验室检测能力，织密筑牢"监测网"。筹措868万元资金对省动物疫病预防控制中心生物安全防护三级实验室（以下简称P3实验室）进行了升级改造；争取陆生动物疫病病原学监测项目资金1 750万元，改造市级兽医实验室7个；争取地方资金约250万元，改造建设县级实验室12个。

三、"一网统管"完善体系，基层防控提质增效

辽宁省积极推进基层防疫体系改革，以完善体系为支撑，助力基层防控提质增效。全省112个涉农市、县（区）中有

100 个已设置动物疫病预防控制机构。积极推进基层动物防疫队伍建设，村级动物防疫员全部由当地乡镇政府聘任，补助经费列入财政预算。全省 11 761 个行政村，聘用村动物防疫员 12 002 名，平均每人每年工作补助达 7 000 元以上，部分地区村防疫员通过协助开展养殖业保险等工作，个人年补贴最高可达 6 万元。政府还为村级动物防疫员投保了人身意外伤害保险，解决了村防疫员的后顾之忧。

辽宁省还以信息化平台为依托，提升防控工作效能。先后筹措资金 3 亿元，建立了辽宁省动物卫生监管信息追溯平台，系统集业务管理、远程视频监控、GPS 定位、移动智能终端四大系统于一体，实现了免疫、检疫、监测、预警、运输、屠宰"一网统管"，建立全链条业务数据闭环管理模式，实现动物疫病防控全链条可追溯管理。

2023 年上半年，辽宁省人感染布鲁氏菌病数与 2021 年、2022 年同期感染数相比，分别下降 38.21%、20.13%，人兽共患病发生与流行态势得到有效控制。

（资料来源：辽宁省农业农村厅网站）

三是落实常态化预防措施。坚持问题导向、目标导向、结果导向，坚持人病兽防、关口前移，实行积极防御、主动治理。紧盯冬春冷季、汛期等高风险时段，毫不松懈抓好非洲猪瘟、高致病性禽流感等重大动物疫病常态化防控，持之以恒抓好牛羊布鲁氏菌病、血吸虫病等重点人兽共患病源头防控，统筹抓好外来动物疫病和季节性常见病防控，努力守住不发生区域性重大动物疫情的底线。做好野生动物疫源疫病监测与致害防控。组织做好春季秋季动物疫病集中免疫，有力有序推进"先打后补"。持续开展动物疫病净化和区域化管理，加快牛羊布鲁氏菌病净化场、无疫小区和无疫区建设，全面推进非洲猪瘟等重大动物疫病分区防控。加快推进无纸化出证，畅通动物检疫监督信息共享渠道，提升智慧监管水平。

四是强化监测预警、灾情调度和应急响应。不断强化应急管理，严格规范处置突发疫情，做好洪涝、地震等灾后动物防疫工作，确保大灾之后无大疫。加强与气象、应急、水利等部门的沟通，及时掌握气象变化情况，强化灾情预警能力。通过多种渠道向养殖场户宣传防汛、防灾、应急相关技术要点，印发《畜牧业防灾减灾技术手册》，切实增强养殖主体灾害防范意识和能力。针对"杜苏芮""卡努"台风及其引发的强降雨灾情，及时启动畜牧业洪涝灾害日报等应急响应，通过畜牧业灾情上报系统、电话、微信沟通等方式及时调度灾情。针对甘肃积石山 6.2 级地震，第一时间启动畜牧业应急响应，迅即推进农业抗震救灾相关工作。

五是加强防疫科技基础设施建设。近年来，在动物生物安全领域，国内高校、科研机构、企业等的高等级生物安全实验室建设不断增加，为我国重大畜禽疫病的创新研究、科学防控和保障畜牧业安全提供科技支撑。与欧美发达国家相比，目前我国高等级生物安全实验室存在数量不足、管理水平参差不齐等问题。需要加大对动物疫病防控基础设施的投入力度，完善兽医实验室、疫苗储存设施等，提升防控能力。

五、农业保险专题

农业保险是农业现代化的"助推器"，是广大农民农业收入的"稳定器"，是推动和服务乡村振兴的重要金融手段。2022 年，我国农业保险保费规模首次突破千亿元大关，达到 1 192 亿元，为1.67 亿户次农户提供风险保障超 5 万亿元，助力乡村振兴的作用进一步彰显。当前，充分运用农业保险服务农民、惠及农业农村，既是"三农"工作的重要内容，也是一项重要的农村政策，要充分运用和发挥好农业保险在乡村振兴方面的作用。

（一）保障农业强，守护"大国粮仓"

一是扩大主粮保险覆盖面，服务粮食安全战略。粮食安全是国家安全的重要基础和支撑，是"国之大者"。农业保险作为一种强农、惠农、富农的重要手段，通过对农业的全生产周期提供风险保障、科技赋能和社会化服务，能够有效促进粮食生产的规模化、集约化和数字化，有效保障我国的粮食安全。截至 2022 年底，13 个粮食主产省的 800 余个产粮大县基本实现了三大粮食作物完全成本保险和种植收入保险的全覆盖，消除种粮农民的后顾之忧，推动三大主粮稳产丰产，有力支持粮食安全战略的落实。

二是开展特色农产品保险，保障地方名优农产品供给。我国是世界上最大的粮食生产国，又是最大的农产品进口国。当前我国农产品生产的主要矛盾已经由供给总量不足转变为供需结构性不平衡，在我国粮食供求格局中，稻谷、小麦供给相对充裕，但玉米供给偏紧，食用植物油和蛋白饲料供给短缺。为化解这些结构性矛盾，践行大食物观，保险业深化落实供给侧结构性改革，借助中央财政对地方特色农产品保险实施以奖代补政策，迅速扩大地方特色农产品保险覆盖面，推动供应相对短缺的农业产业快速发展。2021年，我国地方特色农产品保险已基本覆盖全国，极大地促进了地方特色农业产业的发展，各种优质农产品充盈市场，我国城乡居民的食物结构更加丰富，供给更有保障。

三是开展全产业链保险，延伸农业保险"广覆盖"范围。保险业积极创新产品、拓展服务边界，探索开展一揽子保险，构建全链条农业保障机制。在生产环节，研发产量保险、指数保险、价格保险、收入保险和地力保险等一系列保险产品，并通过科技赋能，为农业产业提供自然灾害和价格风险解决方案，推进土壤修复和治理、提高产出效率；在仓储、物流等环节，探索开展农产品仓储保险、物流运输保险、预制菜食品保险等，有效保障了粮食和其他农产品的流通和供应。

（二）守护乡村美，助力乡村建设与治理

随着农村人居环境整治提升五年行动的开启和实施，一个个宜居宜业的乡村成为广大农民的幸福家园。保险业通过将农业保险扩展为农村保险，在助力乡村建设、乡村治理和可持续发展等方面均发挥了重要作用。

一是助力平安乡村建设。降低乡村可能面临的各种风险是平安乡村建设的基本要求，保险业通过加强与各级政府部门和村集体经济组织的有效合作，在农业生产、人畜疫情防控、农村基础设施建设以及自然资源保护等方面，构建事前防灾防损、事中救灾减灾和事后损失补偿三道防线，实施全方位风险减量管理，有效降低乡村社会风险总水平，助力平安乡村建设。

二是助力和谐乡村建设。提供优质的保险承保理赔服务、让广大农民近距离、面对面、场景化感受保险保障服务的温度，是农业保险一直努力和改进的方向。农业保险通过提供小额化保险产品、优化流程、简化手续，并通过科技赋能等，在承保和理赔等节点提高农业保险服务的可及性和可持续性。同时，通过搭建"三农"保险服务站、建立协保员队伍等，在提供现场保险服务的同时，提供农机具维修、农产品供销信息等方面的服务，增进乡村社会和谐。截至2022年底，保险业已建立"三农"营销服务部近1万个、"三农"保险服务站超过5万个，打通乡村治理"最后一公里"，推动农村社会治理水平提升。

三是助力美丽乡村建设。通过"农业保险＋"的模式，深度融入农业面源污染防治、农村人居环境整治等重大生态治理项目，可以有效服务农村生态建设，为打造美好生活、建设美丽乡村贡献力量。

（三）助力农民富，积极促进共同富裕

在助力共同富裕、促进乡村振兴方面，保险业不断助推广大农村地区走向共同富裕。

一是降低致贫返贫风险，促进共同富裕。作为我国现代金融体系的重要组成部分，保险业凭借其特有的风险转移和损失补偿机制，在保险保障、资金融通、稳定收入等多方面发挥着独特功能。一方面，保险业通过积极开发防返贫产品，构建了覆盖因病、因灾、因学等因素导致的防返贫托底保障机制。另一方面，保险业依托保险主业开展产业帮扶、消费帮扶、就业帮扶、智志双扶，建立了多层次的帮扶体系，通过协助转移劳动力就业增加帮扶户收入，提高低收入人群的脱贫致富能力。

二是创新农村普惠金融服务。促进共同富裕，资金支持是重要

条件，保险业通过发挥保险资金融通功能，主动对接和服务农业新领域、新生态、新型经营主体，创新普惠金融服务的模式，有效推动农村金融市场发展，改善农村融资环境。近年来，保险业全面升级"保险＋融资"模式，构建全链条农业保障机制，发挥多层次资本市场支农作用。2022 年，"保险＋融资"模式为 5.16 万户次新型农业经营主体授信超过 52 亿元，拓宽了融资途径，有效缓解了农村地区融资难、融资贵的困境，助推了经济社会发展。

未来，农业保险将加快高质量发展步伐，持续推进扩面、增品、提标，加大"三农"领域的保险供给力度，全面助力乡村振兴和农业农村现代化。

（作者：高兴华，中华联合保险集团股份有限公司董事长）

六、农产品期货专题

农产品期货具有价格发现、风险管理、稳定市场等功能。近年来，农产品期货发挥着越来越重要的作用，为农产品生产者和经营者提供了一种有效的风险管理工具。

（一）当前农业发展对农产品期货的新要求

我国农产品期货市场自 20 世纪 90 年代产生以来，至今已经发展了 30 多年，在交易品种上涵盖粮、棉、油、糖、林果、禽蛋等主要大宗农产品领域，在粮食、饲料、油脂油料、纺织加工等领域形成了门类比较齐全的农产品期货交易体系。2020—2023 年，我国主要农产品期货成交总量从 18.56 亿手增加到 20.99 亿手，成交额从 85.32 万亿元增加到 120.41 万亿元（图 10），农产品期货行业的市场规模持续扩大。

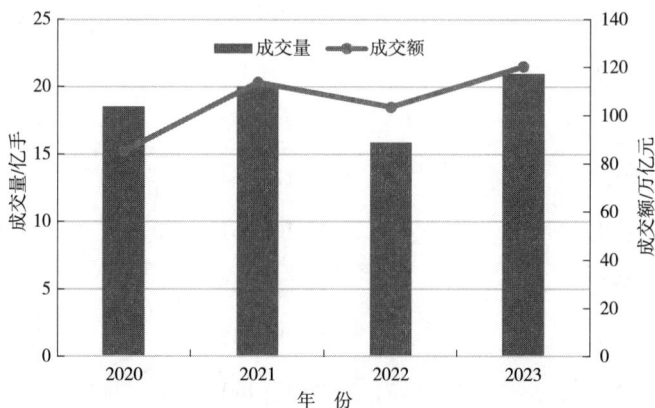

图 10　2020—2023 年我国主要农产品期货的成交量与成交额

从农产品品种来看，2023 年豆粕成交总量与成交额最高，分别为 3.5 亿手、13.4 万亿元（表 5）。菜籽粕、棕榈油、豆油、白糖、菜籽油、棉花、玉米、尿素等品种交易非常活跃，成交总量均在 1 亿手以上；玉米淀粉、黄大豆一号、花生、鸡蛋、苹果、黄大豆二号、生猪、红枣等品种交易比较活跃，成交总量均在 1 000 万手以上；粳米、棉纱、油菜籽、强麦等品种交易比较不活跃；而普麦、早籼稻、粳稻、晚籼稻等品种交易非常不活跃，2023 年成交量为 0。

表 5　2023 年我国主要农产品期货的成交量与成交额

品种名称	成交量/手	成交额/亿元
豆粕	354 530 779	134 384.35
菜籽粕	230 593 113	72 356.42
棕榈油	214 926 469	159 106.43
豆油	203 940 313	163 033.26
白糖	188 624 633	125 494.89
菜籽油	185 663 459	163 760.66
棉花	165 411 304	131 223.46
玉米	162 627 023	43 043.25
尿素	137 877 259	58 713.74
玉米淀粉	54 758 333	16 230.89
黄大豆一号	42 175 264	21 489.63
花生	36 100 351	17 925.18
鸡蛋	32 250 956	13 622.85
苹果	30 791 542	26 780.66
黄大豆二号	28 177 871	12 687.47
生猪	13 429 227	33 977.09

（续）

品种名称	成交量/手	成交额/亿元
红枣	12 556 460	7 863.30
粳米	3 762 406	1 316.33
棉纱	963 743	1 067.77
油菜籽	7 051	4.26
强麦	294	0.19
普麦	0	0
早籼稻	0	0
粳稻	0	0
晚籼稻	0	0

资料来源：郑州商品交易所、大连商品交易所。

注：成交量和成交金额单边计算。

当前农业发展对农产品期货的新要求，具体体现在以下 3 个方面。

1. 农业生产的现代化和规模化对农产品期货的新要求

农产品期货市场需要不断改进和完善，以适应现代化和规模化农业生产的发展。一是品种选择多样化。农业生产现代化和规模化的发展，需要更多的品种选择，以满足市场需求和消费者偏好。这些品种的选择需要考虑市场需求、生产能力、储存能力等因素，以确保期货市场的稳定和健康发展。另外，随着农产品消费需求的多样化，农产品期货市场需要不断创新品种，满足不同消费者的需求。例如，可以推出新型农产品期货品种，如花卉、茶叶、咖啡等，丰富农产品期货市场的产品线。二是交割质量要求提高。现代化和规模化农业生产需要更加严格的质量控制，以确保农产品的质量和安全。因此，农产品期货交割需要更高的质量要求，如稻谷需要达到国家规定的质量标准，小麦需要达到国际质量标准等。这些质量要求需要考虑生产者的技术水平、生产成本等因素，以确保交割的顺利进行和市场的稳定。三是期货市场风险管理要求提高。现代化和规模化农业生产需要更多的风险管理工具和技术，以降低农业生产风险。因此，农产品期货市场上需要更多的风险管理工具和技术，如期权、期货、互换等，以降低投资者的风险。同时，农产品期货市场需要更多的风险管理政策和措施以确保市场的稳定和健康发展。

2. 农产品消费需求的变化对农产品期货的新要求

农产品期货市场需要不断适应和满足消费者需求的变化，以实现可持续发展和稳健运行。一是消费结构的多样化。随着人们生活水平的提高，消费结构逐渐多样化。消费者对农产品的需求不再局限于传统的粮食作物，而是向多元化、高品质、绿色、有机等方向发展。因此，农产品期货市场需要满足这些多元化的消费需求，提供更加丰富的产品种类和规格。二是消费需求的季节性。在某些农产品供给紧张的季节，消费者对农产品的需求量大，价格波动较大。因此，农产品期货市场需要充分考虑季节性因素，加强市场信息的发布和风险管理，以应对季节性价格波动带来的风险。三是消费服务的优质化。一方面，农产品期货市场需要吸引更多的市场参与主体，如农户、农民合作社、农业企业等，以提高市场的活力和竞争力。另一方面，还需要加强市场监管，维护市场正常运行。农产品期货市场需要加强信息的披露，提高透明度。未来农产品期货市场将会不断引入新的技术，包括人工智能、区块链等，提高市场的效率和透明度，以便投资者做出更明智的投资决策。

3. 农业政策和法规的变化对农产品期货的新要求

农业政策和法规的变化对农产品期货市场产生了新的影响。一是农业补贴政策的调整。政府通过补贴、税收优惠、价格支持等手段，激励农民增加特定农产品的生产，促进农产品期货交易活跃，降低农产品期货价格。例如，若政策鼓励大豆种植，大豆产量增加，可能导致大豆期货价格下跌。另外，政府对农产品质量安全政策的调整，会提高农产品期货交易的透明度，可能会引发市场对粮食价格上涨的预期，从而推动相关期货价格上涨。二是农业产业政策的变化。政府对农业产业政策进行了调整，鼓励农业科技创新，推动农业现代化，加强农业产业链建设，促进农业可持续发展。随着农业产业政策的调整，一些新品种的农作物可能得到推广和种植。这些新品种的上市为期货市场提供了新的交易标的，丰富了市场品种，增加了市场的活跃度和吸引力。

（二）农产品期货在农业风险管理方面的效果评价

农产品期货通过价格发现、套期保值等功能为农户和农业企业提供了有效的风险管理工具，促进了农业产业链的整合与升级，提升了农户收入水平，增强了农业可持续发展能力。

1. 农产品期货对价格发现与风险预警的作用

农产品期货市场具有价格发现功能。期货市场通过汇聚众多参与者的信息、预期和交易行为，形成对未来农产品价格的预期价格，即期货价格。这个价格不仅反映了当前市场的供求关系，还包含了未来市场变化的预期，为农户和农业企业提供了重要的参考依据。通过期货市场的价格信号，农户可以更加准确地把握市场脉搏，提前预判农产品价格的走势，从而合理安排生产计划和销售策略，有助于农户避免盲目跟风种植或养殖，减少因市场波动带来的经济损失。同时，期货市场的价格变动也起到了风险预警的作用，当期货价格出现异常波动时，农户可以及时调整生产结构，降低市场风险。如图 11 所示，2022 年 12 月至 2023 年 12 月，郑州商品交易所菜籽油期货价格与现货价格走势一致，且期货价格要先于现货市场的波动，为农户和农业企业预判菜籽油价格预期提供了重要的参考依据。

图 11　郑州商品交易所菜籽油期货与现货价格走势对比
注：用广东湛江三级菜籽油出厂价代表现货价格。

2. 农产品期货对套期保值与风险转移的作用

农户和农业企业可以通过在期货市场建立与现货市场相反的头寸，即进行套期保值操作，锁定未来的交易价格，规避价格波动风险。具体来说，如果农户预期未来农产品价格会下跌，可以在期货市场卖出相应数量的期货合约；如果预期价格上涨，则可以在期货市场买入期货合约。这样，无论未来市场价格如何波动，农户都能通过期货市场的盈利来弥补现货市场的亏损，实现风险的对冲和转移。套期保值操作不仅降低了农户和农业企业的价格风险，还提高了他们的市场竞争力。通过锁定未来的销售价格，农户可以更加专注于提高农产品的产量和质量，而无需过多担心市场价格波动带来的风险。这种稳定的生产预期有助于推动农业生产的标准化、规模化和组织化，促进农业产业的健康发展。

专栏5　白糖期货为客户规避风险

中粮糖业有限公司（以下简称中粮糖业），是中粮糖业控股股份有限公司的全资子公司，是中粮糖业控股股份有限公司食糖贸易、销售和期货套保的主要操作平台。中粮糖业作为全球最大的全产业链食糖现货企业之一，目前已经建立起完善的商情研发、策略制定、风险管控和套保会计等一系列配套制度，通过熟练运用国际原白糖期货、期权合约和郑州白糖期货、期权合约，中粮糖业不仅可以为遍布全球的生产基地锁定生产利润，也可以为国内的食糖贸易进行套期保值。

从2020年4月以来，原糖价格持续走高，从最低10美分/磅①一路上涨至最高21美分/磅，带动国内糖价从4 700元/吨上涨至接近6 200元/吨。在食糖价格持续上涨的过程中，终端企业采购难度加大，对市场价格超出采购预算的担忧随之增加。为了满足客户对采购成本管控需要，中粮糖业贸销团队利用白糖期货工具，为客户提供成交价最高限价的服务，即在合同中约定最终采购成本不超过5 950元/吨，同时买入白糖看涨期权，规避现货价格大幅上涨带来的风险。

（资料来源：郑州商品期货交易所）

3. 农产品期货促进农业产业链整合与升级

农产品期货市场的发展还促进了农业产业链的整合与升级。一方面，期货市场的存在使得农业产业链上下游企业之间的联系更加紧密，形成了更加稳定的合作关系。农户可以通过期货市场与加工企业、贸易商等建立长期稳定的合作关系，确保农产品的销售渠道

---

① 磅为非法定计量单位，1磅=0.454千克。

和价格稳定。同时，加工企业和贸易商也可以通过期货市场锁定原材料成本和销售价格，降低经营风险。这种稳定的合作关系有助于推动农业产业链的整合和协同发展。另一方面，农产品期货市场的发展还促进了农业产业的升级和转型。期货市场的价格信号和风险管理功能引导农户和农业企业不断调整生产结构和产品结构，以适应市场需求的变化。同时，期货市场的标准化合约和交割制度也推动了农产品的标准化生产和品牌化经营。这些变化有助于提升农产品的附加值和市场竞争力，推动农业产业向更高层次发展。

专栏 6 红枣期货助产业提质升级

红枣产业链条较短，上游企业为收购、加工企业，中游为贸易商，下游直接面对消费者。红枣中游贸易商囤货量有限，并且销售以'短平快'为主，风险可控。因此，红枣产业的风险主要集中在上游收购、加工企业，主要风险点为收购、加工后红枣价格下跌的风险和销售困难的问题。

红枣期货上市后，深刻改变了红枣产业的经营模式，产业企业不断创新经营思维、丰富交易模式，随着产业对红枣期货的认识不断提升，运用期货工具管理风险的模式也在不断迭代，参与的深度和广度不断提升，由传统的套期保值向基差贸易、仓单融资、合作套保等多元化金融模式发展。在红枣期货的标准引领之下，同时经过多方面的努力，近年来新疆红枣品质有所提升。一方面，红枣期货具有严格的品级标准，生产企业为了参与期货，必须按照期货标准生产。另一方面，2010 年之后，枣树在新疆大面积种植，为了追求产量，各地采取矮化密植技术，亩产在 1 吨以上，引导枣农利用提质增效的方式提升种植收益。

（资料来源：郑州商品期货交易所）

（三）农产品期货发展新动向

1. 农产品期货市场与农业产业链深度融合

农业产业链的融合已成为农业发展的趋势。农产品期货市场作为一种有效的风险管理工具，可以为农业产业链融合提供重要的支持。实现农产品期货市场与农业产业链的深度融合，可以有效提高农业产业链的运行效率，降低农业产业链的风险损失，推动我国农业现代化进程。首先，农产品期货市场可以为农业产业链的融合提供风险管理工具。农业产业链的融合涉及众多环节，包括农业生产、加工、销售等。这些环节都存在一定的市场风险，如价格波动、政策风险等。通过农产品期货市场，农业产业链的各个环节可以有效地分散和转移这些市场风险，降低风险损失。其次，农产品期货市场可以为农业产业链的融合提供信息平台。农业产业链的融合需要各个环节的信息共享和协同合作。农产品期货市场作为一种公开、透明的市场，可以为农业产业链的各个环节提供及时、准确的市场信息。例如，农业生产者可以通过期货市场了解农产品价格走势，合理安排生产计划；加工企业可以通过期货市场了解原材料价格波动，调整生产规模；销售企业可以通过期货市场了解产品价格变化，优化销售策略。最后，农产品期货市场可以为农业产业链的融合提供资金支持。农业产业链的融合需要大量的资金投入，如农业生产、加工、销售等各个环节都需要资金支持。期货市场可以为农业产业链的融合提供资金支持，如农产品期货、原材料期货等，可以为农业生产、原材料采购、农产品销售提供资金支持。

2. 农产品期货市场的国际化发展

我国农产品期货市场的发展与国际化农产品期货市场相比，仍存在一定的差距。因此，推动我国农产品期货市场的国际化发展是必然趋势。一是国际化是农产品期货市场发展的必然趋势。

期货市场已经成为全球经济的重要组成部分。我国农产品期货市场的国际化，将有助于提高我国农产品期货市场的国际影响力，增强我国在全球农产品市场的话语权，提高我国在全球农产品市场的地位。二是国际化是提高我国农产品期货市场运行效率的必然选择。我国农产品期货市场的国际化，将有助于引入更多的境外投资者，增加市场流动性，提高市场效率。同时，国际化也将有助于我国农产品期货市场与国际市场接轨，提高期货市场的运行效率。三是国际化是应对全球经济挑战的必然选择。全球经济面临着许多挑战，如贸易保护主义、经济不稳定等。我国农产品期货市场的国际化，将有助于我国农产品期货市场更好地应对全球经济挑战。

3. 农产品期货市场与农业科技创新的结合

农产品期货市场不仅为农业提供了价格发现和风险管理功能，还成为农业科技创新的重要平台。将农产品期货市场与农业科技创新相结合，将有助于推动农业现代化发展，提高农业生产效率，保障国家粮食安全。一方面，农产品期货市场为农业科技创新提供了风险管理工具。农业生产周期长，农产品市场价格波动大，对新技术、新品种的需求较高。通过农产品期货市场的价格信号，农业科技创新成果可以迅速找到市场需求，实现产业化、规模化发展，有利于农业科研机构和企业进行新品种、新技术的研发和推广，推动农业科技创新成果的产业化。此外，农产品期货市场还可以通过套期保值等手段，帮助农民规避价格风险，提高农业生产效益，进一步激励农民参与农业科技创新。另一方面，农产品期货市场能够提升农业产业竞争力。农产品期货市场促使农业生产者不断提升产品质量和附加值以满足市场需求。这种竞争压力会推动农业生产者加大科技创新力度，通过引进新品种、新技术等方式提高农业生产效率和产品质量，从而提升整个农业产业的竞争力。

4. 农产品期货市场与农业绿色发展的结合

随着全球气候变化和环境问题日益严重，农业可持续发展成为各国政府及农业部门关注的焦点。近年来，政府出台的绿色金融政策也为农产品期货市场与农业绿色发展的结合提供了支持。如"保险＋期货"模式在绿色金融服务领域的应用，为农业生产者提供了更多的风险管理工具；针对绿色、有机农产品的期货品种逐渐被引入市场，为这些产品的定价和风险管理提供了平台。一方面，绿色农业的发展对农产品期货市场的需求产生影响。绿色农业强调农业生产过程的生态友好和资源高效利用，这使得农产品生产者在面临市场价格波动时，更加需要通过期货市场进行风险管理。绿色农业的发展为农产品期货市场提供了新的品种和交易方式，如绿色农产品期货、低碳农产品期货等，这有助于丰富农产品期货市场的交易品种和市场机制。另一方面，农产品期货市场对绿色农业的发展具有指导作用。农产品期货市场的价格发现功能可以帮助绿色农业的生产者、消费者和经营者更好地了解市场价格信息，从而指导他们生产和消费。此外，农产品期货市场的风险规避和资源分配功能也为绿色农业的发展提供了支持。例如，绿色农业企业可以通过期货市场进行套期保值，规避因价格波动带来的风险，从而更好地实现绿色农业发展目标。

案例篇

一、乡村产业综合性保险助力产业振兴的探索

海南省从 2022 年起开展乡村产业综合性保险的探索。为深入了解项目实施情况，我们赴海南省琼中黎族苗族自治县和琼海市开展调研，与县（市）政府、农业农村部门、乡村振兴部门、投保主体、承保企业等单位负责人进行了深入交流，还与省委农办、省农业农村厅相关部门同志沟通。现将调研情况报告如下。

（一）开展乡村产业综合性保险的背景

2007 年以来，在中央财政补贴政策的支持下，我国各地农业保险迅速发展，农业保险产品和服务不断升级，逐步建立起覆盖全国、涵盖主要大宗农产品的农业生产风险保障体系。海南省纳入中央、省级财政补贴范围的农业保险有 18 种，其中有 10 种承保海南省地方特色农产品。2018 年以前，海南省秉承"广覆盖、低保障"的原则设计农业保险产品，保障因自然灾害导致的农产品损失，赔付最高金额是种养物化成本的 70%。一些保险公司还探索了绿橙保险、胡椒保险、椰子保险、槟榔保险、荔枝保险等，但是经营范围较小，投保主体的获得感不强。

脱贫攻坚结束进入过渡期，中央衔接资金用于帮扶脱贫群众发展产业的比例逐年增加，产业风险防控的重要性日益凸显。为此，2021 年 10 月，海南省委农办组织相关单位赴文昌市、东方市、屯昌县等 9 个县（市）调研了农业产业项目发展情况，发现农业项目既存在自然灾害（特别是台风）、病虫害、市场价格波动风险，也

存在责任风险和项目谋划遴选、财务法务管理风险等。尽管这些县（市）都开展了政策性农业保险，但是农业项目投保的比例和保障水平都不高。9个县（市）的1 446个扶贫产业项目中，投保农业保险的并不多，单一品类、单一风险农业保险已经无法满足乡村产业发展需求，农业保险的有效供给和实际需求存在明显差距。由于对持续投入的扶贫资金和规模较大的衔接资金缺乏有效的风险管理手段，存在较大风险隐患，任何单一风险都可能导致这些产业项目破产，进而影响脱贫户的收入和就业。调研中，相关农业经营主体也希望保险机构能够为产业项目提供保险服务。为有效应对产业振兴中的各种风险，海南省积极创新保险保障手段，聚集扶贫产业资产和乡村振兴衔接资金的产业项目，探索开展了乡村产业综合性保险(表6)，并引导第三方机构开发"乡村产业综合服务大数据平台"，建立产业谋划、法务和财务相结合的管理监控服务体系，提升产业质量和经营管理能力。

表6　传统农业保险与乡村产业综合性保险对比分析

序号	内容	传统农业保险	乡村产业综合性保险
1	保障对象	单一农产品	乡村产业实施主体，聚焦帮扶产业开展
2	覆盖范围	种植业、养殖业的主要品类，目前中央补贴品类8个，体现海南特色品类10个	综合农业种植、养殖、水产、加工仓储冷链、光伏产业五大类别，可覆盖一二三产业链
3	保险责任	通常是针对单一风险保险责任	综合风险因子，涵盖成本类责任（自然灾害、意外事故、病虫害、疫病等）、收益类责任（市场价格波动、完全成本损失等）、责任类责任（雇主责任、公众责任、农产品食用安全责任）、特殊风险责任
4	保险金额	根据单一农产品的物化成本或价格指数确定保险金额	综合农产品的完全成本、价格指数、责任类风险确定保险金额

（续）

序号	内容	传统农业保险	乡村产业综合性保险
5	保险费率	按单一品类、单一风险测算费率，风险集中，费率较高。如香蕉风灾 26%、芒果大灾 12.8%、制种水稻 18%、育肥猪 4%、能繁母猪 6%、橡胶价格保险 12%、蔬菜价格保险 10%	按多品类、多风险因子综合测算费率，综合费率较低。如琼中黎族苗族自治县试点 6 个项目，涉及种植业和养殖业，按照大类费率计算保费，按照综合责任提供保障计算综合保额，综合费率仅 2.84%
6	功能及运作模式	事后补偿功能，海南省传统农业保险共保体经营，由人保财险作为共保体主承单位	采取综合服务大数据平台事前排解风险，提高产业主体经营质量和经营能力，对风险进行及时预警和处置；按约定的收益进行赔偿，用保险制度托底产业稳定持续经营。共保体经营，人保财险、太保财险、平安财险 3 家公司竞争性主承

（二）乡村产业综合性保险的主要做法和效果

海南省委农办牵头，省农业农村厅、省乡村振兴局和省老促会等联合，组织第三方机构、财务、法务公司和海南省人保财险、太保财险、平安财险、国寿财险、阳光财险 5 家保险机构，聚焦帮扶产业项目面临的风险因素，设计了乡村产业综合性保险产品。2022年，海南省乡村产业综合性保险试点在琼中黎族苗族自治县正式落地。2023 年海南省委一号文件要求"探索和深化乡村产业综合性保险试点"，试点范围扩大到 7 个县（市），采取"乡村产业大数据综合服务平台＋综合性保险托底"模式。

1. 主要做法

一是研发覆盖产业各类风险因子的综合性托底保险。乡村产业综合性保险突出的特点就是一险多保，即一个险种涵盖各类风险、各类产业实施主体、乡村各类产业。根据新型农业经营主体面临的风险点，构建综合性收益保障，由人保财险等 5 家保险机构组成共保体，其中人保财险、太保财险、平安财险 3 家公司竞争性主承。保障对象为使用扶贫资金（脱贫攻坚期间）和衔接资金的各类产业实施主体，包括从事农业生产经营和加工、仓储冷链的主体，家庭农场，种养大户，农民合作社，帮扶企业等，以及实施帮扶产业的集体经济组织和使用帮扶资金发展产业的农户（以村委会组织投保）。保险标的为保障对象的财产和所种植、养殖、加工的产品。

保险责任。乡村产业综合性保险的保险责任涵盖成本类责任（自然灾害、意外事故、疫病）、收益类责任（市场价格波动、完全成本损失等）、责任类责任（雇主责任、公众责任、农产品食用安全责任）、特殊风险责任。承保帮扶产业实施主体收入风险和政府资金安全风险。

保险费率。遵循保本微利的原则，依据 9 个县（市）108 个乡镇 3 443 个农业产业项目的相关数据，按一年的保险期限综合测算出各大类费率区间，其中种植类 8.5%、养殖类 5.5%、水产类 9.5%、加工仓储冷链类 0.8%（生鲜 2%）、光伏 2%（在建工程险 0.8%）。例如，琼中黎族苗族自治县试点的 6 个项目，保费 145.2 万元，保额 5 110.5 万元，综合费率为 2.84%。

保险费缴纳分摊情况。对完全依托使用帮扶资金和衔接资金形成的产业，其保费 100% 由帮扶资金和衔接资金补贴。对帮扶主体自有资金发展的产业，由帮扶资金和衔接资金补贴其保费的 60%，自担 40%。对扶贫资产和衔接资金产业主体已投保政策性农业保险，或政策性农业保险责任已经覆盖产业综合性保险责任的项目原则上不再重复投保。

二是建立事前化解产业风险的大数据综合服务平台。基于新一代信息技术和移动互联技术的完整信息化解决方案，以互联网技术为载体，建立全面覆盖的移动网络和云服务，实现 7 个功能。第一，财务管理服务功能。既为保险机构提供承保理赔相关数据服务，又帮助农业产业解决建账难和过程监管问题，实现自动建账、数据分类、汇总等功能。第二，法务管理服务功能。搭建涉农各类合同模板库和案例库，实现合同审核、履约情况、舆情监控等功能。第三，保险信息收集功能。乡村产业主体注册情况，线上化快捷投保、理赔数据等全流程清晰可查。第四，数据汇总功能。根据系统采集财务、法务和保险信息，实现按乡镇、市（县）、省统计、查阅。第五，绩效评价功能。开发保险和补贴资金使用绩效评价系统，建立绩效评价体系。第六，风险预警功能。关联相关平台，采集乡村产业主体基本信息、财务信息、交易者信息等，并开展预警分析，帮助产业主体、主管部门、保险机构发现风险，及时采取应对措施。第七，看板展示功能。根据系统采集的信息，实现辖区内产业主体投保理赔情况、生产经营、合同订立、风险状况及各类农作物价格等情况的可视化展示，提升家庭农场和农民合作社等生产经营主体的经营水平，对风险进行及时处置，发挥前端"排雷"的作用。

三是建立可持续的风险防范机制。为实现政府、农民和农业经营主体、保险机构多方共赢的目的，建立了可持续的风险防范机制。共保体承保机构按保险费收入的 10％计提大灾风险准备金，如当年简单赔付率不足 75％，未达到部分扣除已计提的 10％后，全部用于计提大灾风险准备金。同时，建立保额、保险费率调节机制。

四是加强组织保障，强化督查督导。地方政府、各部门、第三方风险机构（财务、法务机构）和保险经办机构高度重视，各司其职、相互配合。海南省委农办、省农业农村厅、省乡村振兴局、省财政厅、省金融监管局协调推动；市（县）农业农村局、市（县）

乡村振兴局、市（县）财政局等在宣传发动、数据收集、查勘理赔等环节配合平台和保险机构开展工作；保险机构按照市场规则经营，在试点基础上不断扩大承保面，及时足额赔付。乡村产业综合性保险试点工作被列入 2023 年海南省十大创新亮点工作，也被纳入省委对市（县）乡村振兴实绩考核项目和省政府督查项目，省委农办定期通报试点情况。

2. 主要成效

海南省乡村产业综合性保险是针对脱贫攻坚与乡村振兴有效衔接的产品创新和模式变革，构建了全面的风险保障体系，推进帮扶产业安全稳定发展。主要成效体现在以下方面。

一是保障范围实现全覆盖。乡村产业综合性保险既保障产业项目形成的固定资产和流动资产，又对农业项目因自然灾害或意外事件、价格因素导致的成本损失进行部分赔付，还对农业项目生产经营中面临的各类责任风险提供保障，确保农业项目能够应对多重风险，主要体现在几个"覆盖"。第一，保障对象全覆盖。乡村产业综合性保险保障对象是所有帮扶主体，包含家庭农场、种植养殖大户、农民合作社、现代农业园区、农业企业和实施帮扶产业的集体经济组织以及自主使用帮扶资金发展产业的农户（以村委会组织投保）。第二，保险品类全覆盖。乡村产业综合性保险是对种植、养殖、水产、加工仓储冷链和光伏等产业的生产、加工、仓储、物流、销售等全链条的物化成本、人工成本和土地成本等进行兜底保障，从而确保经营主体在遇险后仍能"回本"。第三，保险责任全覆盖。乡村产业综合性保险责任涵盖自然灾害、意外事故和市场价格变动等多重风险，经营主体出现农产品产量减产收益受损或市场价格过低导致收不抵支时，可申请保险公司启动理赔程序，从而减少产业风险损失。同时，对帮扶主体的雇员、第三方和农产品食用安全风险设计雇主责任、公众责任和农产品食用安全责任，并且建立特殊风险责任赔付机制，形成全风险综合保障责任体系。如琼中黎族苗族自治县 2022 年试点选取 6 个帮扶项目，涉及种植斑斓、大叶茶、紫米等多个品类，2023 年试点选取 7 个项目涉及种植、养殖等 8 个品类。2023 年 5 月和 8 月，琼中水央农业科技开发有限公司种植的斑斓因连阴雨导致产量降低，经保险公司核产，两个案件累计赔付 65 万元。

二是保障收益安全性系数高。以农业项目的经营性收入为保险标的，保障农业项目的基本收入水平和自我"造血"能力，从而保障投保主体的收入水平。乡村产业综合性保险测算费率时，综合多品类、各类风险因子，以收益作为保险金额，提高了保障程度，充分发挥财政资金"四两拨千斤"的作用。如琼中黎族苗族自治县 2022 年试点投保 6 个帮扶产业项目，保费 145.2 万元，保险保障 5 110.5 万元，赔款 108.3 万元，综合费率仅 2.84%，计提风险准备金后简单赔付率 82.86%。

三是化解风险水平提高。通过第三方综合服务平台，规范产业项目的谋划和管理，有效规避了产业的管理、财务、法务等方面的风险。第三方服务平台不仅为保险机构提供服务，而且为政府部门监管帮扶产业提供便捷有效的手段。如琼中黎族苗族自治县的试点涉及家庭农场和合作社，平台为其提供了财务建账和法务相关服务，得到这些主体的一致好评。在发生保险事故时，平台及时发布成本、产量、市场价格等相关数据，极大地提高了保险机构的承保理赔时效。

四是带动金融支持乡村产业发展。乡村产业综合性保险为各类产业发展提供托底收益，化解了银行的贷款风险，银行机构联合平台以保单做质押，提供快捷低息贷款服务，解决农业经营主体由于缺乏抵押物产生的贷款难题，促进金融支持乡村产业发展。海南省农信社和中信银行跟进产业发展项目和保险项目开展相关工作，为需要资金的投保产业项目提供便捷贷款服务。

（三）乡村产业综合性保险发展面临的问题

一是保费补贴资金来源不明确。国家重视乡村产业发展的投入，但对产业发展中的风险保障资金投入不够，乡村产业综合性保险的保费补贴未纳入财政预算。国家衔接资金管理办法虽然没有将保险费补贴列入负面清单，但海南省财政厅在2022年6月下发的《关于加强衔接推进乡村振兴补助资金使用管理的实施意见》规定，衔接资金不得用于购买各类保险，乡村产业综合性保险的推广实施缺乏有效的保费补贴资金来源。由于保费补贴没有明确的预算科目，县（市）试点显得心有余而力不足。目前该保险仅在琼中黎族苗族自治县、屯昌县、琼海市等部分县（市）选取少部分项目试点，总保险保障15 924.4万元，综合费率2.51%，占全省帮扶资产的比重不足1%。

二是对创新型保险项目的认识不一致。在乡村产业综合性保险试点中，相关部门、地方政府、农业经营主体等对乡村产业和产业综合性保险发展趋势缺乏深入的认识，因而有的地方热切希望开展试点，有的地方对试点工作不重视、不关注、不积极。

（四）几点建议

一是鼓励乡村产业综合性保险发展。聚焦帮扶产业项目，鼓励各地开展乡村产业综合性保险的探索，并逐步扩大投保范围，确保"两类"资金保值增值。同时，针对乡村产业新业态、新模式，鼓励保险机构加大开发新产品力度，构建服务新模式，将正常经营的帮扶产业纳入乡村产业综合性保险保障范围，帮助产业稳定经营，提质增效。

二是明确衔接资金可用于乡村产业综合性保险保费补贴。根据

《中央财政衔接推进乡村振兴补助资金管理办法》（财农〔2021〕19号）和《关于加强中央财政衔接推进乡村振兴补助资金使用管理的指导意见》（财农〔2022〕14号）两个文件以及财政衔接推进乡村振兴补助资金项目管理操作指南，农业保险或涉农保险保费支出不在负面清单。由于乡村产业综合性保险保费没有固定的资金支持渠道，因此建议制定相关办法，将产业衔接资金作为乡村产业综合性保险的保费补贴来源。同时，参考地方特色农产品保险的做法，扩大乡村产业综合性保险保费补贴来源渠道。

三是将保险费列入衔接资金投入产业发展的预算成本。国家规定，衔接资金的60％要用于发展产业。根据《企业会计准则》，农业保险或涉农保险保费根据受益对象计入相应的成本费用科目，属于正常开支。国家投资的各项工程，保费作为成本，在预算中都有明确的列支。建议将用于风险保障的保险费纳入衔接资金预算，一旦衔接资金投入帮扶产业后，及时支付乡村产业综合性保险保费，并在计算本金返还和入股分红中予以剔除。

四是加强乡村产业综合性保险相关制度建设。规范相关制度建设，优化保险条款报备制度，给保险机构营造良好的市场氛围；建立分级考核制度，加强督查督导；完善投保理赔制度，提供优质、高效的保险服务；强化大数据平台服务机制，保证服务质量；建立绩效评价体系和相关制度，确保项目成效。

二、中原农险的大农险发展实践

（一）项目背景

农业保险对于保障农产品生产、保证社会生产生活资料的充足供应、稳物价保民生具有重要作用。随着乡村振兴战略的深入推进，农业保险被赋予了更重要的使命。2023 年 1 月 13 日，中国保险行业协会正式印发《农业保险产品开发指引》，首次从行业自律层面制定农业保险领域的产品开发指引，行业人士认为这意味着农业保险将进入从"小农险"发展到"大农险"的新阶段。在乡村振兴战略背景之下，农业保险如何从"小农险"向"大农险"进阶？

中原农业保险股份有限公司（以下简称中原农险）是河南省首家保险法人机构，"金融豫军"重要成员。中原农险立足中原、面向全国，以促进国家粮食安全生产、保障"三农"持续发展为己任，服务乡村振兴和农业农村现代化。中原农险是中国典型的专注"三农"保险高质量发展的保险企业，据《河南日报》2023 年 2 月报道，近年来中原农险已累计提供各类风险保障约 9 万亿元，支付赔款 78 亿元，农险保费规模稳居全国前十位，花生保费位居全国第一，冬小麦保费位居全国第三，玉米、大豆保费位居全国第六。

（二）大农险的六大特征

"大农险"是相对于传统农业保险而言的一种概念扩展。传统农业保险主要保障农作物种植、畜禽养殖过程中的风险，如自然灾害对农作物产量的影响、疾病对畜禽养殖的影响等。而"大农险"的范畴更广。大农险不是就某一个产品、某一类功能、某一项服务的简单改造，而是对服务对象、服务机制、服务标准、服务内容的综合提升，是全面迭代农险服务体系的系统性工程。与传统农险服务模式相比，"大农险"具有 6 个鲜明特征。

一是保障边界"大"。由原来集中保某些品类，拓展到种、养、林、牧、副及其配套的全产业覆盖。

二是服务纵深"大"。由原来单一的产品类型，向涉农财产险、意外险、健康险等全领域拓展。

三是支撑体系"大"。由原来集中保生产主体，拓展为向防贫、种业、设施等乡村振兴重点领域提供全方位保障。

四是防御屏障"大"。由原来单纯的灾后补偿，转变为事前风险防御、事中风险控制、事后理赔服务的全风险管理。

五是协同机制"大"。由原来服务功能以保障为主，转变为涵盖政策、科技、资金、人才的全要素服务。

六是营造生态"大"。由原来以农险公司为主，扩展至农业经营主体、村集体经济组织、现代农业经营组织、政府职能部门等共同协同的全主体赋能生态。

总体而言，"大农险"保障是由单一农业风险扩大至农业全产业链，服务由农业保险扩大至全财产保险领域，预防由灾后补偿扩大至风险减量服务，协同由单一保险服务扩大至政策、资金、科技、农产品上行等一系列服务。

（三）中原农险的大农险发展经验

融入新格局、适配新需求、塑造新价值是"三农"发展新时代赋予农险人的重大使命。随着建设农业强国、乡村振兴战略及农业农村现代化的全面推进，新业态催生了多样化的风险类型，需要更为多元的风险产品和服务。应变求变，一路向新。面对新需求、新要求，中原农险在农业保险领域率先启动了"大农险"综合服务行动。

为推动"大农险"综合服务计划落地，中原农险拟定了6类21项行动，包括立足保障粮食安全和重要农产品供给的"强粮""稳畜"等系列行动、围绕"农业保险＋"的"政保协同""投保联动""资金融畅"等系列行动。这些行动目前均已分批启动，预计到2025年底，基本可以实现服务区域内粮食作物保险参保率95％以上，"三农"领域保障产品库千款以上，融资增信金额10亿元以上，综合风险保障水平达万亿级别。主要发展经验如下。

一是全力保障国家粮食安全。着力做强做优主责主业，中原农险在2023年承保河南省粮食类大宗作物8 225万亩，提供风险保障737亿元，同比增长33％；承保河南省育肥猪等大宗养殖2 000多万头，提供风险保障183亿元，同比增长36％，较好地发挥了农业风险保障体系建设主力军作用。

二是全力服务农业供给侧结构性改革。围绕"四优四化"和地方特色产业发展，中原农险累计开发各类农业保险产品260余款，在河南省98个县（市、区）开展特色农险业务，承保1 072万亩、食用菌2亿余袋、畜禽522万头（羽）、水产养殖面积8万多亩，较好地满足了新型农业经营主体多元化的风险保障需求。其中，围绕保障农产品收入、农作物制种安全，实施花生、苹果"保险＋期货"等创新项目，开展花生、蔬菜制种保险试点，覆盖82个县（市、区）12.8万农户，提供风险保障60多亿元。

三是全力服务乡村振兴。中原农险加强与各县（市、区）、乡镇政府合作，选乡筛村、因地制宜、因村施策、驻村指导，激活村委主观能动性，帮助无产业基础的村流转土地、托管种植，帮助有产业基础的村提档升级、延链增值。截至2023年底，中原农险已累计为 80 个县（市、区）、181 个乡镇、359 个村集体制定 30 余种"保险＋N"服务方案，覆盖 36 余万农户，为村集体产业融资增信 2 207 万元，提供风险保障超过 20 亿元，带动村集体增收约 1 500 万元。中原农险"打造'强集体共富裕'共同体，服务新型农村集体经济"模式入选全国普惠保险典型案例，中原农险内蒙古分公司"安农保大农险模式"被评为"金融支持国家乡村振兴重点帮扶县优秀案例"。

三、广东农业保险高质量发展路径探索

（一）广东农业地位和发展状况

广东地处我国沿海开放前沿，位于粤港澳大湾区，以泛珠三角区域为广阔发展腹地，经济实力雄厚、区位优势明显、产业配套齐全、消费空间广阔、市场机制活跃、创新要素集聚，在推进中国式现代化建设中走在全国前列。广东是经济强省，也是农业大省。2023 年，广东 GDP 达到 135 673.2 亿元，连续 35 年（1989—2023 年）稳居全国第一位，农林牧渔总产值 9 202.09 亿元，居全国第四位，一二三产业结构为 4.1%：40.1%：55.8%。其中，种植业总产值 4 431 亿元，占 48.2%；畜牧业总产值 1 696.8 亿元，占 18.4%；渔业水产品总产值 2 005.3 亿元，占 21.8%，均位居全国前列。

广东地形地貌复杂，光热水资源充沛，生物类型多样，并拥有全国最长的海岸线，得天独厚的自然条件成就了广东作为特色农业大省的先天条件。广东"菜篮子""果篮子"农产品产量位居全国前列，农产品生产地域特征非常显著，拥有岭南水果、蔬菜、花卉、畜禽、水产、南药、茶叶、橡胶、剑麻等多个优势农业产业，产品种类多、分布广、产值高。

就岭南水果来看，种类多种多样，如枇杷、香蕉、荔枝、龙眼、菠萝、菠萝蜜、梨、杨梅、黄皮、柑、橘、柚、苹果、李子、柿子、火龙果等。广东香蕉、荔枝、龙眼和菠萝产量，均居全国第一位。从全省分地市水果产量来看，茂名、湛江、肇庆占据水果产量前三位。全省水果主要产自粤东西北的 12 个市，占全省总产量的 3/4。茂名是全国水果"第一市"，种植龙眼历史悠久，是全国最大的龙眼生产基地、全国最大的荔枝生产基地、广东荔枝第一主产区，茂名荔枝种植面积约占全世界种植面积的 1/5。粤东西北的佳果通过"直播带货"享誉国内，也远销海外。

（二）广东农业保险发展成效

农业保险作为分散农业生产经营风险的重要工具，其发展状况对稳定广东粮食产出、激发特色农业高质量发展活力、稳固农业基本盘具有重要作用。随着传统农业向现代农业加快转变，农业进入高投入、规模化、市场化的发展新阶段，广东各地对全方位、高质量的农业保险保障需求越发迫切。

2003 年之前，广东采取以政府传统的救灾保障为主、商业性农业保险运营为辅的风险管理模式，风险管理和救济保障能力严重不足。2004 年广东遭遇百年洪水，2006 年超强台风"珍珠""格美""派比安"和热带风暴接踵而至，导致广东农业遭受巨大损失，广东开始农业保险创新试点探索。2007—2019 年，广东政策性农业保险稳步发展。从保费收入看，2007 年全省保险保费收入 1 278 万元，2016 年突破 10 亿元，2019 年达到 18.8 亿元。在此期间，广东开展的中央财政补贴险种包括水稻、玉米、花生、马铃薯、甘蔗、能繁母猪、仔猪、育肥猪、奶牛、水稻制种保险，开办了 18 个省级政策性险种［包括家禽、岭南水果（荔枝、龙眼、香蕉、木瓜、柑橘、橙柚）、农业设施险等］。由于广东各地特色农业品种较多，为扩大农业保险的受惠面，还通过省级财政适当补贴的方式，引导支持各地市自行开办地方特色农业保险。至此，广东特色农业保险产品体系的雏形已现。但同时，农业保险发展与农业产业发展存在错位——自然灾害多发频发，保险需求虽大却存在农业保障水平偏低、险种偏少、覆盖率不高、区域发展不平衡、创新能力不足、服务水平有待提升等一系列问题。尤其是传统的农业保险品种对水产养殖、岭南水果、家禽等优势特色农产品保险保障程度不足，这直接导致农户投保意愿不强。2020年6月，省财政厅、省农业农村厅、省地方金融监管局、广东银保监局、省林业局5部门联合印发《关于大力推进农业保险高质量发展的实施意见》（以下简称《实施意见》），并连续4年将"大力推动农业保险扩面、增品、提标"列入广东"十大民生实事"，促进了广东农业保险跨越式发展。

（三）主要做法和经验

1. 体制机制方面

不断强化创新，加强农业保险工作的组织领导。一是建立组织农业保险领导机制。省政府成立农业保险工作小组，加强农业保险工作的统筹协调推进。组长由负责财政工作的省领导兼任，副组长由负责农业农村、金融工作的省领导兼任。各地建立健全农业保险工作机制，协调推进农业保险发展。二是建立保费补贴资金省级结算机制。改变原来将中央和省级保费补贴资金下达市、县，由市、县与承保机构结算的方式，从2023年第四季度起中央和省级保费补贴资金由省财政根据各地申请与承保机构直接结算，切实有效保障保费补贴资金投入。三是建立考核督办机制。从2020年起，将"落实农业政策性保险服务支持，保险深度达到年度任务目标"纳入乡村振兴战略实绩考核，每年对地市开展考核，有效推动农业保险发展，这种做法已被多地借鉴。将"大力推动农业保险扩面、增品、提标"列入2021年全省"十大民生实事"。四是建立适度竞争机制。落实国家金融监督管理总局深化农险经营条件改革部署，推动农险经营主体有序扩容，广东的农险经营主体由 8 家增加到 15 家。五是建立考核检查机制。从 2020 年起，将农业保险深度纳入乡村振兴战略实绩考核。对农业保险违法违规行为"零容忍"，农险领域的信访举报坚持"有件必办，违规必究，违法必惩"。将依法合规经营、消费者信访投诉等情况纳入各地招标条件。组织开展全辖农业保险业务风险排查和自查自纠，守住合规经营底线。

2. 政策体系方面

不断健全完善，夯实农业保险的发展基础。一是构建"1＋1＋8"制度体系。"1"为纲领性文件，是农业保险高质量发展实施意见；"1"为贯彻落实工作方案；"8"为"1＋1"的操作细则，是确保政策执行和落实专项文件，包括保费补贴资金管理办法、承保理赔操作规范、赔付标准、协保体系建设意见、承保机构考核管理办法、地市政府考核办法、承保机构招标指引和经营条件管理实施细则。二是搭建"13＋11＋3＋N"多层次险种体系。2020 年广东发布的《实施意见》构建 12 个中央财政补贴型险种、8 个省级财政补贴型险种、3 个涉农险种、N 个地方特色险种（地方特色险种实施备案制）的险种体系。2023 年 11 月颁布的《广东省政策性农业保险实施方案（2024—2026 年）》，新增 1 个中央财政补贴型险种（水稻完全成本保险）、3 个省级财政补贴型险种（油茶保险、海洋牧场养殖保险、咸淡水养殖保险），构建"13＋11＋3＋N"产品体系，进一步完善险种目录、保险责任、保险金额、费率和财政补贴保障机制，持续推动农业保险"扩面、增品创新、提标"，提升农业保险的服务能力。三是完善财政资金补贴管理制度。《广东省农业保险保费财政补贴资金管理办法（2024 年修订）》进一步明确职责分工，规范保费补贴资金申请结算工作，强化预算约束管理和承保机构管理。

3. 特色农业保险方面

持续"提标扩面、增品创新",构建岭南特色农产品保险服务体系。

一是持续"扩面、提标"显功能。险种体系基本覆盖全省种养业主要品种和主要灾害损失风险。

"扩面"方面。广东着力做精做细大宗农产品保险,扩大粮食和重要农产品保险品种覆盖率,加快推动水稻、生猪、能繁母猪、肉鸡等关乎群众"米袋子""菜篮子"等重要农产品保险发展,提高岭南水果等地方支柱型优势品种保险覆盖面,推动森林保险、水产养殖保险的实施范围从区域试点推广到全省,水果保险的保障范围包含省内种植的所有水果。2020 年省内水稻、育肥猪、能繁母猪、甘蔗、肉鸡、森林保险覆盖率分别达 80%、40%、60%、70%、60%、70%。水稻制种保险基本实现应保尽保。2023 年水稻制种保险承保 6 万亩,同比增长 50.6%,承保覆盖率 96.7%。全年承保奶牛 3.7 万头、马铃薯 7.6 万亩、能繁母猪 155.5 万头、生猪 4 196.3 万头、家禽 7.9 亿羽、玉米 60.1 万亩、蔬菜 241 万亩、糖料作物 162.9 万亩、油料作物 28.3 万亩,较 2022 年承保数量或面积基本呈正增长趋势,其中奶牛、马铃薯、能繁母猪、育肥猪分别增长 1.8 倍、26.7%、19.6%、16.7%。总体上,水稻、生猪、能繁母猪、甘蔗等传统险种覆盖率保持稳定,水产、家禽等新增险种覆盖率大幅提高,保障了重要农产品供给能力稳步增强。

"提标"方面。自 2021 年起,水稻保险保额由 800 元/亩提高到 1 000 元/亩,育肥猪保险保额由 800 元/头提高到 1 400 元/头,森林保险保额由 400 元/亩提高到 1 200 元/亩,位居全国前列。岭南水果保险保额由 1 000~1 500 元/亩提高到 3 000 元/亩,肉鸡保险保额由 12 元/只提高到 30 元/只,主要传统大宗农产品保障水平达到全国领先水平。2022 年起,广东全省自主推动 17 个产粮大县开展水稻完全成本保险试点，保费不变，降低费率，保额再次提高到 1 250 元/亩，提升了农户参与农业保险的积极性。

二是持续"增品、创新"出成果。通过不断完善农业保险险种体系，基本覆盖种养业主要品种和主要灾害损失风险，扩大了农业保险受惠面。

"增品"方面。将岭南水果（黄皮、李子、无花果、葡萄、火龙果、香蕉、木瓜、荔枝、龙眼、柑橘、橙柚、番石榴、杨桃等）、水产养殖、蔬菜、茶叶、花卉苗木、家禽等省内特色优势农产品纳入省级补贴险种。增设水稻完全成本、现代化海洋牧场养殖、油茶保险 3 个险种。其中，现代化海洋牧场养殖保险责任涵盖热带气旋、暴雨、高低温和疾病疫病以及气象预警等，基本覆盖现代化海洋牧场养殖主要风险。实施地方特色险种备案制，鼓励各地聚焦当地特色农业发展需要，自行选择开办地方特色农业保险品种，省级财政给予一定比例补贴支持，激发了地市开办特色险种的积极性。随着广东深入实施"百千万工程"，农业保险等金融资源加速下沉，持续打造岭南特色农产品保险名片。2023 年，广东农业保险全年新增备案地方特色农产品保险产品 233 个，累计开办特色农产品保险品种已超 400 个，提供水产养殖保险风险保障 215 亿元。

"创新"方面。广东鼓励政策性险种的升级改造和支持地方特色涉农险种的涌现，极大地提升和拓展了农业保险功能。第一，改造政策性险种。鼓励对中央、省级财政补贴型险种进行升级改造，通过条款修订、增加附加险的方式扩展升级保险责任，增加产量、价格、收入等保险责任。第二，鼓励创新特色险种。鼓励各地根据当地农业产业发展需要，自行选择开办地方特色农业保险品种，包括鼓励开办地方优势特色产业保产量、保价格、保收入、指数化等农业保险创新险种；鼓励沿海地市开发现代化海洋牧场海浪波高、赤潮、价格指数等险种；鼓励各地市开发高标准农田综合保险，支持高标准农田建设和建后管护支持创新经营模式；探索运用共保、互助保险等模式开办风险较高的保险品种。对首创性特色险种，首次开办可探索采用指定方式，由首创的保险机构独家经营。实践中，目前各地创新性保险试点遍地开花，已经涵盖了价格保险、产量保险、收入保险、完全成本保险、气象指数保险。例如，湛江和茂名茶叶产量保险；肇庆南药产量保险；广州蟹虾养殖气象指数保险、花卉苗木病虫害气象指数保险、耕地地力指数、水产苗种险、农产品质量安全保险、生猪期货价格保险、古树古木保险等；茂名水稻收入保险、水稻完全成本保险、耕地地力指数保险、高标准农田建设综合保障保险等。第三，鼓励探索"保险＋"产品。积极探索"保险＋"模式，推动农业保险在提供专业服务和风险保障的基础上，不断丰富农业保险服务内涵、拓展功能外延，提升农业保险服务质效。广东省农业农村厅会同省财政厅创新设立"广东省乡村振兴融资风险补偿资金"，推出由"政府＋银行＋保险"参与风险分担的专项信贷产品，缓解涉农企业融资难、融资贵问题。肇庆首创"生猪活体抵押＋农险保单增信＋银行授信"融资新模式，使生猪保险从传统养殖保险向运输屠宰、价格保障、融资增信等全产业链条延伸。揭阳推出"鲍鱼苗养殖台风灾害＋价格指数综合保险"，激励了养殖户扩大生产。尤其是"保险＋期货"模式试点覆盖面拓宽，在转移农产品市场风险、对冲价格波动、满足农户避险需求等方面发挥了积极作用。2023 年以来，广东各保险机构累计开办"保险＋期货"项目近 300 个，涉及生猪、鸡蛋、橡胶、饲料成本等多个品种，提供风险保障 136 亿元，支付保险赔款 4.58 亿元。

广东"保险＋期货"试点起步于 2017 年，试点项目呈现出 3个方面的发展特点。其一，"保险＋期货"试点规模逐步扩大。生猪价格、猪饲料"保险＋期货"项目数量、保费规模、提供风险保障、赔款金额占比均超过 2/3，是"保险＋期货"试点的主力军。

其二，"保险＋期货"试点品种逐步增加。除生猪、猪饲料价格等传统项目外，目前广东"保险＋期货"试点先后新增开办了白糖、甘蔗、鸡蛋、天然橡胶、鱼饲料、鸡饲料等多个品种。其三，保险机构参与"保险＋期货"的积极性显著提升。近年来，保险机构积极参与"保险＋期货"试点，并将其作为农业保险由保自然灾害向保价格、保收入升级的重要途径。部分保险机构建立"保险＋期货"专门团队，加大资源投入，加强创新研究，积极参与试点工作。与此同时，"保险＋期货"试点项目多为传统的价格类保障项目，收入类项目、"保险＋期货＋订单农业"等项目偏少。试点项目与本省农产品生产消费特点匹配度还要进一步提高，有待立足区域禀赋进一步挖潜。其四，鼓励试点其他涉农险种。支持开展现代化海洋牧场综合保险、撂荒耕地复耕复种综合保险、农房保险、农业巨灾保险、农业产业园（农民专业合作社）一揽子综合保险、农户综合保险、防返贫综合保险、野生动物致害责任险、自然灾害公众责任险、环境污染责任险、农村治安保险、农机具综合保险、农产品收入价格和质量保险、小额信贷保证保险等涉农保险试点。鼓励推广"保险＋信贷""订单＋保险＋期货"等模式。在探索涉农保险实践中，珠海斗门白蕉海鲈现代农业产业园落地省内首个政策性现代农业产业园保险项目；茂名开办全国首个荔枝溯源保险，实现生产过程管理、产地追溯认证、产品品质"一体化、全链条"保障；佛山进行生猪产业链风险保障，在全国首创流转期待宰生猪保险，将出栏生猪运输及屠宰检疫不合格等风险纳入保障范围。

4. 风险减量方面

强化农业保险灾前风险管理属性，完善事前事中事后风险管控，坚持赔防并重、以防为先，力推"保防救赔"一体化体系进程，切实落实农业生产风险减量管理，是农业保险高质量发展的重要举措。

一是推行特色优势农产品防灾减损试点。广东监管局联合省财政厅、省农业农村厅、省林业局印发的《广东省政策性农业保险实施方案（2024—2026 年）》，明确"在合适领域大力推广农业保险防灾减损试点，探索建立农险防灾减损投入、量化评价、效果评估机制"。目前，辖内保险机构已初步建立了农业保险防灾减损费用、人力资源投入和助力农业生产降本增效提质的相关指标。保险机构在水产养殖、岭南水果等特色优势农产品领域开展防灾减损试点，将保险服务嵌入农业生产全流程并做在灾前，提升保险服务体验。例如，2021 年 6 月以来，茂名水果种植、佛山水产养殖、江门水稻种植 3 个农险防灾减损创新试点，分别由人保财险、太保财险、阳光农险 3 家公司牵头，在地方农业农村等相关部门的支持下，加大防灾减损资源投入，结合不同种养品种的生长周期及主要灾因，充分发挥保险风险管理和农险科技优势，探索实现灾前早介入、防灾流程体系化，助力"三农"风险减量。截至 2023 年底，全省投入防灾减损资金 3.54 亿元，在全省开办农险防灾减损试点项目超 100 个，受益农户超 200 万户次。

二是提升"防灾减损"服务能力。其一，从产品维度探索风险减量前端服务模式。引导农业保险承保机构为高标准农田建设和管护、病虫害防治等提供风险保障、农事管理等"保防救赔"一体化服务，提升"防灾减损"服务能力。2023 年投入防灾减损费用 1.45 亿元，助力实现农业防灾减损降本增效 6.7 亿元，为 57.6 万亩高标准农田提供建设运维全流程风险保障，推动 15 个"保险＋水稻生产托管"试点。其二，农业保险科技赋能。云端验标、远程查勘等科技手段已成为保险机构开办农业保险的"标配"，农险电子保单上线运行并扩展到全险种，极大地提升了农业保险服务效率，得到广大农户好评。其三，"保防救赔"精准发力。运用"粤农保"等农险信息科技平台，实时监测各地旱情发展，为精准防灾抗灾提供支持。各保险机构可根据旱情发展主动调整春耕主要农作物承保工作计划,调配人力、物力加快保费收取、标的查验、承保出单工作进度。利用水产养殖"e检站""云鱼塘"等一批示范项目,提供保险保障、农事管理、防摞荒一体化服务,增强全省粮食和重要农产品生产供给的风险保障水平。

三是加强灾害风险预警和研判。其一,建立重大自然灾害应对机制。在重大自然灾害应对方面,针对汛期强降雨、台风等多发灾害,建立灾前预警及风险排查、灾中救援、灾后快赔工作机制,探索建立行业大灾救助互认制度。其二,绘制农业保险风险地图进行风险研判。充分发挥省保险行业协会平台作用,指导广东省保险行业协会进行灾害风险研判。全年编发汛期、低温二期农业保险灾害风险地图,结合气象及保险理赔历史数据,分析洪涝、台风等汛期主要灾害的发生概率及时空分布,梳理出各类主要自然灾害的30个高风险县(区),提示针对性做好农业灾害预防应对和防灾减损建议,针对性进行风险提示和协助采取防御措施。出台全国首个《农业保险大灾预赔付操作指引》,着力提升农业保险赔付效率,更好支持农业灾后复产。

四是率先实行防灾减损量化管理。广东省保险行业协会印发了《广东农业保险防灾减损工作指引》,推动建立体系化、常态化的农业保险风险减量服务体系,率先在全国明确保险机构防灾减损费用投入原则上不低于年度保费收入的1.5%(专业农险公司不低于1%)。

5. 理赔服务方面

强化防汛救灾理赔服务,提高理赔效率、加大预赔付力度。一是建立农业保险大灾预赔付机制。印发《广东农业保险重大灾害预赔付工作指引(试行)》,当发生农业保险重大灾害,单一保险标的受灾面积(数量)或受灾户次达到50%以上,或其他造成损失金额高、社会影响大、短时间难以确定最终赔款金额的,保险机构要迅速启动大灾预赔付机制，开通绿色通道，能快则快，预付赔款金额原则上不超过估计赔款金额的 60%。二是积极应对农业自然灾害，组织保险机构做好灾前防御、灾中救援、灾后理赔工作，支持农业灾后复产。2023 年保险机构累计发送预警信息 141 万条，向受灾地区投入理赔人员 20 159 人次，救援车辆 11 176 辆次，无人机查勘 6 205 架次，组建水稻抢收队、租赁收割机、安排烘干机等加快抢收速度，协助抢收水稻等作物近 30 万亩。

（四）存在问题和不足

近年来，广东农业保险发展弯道超车，步入跨越式发展新阶段，农业保险保障能力位居全国前列。但从发展总量和质量上看，与全国第一经济大省的地位还不相匹配，现实中还存在一些全国共性的堵点、难点问题和体制机制障碍亟须关注。

1. 农业保险发展与落实大食物观还有差距

习近平总书记多次强调"树立大农业观、大食物观"，特别是 2023 年 4 月在广东考察时专门提出，既向陆地要食物，也向海洋要食物，耕海牧渔，建设海上牧场、"蓝色粮仓"。这对广东落实大农业观、大食物观，推动构建多元化食物供给体系，发展岭南特色农业产业提出了更高要求。广东的特色农业种类多、产值高、分布广，且以小农户经营居多，面临的气候和市场风险也大。如果没有一套适配的、完善的农业风险管理和保障体系，广东特色农业产业发展的步子既迈不快也走不稳。尽管近两年广东农业保险发展迅猛、成效显著，但还有短腿短板，水产养殖、花卉种植等重点特色农业产业的保险还无法满足现实需求。以渔业保险为例，广东地处沿海，渔业生产时常面临台风、风暴潮等覆盖面广、破坏力强的灾害风险，再加上渔船、养殖水面等标的往往相对集中、保额高，使得渔业系统性风险特征显著，易形成巨灾风险损失；水产养殖品类多、查勘定损难、信息不对称、道德风险等尚未破题，不仅养殖户的保费成本高，保险企业的赔付成本也高，使得渔业保险覆盖率低，难以有效满足建设现代海洋牧场等深远海养殖需要。

2. 特色产业发展需要农业保险提升保障能力

广东的特色农业在全国具有重要地位，在水稻、生猪、林木、肉鸡等事关粮食安全和国计民生的重要农产品上发挥了重要作用。《广东省推进农业农村现代化"十四五"规划》明确提出，突出大湾区大市场需求优化"菜篮子"产品供应、突出保多样增效益提升发展特色农产品生产。一方面要保自给，广东经济发达、人口众多，本身对"菜篮子"农产品、特色农产品的消费需求、保供压力就很大；另一方面还要保外地，不仅要供给粤港澳大湾区、全国大市场，甚至还要替代部分国外进口，稳定提升特色优势农产品出口，打造农业对外合作高地。目前，特色农业产业发展面临的农产品稳产保供、自然和市场风险等多重压力交织并存，给农业保险高质量发展提出了更高要求，必须稳步扩大农业保险覆盖面，跟上特色农业产业发展的步调节奏，给产业"兜住底""上保险"。

3. 农业保险发展与多元化风险保障需求的适应性不强

广东特色农业产业的价值普遍较高，但特色农业保险险种的保障水平还有待提升，现有的保险方案大部分采用统一保险金额，难以满足广东特色农业发展、农户种养的多元化风险保障需求。有部门反映，农户亟须的部分特色保险险种保障不能覆盖成本，比如花卉等本地特色险种就不能覆盖全部成本。有养殖企业反映，牲畜发生疫病死亡风险时，正是亟须资金的时候，但保险理赔速度不快，赔付不够及时。

4. 支撑农业保险发展科技装备水平还不高

保防救赔数字化、科技化服务机制尚未健全，基础设施建设还需加强，农险信息化管理机制还未建立，一定程度上限制了快速理赔、防灾减灾机制的作用发挥。有部门反映，现有的农业风险管理相关数据不好用，政府部门间的数据孤岛还没打破，即使部门内部的数据也存在口径不一致等问题。此外，有保险公司表示，由于气象监测点密度不高、监测不精准等原因，气象指数与勘验定损适配度不高，实际操作中尽管这些监测点收集到的气温、风力等数据已经达到气象指数保险的赔付标准，但不少农户并未实际受损，增加了保险公司赔付成本。

5. 农业保险防灾减灾救灾功能尚未得到充分发挥

有些险种在防灾减灾等环节发挥作用，如提供气象服务等，但多数服务仅停留在灾害监测、预警发布等层面，大部分农业保险仍侧重灾后赔付，需进一步发挥灾前"防"、灾中"救"的作用。比如，有部门表示，保险公司有积极性投入防灾减损，但让有关财务规定"捆住了手脚"。具体而言，防灾减损费列支在综合费用率科目中，按要求防灾减损费不得低于保费收入的 1.5%，但综合费用率又不能超过 20%，防灾防损费一旦增加，势必导致综合费用率拉升，出现超 20%红线的风险，使得保险机构难以充分发挥作用。

6. 农业保险与其他风险管理手段未形成有效合力

政府各部门、金融保险业、农业经营者等利益相关主体资源整合、协同配合不够，影响了"保防救赔"一体化体系的作用发挥。有保险公司表示，农业保险企业是愿意在防灾减损中出钱出力的，这样既可以减少灾害损失，又能让农险公司在灾害发生后少赔一点，但目前缺少相应工作机制、政策支持，仅靠企业自己单打独斗、单兵作战，恐怕难发挥作用。

（五）政策建议

广东是观察全国农业保险发展阶段与趋势的窗口。总结广东农业保险发展的有益经验与启示，对于充分发挥农业保险功能、服务保障农业产业安全和粮食等重要农产品稳定安全供给具有重要意义。

1. 树立大农业风险管理理念和工作思路

要进一步发挥政府和市场的合力作用，稳定政策基本面，构建"政府＋市场＋主体"的农业风险管理体系，让政府全方面主导、企业全过程参与、农民全方位收益，完善部门间分工协作机制，形成"三农"受益、企业微利、政府满意的互利共赢局面。坚持"防灾就是增产、减损就是增收"的理念，推动风险管理工作前置、关口前移，探索"农险＋农服""农险＋科技"等模式，把农田建设改造、农业基础设施建设、农业社会化服务、农技推广应用等手段纳入农业风险管理工作中，打好防灾减损的提前量。把农业保险行业纳入农业应急管理体系、防灾减灾救灾体系，充分发挥相关市场力量参与防灾减损的积极作用。充分发挥金融支农联盟作用，完善提升政、银、保、担、基"五位一体"联动机制，建立健全适合地方农业农村特点的农村金融保险体系，推动风险管理和服务从部分或个别机构的"单兵作战"向整个金融保险体系的"生态联盟"转变升级。

2. 探索建立农业保险风险减量管理统计与评价机制

将农业保险防灾减损纳入农业保险考核管理，对成效好的地区，适当给予贴息等保险补贴奖励。将防灾减损成效作为遴选承保机构的重要条件，稳定保险机构经营预期，激励加大防灾减损资源投入。考虑政策性农业保险综合费用率不得超过 20％，为鼓励保险机构进一步加大防灾防损费用投放力度，建议明确农业保险防灾防损费用统计口径，将农业保险防灾防损费列入间接理赔费用。为客观反映各保险机构防灾减灾工作开展成效，形成"比学赶超"的良好工作氛围，建议国家金融监督管理总局研究建立农业保险风险减量管理数据统计与考核评价机制。

3. 进一步夯实农业保险高质量发展的基础

推动广东农业保险高质量发展由单一化的防风险工具向多功能的农业保险创新转型，由灾后补偿功能向防灾减灾、生产调节、担保增信等综合功能延伸，由低保障向高保障转变，由保成本向保收入转变，由保生产风险向保全产业链风险发展。在预算保留、补贴体制、产品体系、投入匹配、防灾减损体系、业务流程、适度竞争机制、基础设施建设、招投标安排等方面统筹考虑、系统推进。加强农业保险风险区划研究，真实反映农业生产风险状况，实现基于地区风险的差异化定价。加快农业保险信息平台建设，打通数据孤岛，提升气象等数据资源普惠性。整合共享气象预警、农事管理、主要农产品价格产量发布、防灾减损服务、农业保险承保理赔数据，提升"三农"领域风险管理水平。加强协保体系建设和协保机构人员管理，明确协保员职能定位，做好协保员队伍建设长期规划，出台协保员工作经费政策规定，提高协保员薪酬水平和专业素质，进一步发挥协保员队伍的多维作用。

4. 打造农业保险服务特色农业发展的广东样板

充分发挥广东的示范带头效应，把广东打造成为具有中国特色的践行大食物观、发展特色农业的排头兵，农业风险管理的先行地，农业保险高质量发展的实验区。将广东列为全国特色农业发展示范省。制定专门的文件或规划，明确试验示范的目标、原则、任务和要求，做好分阶段、分行业、分地区推进措施，加强对广东发展岭南特色农业的指导和大力支持，把广东农业区域资源优势、要素优势转变为产品优势、市场优势和竞争优势，不断打造绿色化、优质化、特色化、品牌化农产品，为国家农业现代化建设作出新的更大贡献。将广东列为全国农业保险高质量发展示范省。总结好广东在推进"保防救赔"一体系化建设等方面的有益经验，在广东先行开展加大产品模式创新、强化协保体系建设、促进科技创新应用、加快信息数据共享等方面的探索和试验，给予政策支持、创造有利条件，推动将试验成果、经验做法形成全国性行业标准、政策文件，为我国构建与农业农村现代化发展阶段相适应、与农户风险保障需求相契合、与市场经济运行规律相符合的多层次农业保险体系作出贡献。

5. 加快推进农业保险与其他风险管理举措系统集成

建议政府在制定发展农业保险相关政策时，将财政对农民的保费补贴、价格保护、农业灾害救济、农业信贷、生产调整等措施加以配套实施，并确认不参加保险就难以获得贷款，获得贷款就要参加保险；不参加保险就不能享受灾害救济。这种由配套措施共同推动的农业保险计划，对经营者的约束力强、运作效率高、吸引力大。

（作者：靳少泽　杨汭华　张红宇）

四、航天信德助力林业高质量发展的实践

航天信德为助力林业高质量发展，推出了森林金融真实性校验平台，通过多源遥感监测数据评估，为森林金融标的分布和风险的真实性校验提供了全新的解决方案。森林金融真实性校验平台是一款集监管、校验、服务于一体的综合性林业金融数据校验平台。平台包含森林资源管理、林业保险、林业信贷以及林权交易 4 个模块，集成了森林小班数据、森林蓄积量数据、森林保险标的分布数据、林权交易的宗地数据、森林信贷的标的数据，平台依托国家高分专项三期课题建设，服务于江西革命老区高质量发展，目前已通过验收交付。

（一）森林资源监测系统

森林资源监测系统主要对江西省内 1.59 亿亩林地资源存量和动态变化进行监测。功能模块分为资源分布、蓄积量监测、火灾监测 3 个部分。

资源分布模块对森林资源的空间分布进行识别和划分，并通过以高分系列卫星为主的米级遥感影像对全省森林小班级数据进行管理和图斑变化监测。可以清晰地展示森林资源的地理位置、面积、森林类型、树种等信息，在小班级监测的基础上，系统内置的森林长势人工智能（AI）模型会逐月更新全省森林资源的长势分布情况。系统数据逐月更新，可为林草部门的资源管理和金融用户的承保范围提供本底数据支持。

蓄积量监测模块基于包括高分 1/2/3/6 号系列卫星和 sentinel-1/2 系列卫星,结合光学遥感的优势,通过反演模型对监测区全域进行每年一次的蓄积量调查,结合边界数据可统计到小班、到村。在林业资产评估、森林碳汇开发、林木收储、林业信贷等领域具有重要的价值,通过定期监测蓄积量的变化,金融机构可以及时调整对森林资产的估值,确保资产价值的准确性,为投资决策提供依据。

火灾监测模块引入 Himawari-8/9 系列静轨气象卫星数据,对影像解译分析后,可实现每 10 分钟 1 次的业务区域内火点推送,并对火点的位置、地类、植被类型和信息置信度进行评估。通过动态更新的火点数据,可以迅速发现火点并根据火点的变化评估火势大小及蔓延路径。系统可有效支持林业部门对火灾"打早打小",及时发现火点并启动应急预案,减少火灾对森林资源造成的损失。保险公司可以根据火灾监测数据确定损失程度,制定理赔预案。

(二) 林业保险监测系统

林业保险监测系统分为保险一张图、保险验标、保险定损 3 个部分。提供林业保险一张图功能,通过对监测区域内森林投保情况进行统计分析,可直观了解森林投保面积、投保保单数量、投保区域分布、主要投保树种等信息,以及针对每个保单可查看保单详细信息。投保后,系统提供保后监管功能,可对投保区域森林长势进行持续观测,真实掌握保险标的的变化情况,并对发生的灾情进行及时评估,准确评估森林损失,有效控制保后风险。

(三) 林业信贷校验系统

林业信贷校验系统主要围绕贷款标的贷前评估和贷后管理 2 个部分,对贷款标的林权证信息矢量化,在系统中录入权证照片、优势树种等信息，进行小班级别的贷款标的统计分析与权证信息校验功能，对校验不匹配的贷款申请信息推送风险预警。银行放贷后，系统可提供持续的贷后管理，监测标的的长势情况和森林小班的变化情况。

（四）林权交易校验系统

林权交易校验系统主要为交易的买方和卖方提供遥感评估服务，分为挂牌交易、摘牌交易、竞价交易 3 个部分。用户在交易平台挂牌时，需在平台登记权证信息，包含标的位置、面积、树种、林龄等信息。系统根据上传的标的信息提供遥感核验服务，并在系统推送风险信息和一致性评估报告。摘牌和竞价交易模块，可进一步核证挂牌时提供的基础信息，确保与挂牌信息相符，通过平台提供权证潜在风险评估及遥感评估标的三年长势情况，构建森林生长曲线，并对历史灾害发生情况和区域分布进行分析，为交易后是否存在因前期受灾导致的并发潜在风险进行预警，并及时对保险标的状态和价值做出直观评估。

中国农业风险管理研究会遥感专业委员会主任委员戴维序表示：森林金融真实性校验平台的研发对于确保林业保险、信贷、交易等金融领域的标的准确性和可信度评估具有重要意义，以遥感技术、数据分析和区域链等技术手段，促进了森林金融服务行业的健康发展，为实现金融领域数据共建共享和合规有序发展提供了坚实的科技保障。

五、太平洋保险为肉牛养殖业保驾护航

2024年4月23日，内蒙古科右中旗首单肉牛价格指数保险合同在科右中旗扶农投资发展有限责任公司成功签订。该合同的签订，可进一步提升科右中旗肉牛养殖业保障水平、增强养殖户抵御风险能力，为全旗肉牛养殖业发展保驾护航。内蒙古鸿安牛业科技有限公司肉牛养殖基地内，中国太平洋财产保险股份有限公司（以下简称太平洋保险）的工作人员正对"投保"肉牛进行验标，查看肉牛情况并记录信息、拍照，细心办理各项肉牛价格指数保险业务。

"肉牛价格指数保险对于我们养殖企业来讲，无疑是给我们注入了一针'强心剂'。"内蒙古鸿安牛业科技有限公司总经理赵磊签订保单后高兴地说。养殖基地内有6 000多头肉牛，现在养殖成本较高、生产管理难度较大，有了肉牛价格指数保险就不用愁价格，为养殖企业提供了一份保障。

为促进肉牛养殖户稳增收、稳信心，加快推动科右中旗肉牛产业高质量发展，太平洋保险常州分公司依托"中国肉牛产业·科右中旗指数"研发肉牛价格指数保险。"肉牛价格指数保险是以'中国肉牛产业·科右中旗指数'为标准，低于1年52周的平均指数，就会触发理赔，能够提升肉牛产业抵御自然灾害和市场变动的双重风险能力，为养殖户提供有力的金融保障。"太平洋保险科右中旗支公司经理马凯说。

科右中旗正在试点国内首个肉牛价格指数保险，投保企业（养殖户）与太平洋保险签订保险合同，挂钩中国农业科学院农业信息研究所等单位联合发布的"中国肉牛产业·科右中旗指数"。保险期间，当未来该指数监测价格低于保险合同约定的目标价格时，投保企业（养殖户）即可获得赔付。肉牛价格指数保险能够有效分散肉牛市场价格风险、降低养殖户损失、提高养殖户收入，同时减轻政府价格调控压力，稳定肉牛市场价格，成为肉牛产业发展的"稳压器"和"保护伞"，让肉牛产业稳定持续发展有保障。

"肉牛价格指数保险能为广大养殖户、养殖企业提供金融价格上的安全保障，也是兴安盟打造国家现代畜牧业试验区的一个新生产要素和运行保障。"科右中旗扶农投资发展有限责任公司董事长、总经理韩军说。

六、小麦条锈病预报系统的应用

（一）项目情况

华北平原作为我国重要的小麦主产区，拥有得天独厚的自然条件和丰富的农业资源。该地区气候温和、雨量充沛，非常适合小麦的种植和生长。然而，近年来随着全球气候变暖和极端天气事件的增多，小麦条锈病的发生频率和危害程度逐年上升，严重威胁着小麦的产量和品质。

小麦条锈病是由条形柄锈菌引起的一种气传性真菌病害，具有传播速度快、危害范围广、防治难度大的特点。传统的病虫害监测方法依赖于田间调查，效率低、时效性差，由于缺乏有效的监测预警系统，农民往往在病害发生后才开始采取防治措施，导致防治效果不佳，损失严重。

为了提高小麦条锈病的监测预警能力，减少病害对农业生产的影响，2020年大蚯蚓科技建立了小麦条锈病监测预警系统，实现对小麦条锈病的实时监测和精准预警。该系统的建立有助于提高病虫害防控的科学性和时效性，减少农药使用，保障粮食安全和农业可持续发展。

（二）小麦条锈病预报系统介绍

1. 小麦条锈病预报原理

小麦条锈病是多循环病害，潜育期短、产孢量大、释放时间长，可快速形成二次侵染和传播。

孢子近圆形，表面有突起，密度小，干沉降速度极低，为1~2厘米/秒，一旦进入近地面湍流层，不容易降落，利于传播。孢子的存活能力较强，在空气中可生存数日，有的还耐紫外线。

小麦条锈病传播萌发侵染适宜温度在10~12℃，需要叶表有数小时的水分才能萌发和侵染，降雨和结露对病害发生有极大作用。最佳条件下孢子的潜育期（侵染到产孢）为10~14天。夏孢子堆产孢最适宜温度在18~20℃，当旬均温超过23℃即不能越夏，越冬和越夏区域决定周年发生基本情况，受天气特别是温度影响大。

小麦条锈病一般需要2~4周时间完成1~2个侵染循环后可以产生明显可观察症状。早期外来菌源侵染一般形成局部发病中心，症状轻。通过分析初侵染区域、菌染传入持续的时间、气象条件，可以提前2~3周安排后续防治，阻断本地产孢形成的再侵染。

2. 小麦条锈病监测预警系统

一是小麦条锈病孢子传播流行监测预警系统概况。大蚯蚓科技研发了小麦条锈病孢子传播流行监测预警系统。此系统是一个基于云计算的条锈病周报风险管理平台，旨在通过集成遥感监测、地理信息系统（GIS）、实时气象数据和生物统计模型，实现对小麦条锈病的实时监测和精准预警。2010—2012年，大蚯蚓科技利用数值气象预报数据，开展小麦条锈病传播预报。2021—2023年，大蚯蚓科技初步实现技术与业务场景结合，建立了基于条锈病周报数据的基础数据分析流程，每周发布分析结果。

二是小麦条锈病监测预警系统目标。利用小麦主产区县级病虫监测网络提供的条锈病周报数据，结合气象预报数据，构建信息化的数据分析流程，通过云计算的方式，实现小麦条锈病的发生传播自动化预报。

三是小麦条锈病监测预警系统成果。"见病即报、一周一报"实时调度。逐周滚动预测孢子扩散范围、沉降浓度和病害发生程度，高风险区域吻合度100％，预测时限提前2～4周。

（三）工作成效和启示

1. 成效

融合遥感、气象、土壤等多源数据，提高预测的全面性和准确性。系统能够根据实时数据动态，更新病害发生的风险评估。根据区域气候和作物生长状况，提供区域性的病害预警服务。

2. 启示

有效的数据是提高预测准确性的关键。多种技术的集成可以有效提升监测预警的效果。要实时更新系统，更好地适应气候变化带来的不确定性。

七、"保处联动"助力赤峰畜牧产业绿色发展

为贯彻落实《国务院办公厅关于建立病死畜禽无害化处理机制的意见》《农业农村部　财政部关于进一步加强病死畜禽无害化处理工作的通知》文件精神，赤峰市推出"保处联动"模式，建立完善病死畜禽无害化处理监管和保险惠农政策双赢的长效机制，保障动物源性视频安全和生态环境安全，引入金融科技手段，引导农业保险机构参与，地方政府建立病死畜禽无害化处理体系，形成政府、无害化企业、保险公司、养殖场户联动，实现了"生态环境、资源节约和食品安全"朝"无害化、资源化、安全化"的方向转变。

（一）背景介绍

内蒙古是我国北方面积最大、种类最全的生态功能区，内蒙古的生态状况不仅关系全区各族群众的生存和发展，而且关系华北、东北、西北乃至全国的生态安全。"十四五"时期，内蒙古把筑牢我国北方重要生态安全屏障作为首要战略定位，把保护生态环境摆在压倒性位置，坚决把生态环境保护挺在前面，坚决走生态优先、绿色发展之路。全区统筹山水林田湖草沙系统治理，全方位、全地域、全过程开展生态文明建设，将全区 51％ 的国土面积划入生态保护红线、72％ 的国土面积划入生态空间。

赤峰市位于蒙东三大草原经济带，立足农牧交错带的独特优势，发挥资源环境禀赋，大力发展畜牧养殖业。赤峰市现有草原

8 600多万亩，年产饲草310万吨。赤峰市既有牧区也有农区，既有广阔的草场资源，也有丰富的饲料资源。2021年，赤峰市肉羊存栏1 117.5万只，同比增长5.2%，肉牛存栏248.8万头，同比增长22.1%，牲畜存栏总量连续10年居自治区首位。

近年来，赤峰市大力实施"增牛优羊""增禽优猪"战略，畜牧养殖规模迅速扩大。随着饲养规模的持续扩大，病死畜禽无害化处理问题日趋严峻，原始掩埋、野外丢弃、自行焚烧、自行化制、流向餐桌等传统的处理方法已不能适应生态安全和高质量畜牧业发展的要求，同时，病死畜禽流向餐桌对食品安全和动物疫病管控造成极大的风险，也给保险公司经营风险管控工作带来极大的压力。

为贯彻落实内蒙古自治区生态文明建设的精神，保持加强生态文明建设的战略定位，赤峰市农牧局多次组织召集无害化处理厂、畜禽养殖场户、中华保险召开现场工作会议，开展现场调研，征求联动建设试点意见等，探索建立了赤峰市养殖业保险与畜禽防疫管控的联动机制。2021年8月，赤峰市农牧局与中华保险签订《赤峰市保处联动推动畜牧业高质量发展战略合作协议》，坚持生态优先，绿色发展，围绕赤峰市养殖生产安全、公共卫生安全、动物源性食品安全的中心任务，以动物疫病防控、病死畜禽无害化处理等为重点，促进养殖风险管理能力、病死畜禽无害化处理监管能力和处理能力同步提升。中华保险投入400万元资金用于收储体系建设、运营平台建设、运输车辆购置、无害化处理等。

（二）主要做法

病死畜禽无害化处理关系到赤峰市畜牧业高质量发展、生态文明建设的有序推进和食品质量安全的有效保障。赤峰市通过病死畜禽无害化处理机制建设，形成政府、无害化企业、保险公司、养殖企业四位一体联动，解决养殖场户处理积极性低、病死畜禽投保理难、集中处理中心收储难、畜牧部门监管难等问题，健全四方责任机制、强化病死畜禽收集运输管理、规范优化无害化处理流程，打通了病死畜禽无害化处理工作环节中的堵点，主要做法如下。

1. 建立"保处联动"平台

一是平台运行流程。赤峰市"保处联动"模式建设引入武汉至为无害化处理平台，主要分为两个部分。第一，信息的采集录入。信息采集由基层乡镇（街道）畜牧兽医站负责，内容包括养殖场户姓名、养殖品种、存出栏数量、手机号码、是否投保等信息。这个信息是动态调整的，基层站每周核实 1 次。无害化处理厂负责将乡镇（街道）畜牧兽医站采集的信息录入系统，并根据养殖场户初次报案，确定养殖场户位置坐标。第二，联动流程。以肉牛为例，当养殖场户出现病死肉牛后，用手机 App 进行报案，平台就会自动识别是哪个场户、几头牛。无害化处理厂根据平台上的报案信息，选择最佳路径进行收集。收集人员到达现场后，进行拍照、丈量、核查、填单等工作，经养殖场户和收集人员双方签字确认后，将采集的信息通过手机上传，乡镇（街道）官方兽医和保险公司负责人员可以通过手机 App 看到，官方兽医在线审核病因，保险公司按照查勘照片直接进入理赔流程。

二是平台的创新和优势。第一，建立信息共享平台，便于政府部门建立完整的保险信息收集、反馈机制。政府部门可以通过平台实时调取畜禽存栏数据、养殖业承保理赔数据、政策保险落实情况、无害化补贴情况等，为全辖区养殖业发展做统计分析。第二，平台实现全程数字化管理。把政府部门、处理中心、收集体系、保险公司、养殖场户集合起来，运用移动互联网、大数据、手机App、物联网等信息化手段，将申报、受理、收集、处理、统计、保险理赔、补贴发放等各个环节无缝对接，实现全程数字化管理。第三，报案环节更简便，理赔更快捷。以前出现病死畜禽时，养殖场户需要分别打通动物卫生监督所、处理中心、保险公司3个电话才能实现报案，现在只需拨打1个统一报案电话，三方均可收到。第四，现场查勘简单高效。无害化处理收集一站式完成，减少现场查勘流程，将原来无害化处理后才启动的保险理赔环节提前，实现死因鉴定后快速立案，极大地缩短了理赔周期，提升了理赔工作效率。第五，理赔效率大幅提升。普通养殖险理赔时，案件需要收集无害化证明、防疫证明等资料，流程烦琐、耗时长、人力投入极大。"保处联动"以后，理赔单据、现场照片、养殖场户签字，全部通过平台生成，极大地缩短了理赔周期，提升了理赔效率。

2. 加强"保处联动"平台全程监管

无害化处理监督管理工作通过武汉至为无害化处理平台和现场抽查等方式进行全流程闭环管理，对病死动物无害化处理各个环节全过程进行监管，严格把控好流程的重点环节。

一是防范"四个风险点"。"四个风险点"分别是收集、入库、处理、补贴四个风险点。针对容易出现的风险点，在无害化处理厂重要位置和收集车辆内安装了高清监控设备，利用监管平台，实时拍照取证上传数据，保证了病死畜禽数量的真实性，实现3个部门（畜牧部门、保险公司、无害化处理厂）共同监管。

二是守好"五个关口"。"五个关口"分别是报告关、收集关、调运关、入库关、处理关，通过监管平台融入"保险联动"机制，规范处理厂的收集行为，规避监管风险，保障养殖户的利益，落实将无害化处理作为保险理赔的先决条件，真正意义上形成业务参与、部门监管、保险联动、专业处理为一体的无害化处理工作模式。

（三）工作成效

赤峰市通过"保处联动"平台的搭建，推进生态环境保护、食品安全保障、动物疫病防控等一系列工作取得实效，持续促进当地畜牧业绿色健康持续发展。

1. 有效控制疫情传播

坚持统筹规划与属地负责相结合、政府监管与市场运作相结合、财政支持与保险联动相结合，加快构建覆盖全市的病死畜禽无害化处理体系，及时规范收集处理病死畜禽，实现资源化利用，铲除疫情传播扩散的源头隐患。赤峰市对病死畜禽无害化处理全覆盖，杜绝了病死畜禽乱扔乱埋焚烧对土壤、水源的污染，实现了"生态宜居"，促进了乡村振兴战略的顺利实施。

2. 促进畜牧产业振兴

保障畜牧业综合生产能力，提升畜产品质量安全监管能力，助力抓好畜产品稳产保供工作，逐步实现病死畜禽无害化处理覆盖全域。中华保险将政策性农业保险惠民政策落到实处，扩大了政策性保险的承保面。通过保险保障，降低了养殖风险，促进了"产业兴旺"。优化无害化处理收集厂点布局，提升无害化处理厂、收集站点规范化水平，规范收集、转运、处理等各环节管理。

3. 提升畜牧业信息化管理水平

引入智能识别、物联网、云平台数据服务、远程诊断管理等新技术，提升畜牧业基础服务能力。建立畜牧业养殖、防疫、流通、屠宰、保险、无害化处理等全流程全封闭的云数据区块链管理中心，实现畜牧业信息数据动态共享。

4. 环节流转更加高效便捷

一是报案环节更简便。只需无害化处理厂 1 名收集人员到场取证，乡镇（街道）动物检疫人员对相关资料复审、上传即可进入保险理赔环节。二是保险理赔效率高。通过平台系统导入,理赔单自动生成,线上审核,每人每天能做 100 单左右,大大提高了保险理赔工作效率。三是实现了对无害化处理的高效监管。设置收集人员、乡镇(街道)官方兽医、驻无害化处理厂官方兽医三级疫情监控,实现收集过程、运输过程、处理过程三段实时监控。

(四) 经验和启示

赤峰市聚焦病死禽畜无害化处理工作,创新无害化处理管理运营新模式,以推动病死畜禽监管、无害化处理和养殖保险深度融合发展,助力畜牧业健康持续发展,积累了一定的经验,从中可以得到相关启示。

1. 平台建设数据整合应用

平台整合养殖场户的养殖数量、死亡数量、出栏数量、养殖品种等各类数据信息,以数据替代经验,推动政策精准落地、资源优化配置等。数据的及时采集更新和全面整合,使参与各方得到了全、新且真的数据,加上"无害化处理一个都不能少"的需求,数据平台实现了多方共赢,赋能当地畜牧业发展。

2. 建立各环节利益关联

一是养殖场户病死畜禽处理方便还实惠。"保处联动"模式用方便快速到账的保险理赔金和省时省力等实实在在的便利吸引广大养殖场户提高病死畜禽无害化处理的积极性。二是保险公司"保处联动"效率高、理赔快。在优化现场查勘流程方面,联动服务平台实现了取证全过程从线下转到线上,仅需 1 名人员即可完成现场查勘、数量核对、信息上传等流程,改变了以往畜牧部门、保险公司、无害化处理厂三方必须同时到场取证的模式。既为快速理赔申请审核提供了便利,又提高了养殖政策性保险覆盖面。三是无害化处理厂"吃饱喝足"谋发展。由于"保处联动"模式下的养殖场户都愿意将病死畜禽交给中心处理，病死畜禽无害化处理厂不再担心"吃不饱"的问题。无害化处理厂采用高温高压工艺处理生成的生骨肉粉和动物油脂由专业机构回收再利用，带来了不菲收益。同时，经过先进设备处理也实现零废水排放，不仅对周围环境无影响，还能阻断疫病传播，维护公共卫生安全。

八、"救灾互助投"托举非洲猪瘟
疫情后的恢复发展之路

重庆市城口县位于重庆最北端,地处大巴山腹地,是渝川陕的交界处,因踞三省门户名"城"、扼四方咽喉称"口"而得名。近年来,城口县成功打造出"城口老腊肉"这一金字招牌。2007年,"城口老腊肉"正式获得国家工商总局批准的地理商标,已列入重庆市第二批非物质文化遗产。为做大做强"老腊肉"产业,带动农业一二三产业融合发展,城口县出台相应的政策,鼓励在基础条件较好的庙坝、修齐、高观、厚坪、治平、岚天等乡镇的家庭农场、农民专业合作社、养殖大户、农业产业化龙头企业等新型农业经营主体建设发展"城口老腊肉"专用养猪示范场和良种繁殖场,打造生猪全产业链高质量发展示范基地。

(一) 项目基本情况

重庆市城口县岚天乡依托自然资源禀赋,大力发展生猪养殖、屠宰精分、腊肉加工、高山蔬菜等特色产业。全乡现有生猪养殖大户6户、散养户50余户,能繁母猪存栏300余头,生猪年出栏量5 000余头,城口老腊肉年加工出货量200吨以上。城口县馨玥生猪养殖家庭农场(以下简称馨玥猪场)是岚天乡6个规模较大的生猪养殖场之一,负责人张晓娇是位85后回乡创业青年,她积极响应政府号召,放弃在重庆市主城经营多年的餐饮酒楼,回乡养猪进行二次创业。馨玥猪场成立于2021年,圈舍占地1 500米²,常年存栏地方名优"涪陵黑猪"500余头，能繁母猪50头，年产值150万元左右。2023年初，无情的非洲猪瘟如狂风暴雨般席卷而来，馨玥猪场也未能幸免。由于疫情造成大量生猪染病死亡，猪场生产经营瞬间停滞，给猪场带来极其严重的经济损失，让张晓娇几乎陷入了绝境。

生猪死亡、资金链断裂、饲料厂商天天催收欠款，股东的抱怨、家人的不理解使得张晓娇身心疲惫，曾经的辛劳与勤奋在残酷的疫情面前不堪一击，导致血本无归。面对空空如也的养猪场，张晓娇感受到了前所未有的危机和失落。

（二）主要做法

在中共重庆市委全面深化改革委员会农业农村改革组的政策指导下，由城口县农业农村委推动组建了大巴山农村集体经济促进中心（以下简称促进中心），以及其全资企业——重庆市城口县大巴山农村集体经济组织管理有限公司（以下简称集体公司）。依托促进中心，以集体公司为运营平台，城口县政府主导成立了"城口县农业融资担保应急转贷资金"和"城口县农村集体经济发展创业股权投资专项引导资金"，主要用于支持发展城口县域的新型农业经营主体项目和新型农村集体经济项目，着力解决农业领域相关项目的投资、融资及过桥资金等。

集体公司通过乡政府和村集体经济组织得知张晓娇的猪场遭遇以后，迅速响应、主动作为，适时运用"救灾互助投"产品，为受灾的养殖户提供必要的资金支持，帮助他们渡过难关，实现生产自救、恢复壮大养殖能力。馨玥猪场张晓娇在"救灾互助投"雪中送炭般的帮助中深深地感受到了党和政府与社会的温暖，重拾养殖的信心和勇气。如今馨玥猪场已重新焕发生机活力，展现出一片欣欣向荣朝气蓬勃的繁荣景象。

1. 精准创新，助力猪场突围

一是制定"定制化"支持方案。集体公司在提供救助投资时，根据猪场实际损失情况和未来发展规划，为其量身定制了个性化的支持方案，包括资金使用方向、分期拨付时间节点以及配套技术指导和市场分析等。

二是强化资金监管与绩效评估。为确保救助投资的合理使用，并产生最大效益，集体公司建立了严格的资金监管机制。财务人员定期对猪场的资金使用情况进行追踪和评估，同时根据猪场复工复产的进度和生猪行业的市场变化，灵活调整支持策略，保证救助投资用在刀刃上。

三是产业链协同扶持。救助投资不仅不局限于猪场恢复生产，还延伸到整个行业的产业链。通过与饲料供应商、兽医站、屠宰加工、腊肉加工厂等合作，为馨玥猪场提供了一系列优惠政策和配套服务，降低其生产成本，提高产品附加值。

2. 措施果断，全面赋能

一是快速响应。在馨玥猪场提出资金使用申请后，集体公司迅速完成了资料审核、专家评审、会议决策和资金拨付，以最快速度解决了猪场的燃眉之急。

二是投后服务。提供救助投资不是一个简单的资金划拨行为，而是跟踪企业发展的全面服务。集体公司组建了专业管理团队，定期对猪场进行回访，及时解决其在复工复产过程中遇到的新问题和新挑战。同时，集体公司还邀请大量的专业人士为猪场无偿提供实时行业信息，加强养殖技术培训，帮助猪场提升"造血"功能。

3. 多措并举，实现猪场复兴

一是优化猪群结构。利用"救灾互助投"，馨玥猪场从知名种猪场引进了一批优质的地方名品"涪陵黑猪"种猪资源。通过基因筛选和性能测定，从中挑选出具有优良生长性能和抗病能力强的种猪进行繁殖，提高了猪群整体抗病毒能力，降低了养殖风险。

二是强化疫情防控。在救助投资的支持下，馨玥猪场按照专家建议，建立了一套严格、完善的防疫体系。对猪场进行分区管理，设置隔离区、消毒区和生产区，严格控制人员和物资的流动，最大限度降低疫病传播的风险。

三是改善养殖环境。利用部分救助投资，馨玥猪场对猪舍进行升级改造，改善通风条件，安装温度和湿度调节设备，为生猪创造了更加舒适、健康的生长环境，提高了生猪的免疫力和生长速度。

四是提升养殖技术。在地方政府及促进中心的支持下，馨玥猪场定期组织员工参加各类养殖技术培训，学习先进养殖理念和方法。同时引进智能化的养殖管理系统，借助物联网和大数据技术实现了对生猪生长状况的实时监控和数据分析，根据生猪不同时期的数据反馈，精准调整饲养策略，提高了养殖效率和质量。

五是拓展销售渠道。在恢复生产的过程中，借助各级政府、相关职能部门、促进中心、集体公司的资源，馨玥猪场积极开展市场调研，拓展销售渠道，与多家大型超市、肉类加工企业、机关学校食堂建立了长期合作关系，减少了中间环节，提高了销售利润，扩大了市场份额。

六是促进融合发展。以城口老腊肉"再出发"为契机，馨玥猪场修建腊肉生产加工厂，成功取得食品生产许可证（SC），完善注册品牌商标，并对产品进行了精心设计包装。通过一系列的宣传推广，成功将腊肉制品卖进商超、电商等领域。与此同时，馨玥猪场积极参加各类农产品展销会和产品评比活动，提高了知名度和美誉度，有效解决了生猪的销售问题，同时确保在猪价不稳定期间，能够通过产业的融合发展来对冲风险，降低损失，增加收入。

（三）工作成效

1. 猪场的华丽转变

经过不懈协同努力，馨玥猪场渐渐恢复了往日的生机，养殖规模实现了进一步的壮大，生猪的存栏量和出栏量比疫情前的水平还有大幅增长。生猪养殖质量显著提升，猪肉品质更加优良，市场竞争力不断增强。同时，馨玥猪场通过科学的管理和创新的经营模式，实现了养殖与销售的无缝对接。

2. 经济效益显著提升

随着养殖规模的壮大和养殖技术的提高，馨玥猪场猪肉品质优良，加上有自主商标品牌加持，市场的接受度越来越好，经济效益节节攀升。馨玥猪场通过科学养殖，降低了成本、提高了养殖效率，利润不断提高，为猪场的可持续发展奠定了坚实的基础。

3. 就业带动与农民增收

馨玥猪场的恢复壮大与日渐兴旺为当地创造了部分就业机会。猪场和腊肉加工厂直接吸纳本村就业人员 10 余人，间接带动饲料加工、运输、销售等相关产业的发展，为村民提供了稳定的就业岗位和增收渠道。

九、水产养殖"保防救赔" 一体化服务体系

为了践行农业保险"保防救赔"服务内涵，强化水产养殖业"事前风险防御"机制，减少因灾损失，结合水产养殖业的特点，中华保险率先在行业内研发推出一套可视化、智能化的"保险云鱼塘"服务体系，通过"保险保障＋科技防灾＋生产大数据库＋农产品质量安全溯源＋政府产业监管"一体化服务，在为水产养殖户提供基础风险管理工具的同时，还助力农户由被动应对风险走向主动防御灾害，并通过科技手段加持，减轻成本投入，实现精细化管理，助推水产品全产业链质量安全溯源。

（一）背景及目标

我国是世界第一水产养殖大国。《2021 年全国渔业经济统计公报》显示，全国水产养殖面积 7 009 千公顷，淡水和海水养殖产值 11 775 亿元，养殖产量 5 394 万吨，占世界水产养殖总量的 60％以上。我国水产养殖品类繁多、生产方式复杂多样，易受自然灾害、疾病疫病等的影响，且规模化程度偏低，依然存在大量小规模养殖户，导致我国水产养殖业高投入、高产出、高风险的"三高"特点突出。

水产养殖业面临的气象风险高，对保险的需求一直比较旺盛。水产养殖保险作为市场化的风险管理手段，可有效分散水产养殖过程中的自然灾害、疾病疫病、市场价格波动等各类风险，有力补偿

灾后损失，促进再生产，对推进我国水产养殖业现代化发展具有重要意义。长期以来，受承保理赔技术专业性强、赔付风险高、保费补贴缺乏等多方面因素影响，我国水产养殖保险发展相对滞后，保险供给与需求严重失衡，保费规模非常有限，风险保障体系与水产养殖业的发展地位和要求不相适应。2021 年底，我国水产养殖保费仅 21 亿元左右，与水产养殖业的产值规模 11 775 亿元以及与农业保险保费 965 亿元的规模相比，规模极小、覆盖面极低。

2019 年，农业农村部、中央网络安全和信息化委员会办公室印发《数字农业农村发展规划（2019—2025 年）》，渔业智慧化被写入发展规划当中，对新时期推进数字渔业建设的总体思路、发展目标、重点任务作出明确部署。随着水体环境实时监控、饵料精准投喂、病害监测预警等信息化技术已日趋成熟并相对普及应用，利用新技术可有效辅助渔民提高养殖风险应对能力。2021 年，财政部、农业农村部联合印发《关于实施渔业发展支持政策推动渔业高质量发展的通知》（财农〔2021〕41 号），指出继续优化渔业产业结构，支持渔业绿色循环发展。2023 年中央一号文件提及发展渔业保险，支持各地方发展特色优势渔业保险。

为应对天气变化而采取的水质管理支出，往往覆盖了整个水产养殖周期，要做好"防患"工作，水产养殖户普遍采用传统试纸人工检测水质及凭经验开关增氧机和控制水体温度等相对原始的做法，轻则造成较大的人力、物力浪费，重则可能因为人为疏漏导致问题发现不及时，从而引发系统性的水产品死亡。

为了帮助水产养殖户应对风险，中华保险通过"保险＋科技"双融合，为养殖户打造一套可视化、自动化的"大数据防护网"，帮助养殖户及时有效地识别风险隐患，减少人力、物力浪费，实现生产管理从"凭经验养殖"向"靠数据增收"转移。同时推出"政策性＋商业性"的双保障产品模式，将天气骤变造成农户"防患"

工作的成本支出纳入保险保障范围，实现保险保障从"物化成本"升级为"物化成本＋生产成本"双保障，保险救助从灾后理赔升级为养殖生产过程的全覆盖。养殖场内的生产设备通过移动 5G 互联互通，养殖户通过手机实时监测各项生产指标，当发生异常情况时，平台自动推送预警信息，系统根据事先设定的阈值自动开启增氧机和投料机设备，有效解决感应滞后、管理滞后的难题。

（二）主要做法

"保险云鱼塘"是中华保险在 2022 年基于云数据管理技术，为水产养殖业构建的集合"智慧生产、保险保障、科技防灾、金融服务、产品供销、质量溯源、政府监管、订单农业"八大功能于一体的"保险＋科技"产业发展综合金融服务管理平台，也是中华保险贯彻落实农业保险"保防救赔"一体化服务体系建设工作的重要举措之一。平台总投入超过 300 万元，主要由四大系统构成，包括面向水产养殖户的智慧渔业管理小程序、面向政府的产业监管平台、面向保险公司的保险业务驾驶舱和面向整个产业链的大数据服务中心，平台可以帮助水产养殖业强化风险感知、预警以及有效管理，避免风险蔓延和损失扩大。该体系采用 5G 物联网和区块链技术，智慧传感、网络化管理等先进手段，对养殖环境、水质、水产生长状况、药物使用等进行全方位管理、监测，具有数据实时采集及分析、溯源、生产基地远程监控等功能，为养殖户、企业提供科技化管理手段、建立完善的生产信息数据管理系统。

"保险云鱼塘"的硬件端由感知设备、传输设备、控制设备组成。为试点养殖户的每个塘口配建水质自动检测仪等感知设备，投入水中即可使用，太阳能供电，可供实时监测水体的溶解氧、酸碱度（pH）、温度、电导率（EC）等指标。为每个养殖户的塘口配建传输设备，实时采集水质检测仪监测到的数据，并以图表形式展示信息，推送异常报警。养殖户根据水产品的特点设置温度、溶解氧等指标的阈值，并使用微信小程序实时观测各项指标的动态变化和水下水产的生长情况。当水产检测仪监测到的数据超出设定阈值时，传输设备可将警告信息推送至养殖户，提醒其及早采取措施避免风险蔓延，实现水产养殖精细化管理。为每个养殖户的塘口配建控制设备，可连接鱼塘的增氧机、投料机、水质检测仪等设备，当水产检测仪监测到的溶解氧低于设定阈值时，控制设备可自动开启增氧机；当检测的 pH 低于或高于标准值时，自动调节饵料投喂设备。

养殖户通过手机智慧渔场管理小程序查看养殖场的情况，包括物联网设备的检测、设备报警、专家诊断等。养殖户可以在线生成养殖日记，详细记录养殖批次、养殖品种、投入品情况、水质监测情况等。有关政府部门依据平台信息了解辖区内水产养殖的情况，做好产业监管。保险机构通过平台实现水产养殖保险的精准承保、理赔，及时排查风险，将农业保险由"事后理赔"向"事前防御和事中及时救治"转移。产业链上的其他相关方可获得产地溯源信息，把控产品品质。

为了更好地提供水产养殖产业的保险保障，中华保险基于异常气象状况对产业发展的影响程度，开发出水产品气象指数类保险，理赔款可用于有效防御灾害，实现"保防救赔"一体化。

（三）主要成效

一是养殖户足不出户便可实现产业管理。养殖场内的水质监测仪、水下摄像头、控制柜、增氧机、投料机等设备之间通过移动5G 互联互通，养殖户可通过手机实时监测水体 pH、溶解氧、温度以及水面气温、风力、降水等指标变化情况，当发生异常情况时，平台将自动推送预警信息，系统也可根据事先设定的阈值自动开启增氧机以及投料机设备。

二是"政策性养殖保险＋商业性气象指数保险"双保险体系扩大保障范围。政策性淡水水产养殖保险，主要以灾后物化成本损失补偿为主，本产品在政策性淡水水产养殖保险的基础上，增加水产养殖天气指数商业保险保障，将农户为应对气象骤变而采取的防灾减灾投入成本纳入保险保障范围，实现保险保障从"物化成本"升级为"物化成本＋生产成本"双保障，理赔服务从灾后理赔升级到涵盖水产养殖全过程，并且气象指数保险便捷性的定损理赔特点也确保了理赔时效性，使得养殖户及时获得防御资金，做好生产管理。

三是"保险＋科技＋服务"助力传统农业数字化转型升级。"保险云鱼塘"智慧渔业风险管理服务体系最重要的功能之一是帮助水产养殖户强化风险感知、预警和应对，避免风险蔓延和损失扩大。通过 5G 物联网和区块链技术，智慧传感、网络化管理等先进管理手段，对养殖环境、水质、水产生长状况、药物使用情况等进行全方位的数据采集，并建立完善的生产信息数据管理系统，为农户贷款融资、银行放贷授信提供完整的产业链数据，可以帮助水产养殖户解决贷款难的问题，并落实了水产品的产地溯源管理。

（四）经验和启示

2022 年以来，中华保险已在广东、湖北、江苏 3 个省份的 20 余个地级市投入了近 300 套设备，帮助水产养殖户建立"保险云鱼塘"，惠及 200 余个龙头企业、合作社、大户的养殖鱼塘。在强化风险预警的同时，也减少了养殖户的管理成本，逐步实现渔业生产的全自动管理，获得了当地政府部门和养殖户的广泛好评。

以广东省肇庆市为例，2022 年以来，中华保险已在肇庆四会市承保淡水水产养殖面积超 10.9 万亩，投入"5G＋物联网"智能渔业风险管理应用设备 96 套，发送气候、水质、溶解氧等异常灾害预警及提醒农户防灾处置信息 4 761 条，处理异常风险实现数十次，在全面贯彻落实农业保险支农、助农工作中发挥了积极的作用。

水产养殖全产业链"保防救赔"一体化创新服务体系是行业内首次利用信息数字化手段，探索大数据在渔业领域的采集、挖掘和应用。未来，基于水产养殖全产业链服务平台，中华保险将继续整合各方资源，组织专业力量团队，发挥各自优势，加强与渔业管理部门、研究机构的协同联动，搭建水产养殖行业和保险行业的数据共享平台，进一步提高水产养殖保险业务精细化、专业化管理水平，建立"保险＋科技＋服务"的融合发展新模式，实现渔业保险与产业服务的多主体联动，推动保险与产业协同发展。

十、基于卫星遥感和无人机的水稻全流程风险减量实践

（一）基本情况

卫星遥感技术可以实现远距离、广范围的数据采集，无人机技术可以实现低空遥感，获取更加详细的地面数据，将上述两者与地面采集数据相结合，便可实现"天空地"一体化的农业信息采集。保险公司利用遥感技术形成的图像，获取保险标的面积、种类及长势等各方面数据，从而进行精确分析，为核保验标、查勘定损等环节提供技术支持。

（二）主要做法

1. 精准验标与数据采集

武汉珈和科技有限公司（以下简称珈和科技）基于无人机实地航飞影像，利用作物识别遥感监测技术，实现湖北省的公安县、京山市、大冶市等县（市）的重点乡镇范围种植面积数据提取，结合投保主体的标的信息，完成村级、承保大户的精准验标。这一过程不仅提高了承保验标的精度，还大大节省了人力、物力成本，为后续作物生长监测及灾害评估奠定了坚实的数据基础。

2. 灾害评估与定损

利用无人机现场航拍影像与作物灾损识别技术，结合实地查勘，珈和科技能够迅速、准确地提取水稻的受灾状况信息，包括灾

害损失、受灾面积等，确保理赔工作的科学性与公正性。

3. 生长过程监测与预警

基于作物生长过程，提供标的作物种植长势监测、产量预测、灾害预警、灾后作物生长变化监测等服务，帮助相关主体提前预防，降低灾害发生风险。

4. 遥感监测专题图与报告

基于农险通平台，珈和科技制作遥感监测专题图与报告，不仅提供了全面的承保作物分布和灾害评估信息，还帮助保险公司实现数字化转型，提升决策的科学性和准确性。

（三）工作成效

珈和科技的创新方案显著提高了农业保险的承保效率和理赔准确性，为保险公司节省了大量成本和时间。同时，灵活的预警和监测系统，能在灾害发生前迅速采取措施，降低损失，提升了保险服务的客户满意度和保险产品的市场竞争力。

十一、睿尔琪科技"数智农牧"推动藏区草牧业可持续发展

（一）基本情况

红原是红军长征走过的大草原，辖区面积 8 400 千米²，是国家重点生态功能区，是长江上游重要水源涵养地、黄河上游重要水源补给区，是红原国家公园的重要组成部分。红原县是阿坝藏族羌族自治州唯一的纯畜牧业县，是国家地理标志保护产品——麦洼牦牛的原产地和核心产区。全县有天然草原面积 1 164 万亩，为纯天然、无污染的麦洼牦牛肉及奶等畜产品提供了优质的生产环境。红原县已建成国家级产业化龙头企业 1 个、国家级牦牛原种场 1 个、省五星级牦牛现代农业园区 1 个、省级加工园区 1 个、州级牧草产业园区 1 个；配套建成川甘青结合部最大的牦牛活畜交易市场 1 个、牧草交易中心 1 个、牲畜无害化处理厂 1 个、有机肥加工厂 1 个。近年来，红原县按照高质量发展的要求，紧紧围绕实施高原牧区特色的乡村振兴战略，立足于麦洼牦牛特色优势产业，积极推进"红原县牦牛现代农业园区"的建设。通过园区带动、示范引领，探索并实践出具有红原特点的牧区发展模式，有效实现草原增绿、牧业增效和牧民增收。截至 2023 年底，全县牲畜存栏 49.01 万混合头，完成第一产业增加值 94 139 万元，增速 12.4%，农村人均可支配收入增长 7.3%，各类牲畜出栏 136 399 混合头、同比增长 12%；肉类总产量 14 563 吨、同比增长 2%，奶类产量

40 362 吨、同比增长 3%。先后获评国家乡村振兴示范县创建单位、四川省乡村振兴重点帮扶优秀县、四川省省级生态县、全省农业产业技术助力脱贫攻坚成果先进县。

（二）存在的主要问题

1. 草原生态保护与畜牧业发展的双重压力

红原县生态地位极其重要，事关黄河流域地区的高质量发展。以草原畜牧业为主的红原县，长期面临草畜矛盾，草原生态保护与畜牧业发展的双重压力依然存在。在保护生态的前提下，促进草原畜牧业的可持续发展，是一个长期且艰巨的任务。

2. 标准化程度不足

红原县牦牛产业链各环节的标准化水平还不够高，特别是在产地环境、品种种质、投入品管控、疫病防控、产品加工、储运保鲜、包装标识、分等分级、品牌营销等方面，标准的制定修订和实施力度还需要进一步加强，影响了产品质量的一致性和市场竞争力。

3. 品牌影响力有待提升

尽管麦洼牦牛已有一定知名度，但缺乏系统的品牌建设和推广策略，导致产品在中高端市场的渗透率较低，品牌溢价能力不足，品牌影响力和市场认可度还有待进一步提升。

4. 产业链整合不够完善

牦牛产业链上下游的整合和协同还不够紧密，特别是在养殖、加工、销售等环节，缺乏有效联动机制，导致资源配置不合理，产业链条不够顺畅，影响了整体效益的发挥。

5. 科技支撑不足

牦牛产业的科技支撑体系尚不完善，特别是在牦牛品种改良、疫病防控、饲养管理、产品加工等方面，缺乏高水平的科研成果和技术应用，科研投入不足，技术创新能力较弱，制约了产业的高质量发展。

（三）主要做法

1. 建设博士科技服务站，减畜不减收

为解决"减畜不减收"这一大难题，结合草畜平衡重点县减畜要求，红原县成立了首家"乡村振兴农牧业博士科技服务站"，作为技术桥头堡和技术下沉管道，把先进种植养殖技术带上青藏高原，降低牦牛藏羊死淘率，造福藏区农牧民。

睿尔琪科技用数字化、信息化、物联网等前沿科技手段，建设管理大数据平台，通过"云上牧联——畜牧数字化平台解决方案"确认牦牛的唯一身份，确保红原县承保区域牦牛电子耳标覆盖率100％。制定标准化、规范化承保报案和理赔流程，确保承保和理赔信息精准可靠。帮助红原县农牧业主管部门实时监管辖区"人、草、畜"综合数据，并引入地方、专业机构专业资源，对接农村农户、下沉资源市场辅导农牧民诊断，帮助农牧民开展精细化种植与科学化养殖，提升牦牛存活率以及牧草种植效率，促进农牧民产量提升，实现农牧民增收，推动农牧业产业发展。

2. 开展第三方社会化服务

通过专业兽医团队现场指导和远程诊疗、畜牧疫病兽医入户综合治疗，"保险＋科技"共建生产管理软件供养殖户使用，提供科学养殖技术、远程诊疗、远程报案等服务，协助各机构有效降低牦牛、藏羊死损率，实现降赔减损。通过承保工作给牦牛佩戴电子耳标，将防疫、治疗等数据进行关联，将保险数据与防疫数据有效结合，形成牦牛溯源系统，建设标准化管理体系，接受政府主管部门的考核。

3. 运用大数据平台

阿坝藏族羌族自治州数字农牧业大数据平台将地理信息系统、

自动化、通信和网络等技术与地理学、种植业、畜牧业等基础学科紧密地结合起来，形成一个包括对畜牧养殖、防疫、检疫、土地确权、资源流转、流转缴费等从宏观与微观的数据监测及展示体系，将传统的农业生产管理提高到一个以快速调查和监测、适时诊断和分析、高效决策和管理为标志的全新高度。平台以畜牧兽医管理、耕地管理、流转管理为重点，对全产业链进行监测，形成大数据统计分析与农业监测预警长效机制，为政府部门决策、精准指导等提供参考依据。

4. 建设属于牦牛养殖的专属模式

由于牧草生长量与饲料供应季节性供需矛盾十分突出，导致牦牛摆脱不了"夏饱、秋肥、冬瘦、春亡"的恶性循环。每年有大量牦牛因草料短缺而造成免疫力低下和极度消瘦，甚至有一部分死亡，为此，各区域都在推行属于自己的"放牧＋补饲"模式。

截至 2023 年，睿尔琪科技已在红原县建设了 3 个牦牛养殖基地，养殖规模达 500 头，希望通过一年的"放牧＋补饲"周期，探索以最少的投入，繁育健康、高规格牦牛，在此基础上汇成养殖手册，进行复制推广。同时，利用大数据平台双向溯源系统，对经过驱虫、免疫的适时出栏牦牛进行回购，将生鲜牦牛肉通过旗下"高原牧歌"品牌与各县合作，将藏区的特色健康牦牛肉制品推向市场。

（四）工作成效

数字技术应用集成显著提升了红原县牦牛产业的技术创新应用水平，推动红原县牦牛产业数字化转型，加快牦牛良种繁育基地、标准化养殖基地、优质饲草基地的数字化建设，延伸产业链，提升价值链，实现一二三产业紧密融合，优化了阿坝藏族羌族自治州牦牛产业发展布局。

1. 为红原县牦牛发展工程注入科技力量

立足红原县牦牛产业发展布局，建立牦牛产业数智化平台，根据畜牧精准溯源要求，在品种选育、良种繁育、标准育肥、疫病诊断、数字防疫、技术推广等方面，融入科技手段，推进牦牛产业发展，高质量建设国家级牦牛产业，打造圣洁红原国家级牦牛产业园。

2. 提高红原县畜牧业管理水平

在牦牛产业数智化平台打造过程中，推动畜牧业主管部门与畜牧业养殖场主、企业、畜牧业专家、消费者建立深层次联系，及时发现问题并解决问题，提高政府的服务能力。数智化平台的数据挖掘与分析，可以帮助政府部门直击畜牧业难点、痛点，通过将数据应用场景划分至各职能部门，推动各部门跨地域、跨职能、跨系统的办公协作，促进资源共享和业务协调。

3. 实现一二三产业紧密融合

红原县采取"园区＋龙头企业＋合作社＋养殖户"四位一体经营发展模式，转变牧民传统的"天然放养""不出栏"观念。通过科技化养殖技术推广，缩减畜牧养殖周期，降低饲养成本，引导四季出栏，带动广大农牧民增收致富，实质性地解决企业牛源不足问题，扩大牦牛肉食品精深加工产量。通过一体式平台管理，融入保险和银行等金融机构，提供产业发展资金支持和保险保障。完善疫病诊断与数字防疫，加强无害化处理，形成良性循环，实现一二三产业紧密融合。

4. 保障农产品质量安全

牦牛产业数智化平台以牦牛的生命周期为主线，辅以各类专业化、客观性、权威性数据采集设备和专家团队诊断意见，构建了从牦牛的养殖管理、生产加工到交易消费的全链条管理体系，对于食品安全起到全流程监督作用，让消费者买得放心、吃得安心。依托可视化交易和电商平台，减少中间环节，实现牛只的高效快速交易，让农牧民获利，让消费者享受到实惠，整体提升产品和企业的社会公信力。

5. 实现牦牛产学研用一体化

依托国家肉牛牦牛产业技术体系和国家科技计划，建立红原县国家数字畜牧业创新应用基地，对接国家数字农业创新分中心，借助各级科研院所和大专院校等的科研力量，实现牦牛产学研用一体化，探索出符合红原县实际情况的牦牛产业发展道路，并形成可复制、可推广的应用模式，为推进牦牛产业和青藏高原发展畜牧产业贡献红原力量。

十二、安丘市数智赋能农产品
质量监管的实践

（一）基本情况

安丘市是农业大市和农产品加工出口强市，耕地面积 117 万亩，年产生姜、大葱等优质食用农产品 460 多万吨，畅销日韩、欧美等 80 多个国家和地区，蔬菜出口货值常年占山东省的 1/7 以上，生姜、大葱出口额占全国的 60％以上，农产品出口连续 15 年领跑全省，出口品类居山东省第一位，被誉为"中国蔬菜出口第一县""世界的菜篮子"。

目前，我国农产品质量安全监管存在监管对象多、监管信息不全、社会参与度不高、数据共享程度偏低等问题，现有的农产品质量安全监管平台没有打通"最后一公里"。安丘市为加强农产品质量安全监管，专门成立市政府直属副处级事业单位——农产品质量安全管理服务中心（以下简称农安中心），协调推进全市农产品质量安全监管服务工作。针对农产品质量安全管理工作中监管对象多、监管信息不全、社会参与度不高、数据共享程度偏低等难题，立足操作简便快捷、数据真实可靠、管理精准高效，自主设计全省首个农产品质量安全综合管理服务平台，打通农业农村、市场监管、镇街政府之间的监管环节，开展从"田间到餐桌"全链条数字化管理服务，实现安全追溯、检验检测、监管执法、标准制定、诚信管理等数据的综合分析。

（二）主要做法

1. 平台设计

利用地理信息系统（GIS）、大数据等技术，创新建设山东省首个农产品质量安全综合管理服务平台（以下简称平台），打造立体化农业大数据库，为"数智＋"农产品质量安全监管提供数据支撑。平台包括农产品普查、农产品抽检等 7 个子平台。

2. 平台功能

一是农产品普查。依托农产品普查子平台摸清全市 60 余万亩种植地块现状，绘制全市种植"数字地图"，使每宗地块的所有权人、实际种植户、种植面积、作物种类以及抽样检测等情况一目了然。

二是农产品抽检。依托农产品抽检子平台，实施"测、监"一体联动，在农作物收获前抽样检测，对标国内、国际最新标准，准确判定农残检测结果，精准分析评估农残风险，准确掌握全市风险农作物、风险地块、风险区域以及残留易超标农药品种，数据及时与监管部门和各乡镇（街道）共享，有效排除潜在出口风险。

三是农业投入品管理服务。依托农业投入品管理服务子平台，为农药经营业主设计手机 App，降低操作难度，帮助农药经营业主建立农药供销电子台账和实名制购买农药。

四是市场管理服务。依托市场管理服务子平台，赋予种植户、加工企业等生产经营主体"电子安全码"。买方扫码即可查验卖方质量安全和种植信息，填写交易记录，让买方监督卖方，利用市场倒逼机制，实现社会共治。

五是监管执法服务。依托监管执法服务子平台，为全市质量安全管理人员及农安员提供便捷、高效的网络化协同办公工具，快速填写农资门店检查清单，支持案件线索在部门间推送，加强部门间的协调配合，提升案件结办效率。

六是农产品出口管理服务。建立全国首个涵盖 48 个国家和地区的农产品标准电子信息库，向企业实时发布国外通报、标准法规修订动态等信息，企业可随时通过 App 免费查询出口标准。建立咨询服务平台，线上收集企业意见建议，为技术性贸易措施响应提供信息支撑。

七是考核与评价。依托考核与评价子平台，建立一线人员与农安员协同的办公系统，对农安员工作进行监督，自动计算工作量。建立全市农产品信用评价体系，实时根据监管对象的日常抽检结果和检查情况计算信用评价分值。

3. 关键环节

一是数据资源汇聚整合。全面采集地块、大棚等生产经营主体信息，构建安丘农业电子地图数据资源库。提供数据整理、更新、审批和安全管理服务，确保数据资源时效性和安全性。引入数据标准化处理和质量控制机制，通过统一的数据格式和接口标准，提高数据资源互操作性和可复用性。

二是业务流程优化创新。依托农业大数据，创新设计并应用食用农产品电子安全码，为 13 余万个种植生产经营主体注册实名账号，赋予每个种、产、销主体实名制"数字身份证"，通过扫码查验地块、交易来源、检测、信用等质量安全信息，实现由"管菜"向"管人"转变。

三是数据驱动决策支持。通过分析 20 余万个抽检数据，精准研判风险农作物、风险区域、风险种植主体、风险地块和风险农药品种，使用农安宝 App 精准定位相关风险地块，为种植户提供预警服务，抽样复查，靶向锁定风险对象直至达到安全标准。

（三）主要创新

1. 理念创新

为落实《国务院关于加强数字政府建设的指导意见》和《山东省"十四五"数字强省建设规划》要求，自主设计建设安丘市农产品质量安全综合管理服务平台，创新农产品质量安全治理理念和方式，提升农产品质量安全水平。

2. 管理创新

创新建立农安员队伍标准化管理体系，平台可线上分配工作任务，记录一线工作人员的工作数据，每日进行数据统计，自动生成考核数据，方便对一线工作人员进行绩效考核。普查数据采集、抽样、检查农资门店等工作使用 App 现场拍照、上传，实现无纸化办公。

3. 技术创新

创新建立全链条主体信息数据库，已累计汇集各类信息 1 000余万条，数据量超 900GB。在全国首创"电子安全码"，赋予每个种植、加工、销售主体专属"数字身份证"，将全市 13 余万个主体日常质量安全监管状态与其专属"电子安全码"实时关联。将 GIS技术和全域农经权数据结合，为应用系统地图数据使用提供支撑。电子围栏技术与 GIS 地图结合，日常普查、抽检、监管数据真实有效。升级智慧普查技术，突破"无人机＋普查"一体化技术应用。

4. 服务创新

安丘市依托海关总署批建的全国首个食品农产品技术性贸易措施研究评议基地，建立全国首个国内外实时农残标准查询比对平台，在标准把握、质量监管、问题处置等服务方面做足文章，贯穿农产品从种植到"出海"全过程。跟踪研究欧美、日韩等主要农产品出口贸易国家和地区农药残留标准法规修订信息，归纳分析出各国和地区标准修订规律，提前预判国外标准的变化趋势，通过企业微信群、《技贸措施信息服务导刊》、标法培训视频等向全国400多家农产品出口企业常态化发布风险预警信息，帮助企业及时获取信息，调整生产和出口策略，规避贸易风险。跟踪指导"把脉开方对症下药"。针对农产品出口企业遭遇的突发壁垒事件跟踪指导，为企业提供政策支撑和服务，有效破解国外技术性贸易壁垒，帮助企业避免损失。

（四）工作成效和经验启示

1. 工作成效

一是提高农产品质量安全水平。平台运营后，监管工作效率提高了近3倍，抽样检测数量同比增加1.3倍。高效快检筛查与精准定量查验相结合，采用国内、国际两个标准判定检测结果，2022年以来，共抽检21万批次，合格率均在99.7%以上。建立监管部门和属地镇街信息共享、一体联动机制，检测部门实时将检测结果推送到相关镇街和执法部门，对问题农产品第一时间调查处理，提高农产品质量安全水平。

二是助力农产品畅销海外市场。利用欧美、日韩等48个国家和地区的实时标准法规数据库，帮助正大（潍坊）鸡蛋首次供应中国香港、潍坊华凌食品洋葱首次出口澳大利亚、安丘汇海食品紫苏叶和木耳首次出口日本、三通（潍坊）食品马铃薯等制品出口泰国等。向400多家农产品出口企业发布风险预警100余次，帮助企业及时规避贸易风险。通过及时查询农产品出口标准，多家企业首次打开海外市场，增加订单5亿多元。基于安丘市农产品质量安全监管优势，海关部门同安丘市共同探索"智慧监管下快速核放"通关便利化试点。

三是推进金融赋能。平台链接金融服务平台，用农业数据、监管数据为农产品金融赋能，助力金融机构开发种植贷、农资贷、仓单质押贷等金融产品。试点打造无人机智慧普查功能，为金融贷款、农业保险打下坚实基础。同山东农业发展信贷担保有限责任公司、安盟财产保险有限公司、农业银行、安丘农耕农业发展有限公司共享数据，为商业应用、金融保险提供数据支撑。

2. 经验启示

一是深挖市场潜力。随着数字化转型的加速推进，农产品质量安全方向对数据应用的需求日益增长，平台满足了市场对于数据驱动决策、智能化管理、精准化服务的迫切需求。平台在降本、提质、增效等方面取得了显著成效，易于被其他地方政府、企业接受，具有较大的示范价值和推广潜力。

二是打造行业标杆。安丘市创新农产品质量安全智慧监管服务的经验做法，具有较强的普适性和可移植性，为全国农产品质量安全风险防御提供了可复制、可推广、可借鉴的经验，先后被中央广播电视总台、新华社、《经济日报》《大众日报》《农民日报》等多次报道。

三是坚持技术创新。通过持续的技术创新和迭代升级，平台能够保持领先地位，满足市场不断变化的需求。同时，安丘市还注重与高校、科研机构等合作，引入外部智力资源，加速技术创新和成果转化，为项目的可持续发展提供了有力保障。

十三、防范风险重实战，守护青山于未"燃"

（一）基本情况

甘肃省作为同时拥有山地、高原、平川、河谷、沙漠等诸多地形地貌，且受亚热带季风气候、温带季风气候、温带大陆性气候和高原高寒气候等影响的内陆大省，高水平农业风险管理的必要性和紧迫性十分突出。黄河财险高度重视农业及林业风险减量管理工作，积极发挥保险优势，努力用保险力量巩固加强"国家西部重要生态安全屏障"。为有效推动森林保险高质量发展，保护森林碳汇资源，全面提升灾害救援和保险理赔能力，全面检验公司森林保险突发事件应急处置体系，锻炼和提升森林保险突发事件应急处置和防灾减灾联动能力，在全国第 22 个"安全生产月"来临之际，黄河财险联合甘肃省森林消防总队平凉支队崆峒大队，在平凉崆峒山古镇广场举行特大森林火灾（模拟）应急处置和保险理赔演练，充分展示了黄河财险与林草部门、消防部门积极配合、紧密衔接的防灾减灾联动过程，提升了公司应急救灾的实战能力和水平。

（二）主要做法

1. 跨界联动，高规格筹办

此次演练是全省林业保险开展以来，由保险公司牵头组织的规模最大、参与单位最多、流程完整规范的一次森林火灾理赔应急演练。在省市农业、林业、消防、监管等政府部门的指导下，演练以特大森林火灾应急处置和保险理赔全流程、全要素为主线，以"解说＋实地"配合的形式模拟演示了发现火情、现场处置、组织扑救、消防救援、案件受理、应急响应、统筹指挥、火情查勘、空机救援、损失核定、案件预赔等保险应急处置 11 个项目，达到了预期效果。

2. 高效协同，高水平开展

此次演练突出直升机协助救援、无人机火情查勘和卫星遥感等手段，共投入 1 架救援直升机、4 架查勘无人机、1 台消防车、4 台查勘车，消防员、护林员及保险理赔人员等 200 余人参加演练，演练各方协同到位、组织有序，指挥体系运转高效。现场各支应急队伍服从指挥、反应迅速、处置得当，展现了保险理赔和救援人员的专业素养，展现了规范、科学、高效的应对能力和水平。

（三）工作成效

本次演练有效检验了林业保险应急预案，锻炼了保险大灾应急管理队伍，营造了保险主体与政府主管部门间协同配合、团结协作、合力抗灾的氛围，提升了防灾减损水平，为保险行业服务甘肃省林业风险减量管理作出有益尝试，为今后林业大灾风险应对提供较好借鉴，对全面助力甘肃省乡村振兴和农业、林业高质量发展，共同构筑森林防火安全防线，进一步筑牢全省林草安全底线具有深远意义。

本次应急演练得到了社会各界的广泛关注和支持，提高了社会公众对森林火灾的防范意识和农业保险的认知度。同时，也展示了作为"甘肃人民自己的保险公司"的黄河财险在森林火灾风险减量方面的积极作用和社会贡献。

十四、发展"膜播节控"模式的实践

国沄（北京）科技有限公司（以下简称国沄公司）推出了一套完整的现代生态农业种植体系，包括现代农田基础设施建设和工业化生态农作物"膜播节控"栽培技术，以物理农业取代化学农业，从根源上解决农药、化肥残留超标问题，为生态种植提供了样板，推动农作物种植模式发生了革命性变化。

（一）基本情况

结合党的十九大提出的"健康中国国家战略""数字乡村发展战略纲要"，国沄公司把农业绿色发展和数字农业摆在突出位置，经过十多年的深入研究和探索，发展"膜播节控"模式，形成了生态种植带和现代农业产业加工园区建设、技术服务和产品销售服务一揽子解决方案，实现了节能减排、一二三产业融合发展。

"膜播节控"栽培技术在水稻、大豆、玉米、小麦、蔬菜等农作物种植中的应用，实现了物理灭虫、灭草，强化了高效生物有机肥的使用，推动了农业可视化、全程可追溯化、监测化管理，达到了节能、节水、减少环境污染、改良土壤等节控目标，提高了农产品产量和品质（大田作物首次实现双提高），增加了农民收入，从源头上解决了食品安全问题。

（二）主要做法

1. "五位一体"建设农田

国沄公司研发了"五位一体"水稻现代化农田建设模式，包括供水排水一体、道路硬化兼做晒场一体、田埂相连一体、物理驱虫灭虫一体、监控与追溯及田间土水气风温测定一体。

供水、排水系统取消了沟渠，改用管道，避免渗漏，提水口采用电磁阀控制，自动控制给水量，可以节水 60％以上。整个排灌系统 U 形管放在田埂下面，节约土地 5％~8％。

泥土固化剂硬化路面兼晒场，能够解决雨季田间道路泥泞，影响作业效率和错过丰产播种季节等问题，使用年限达到 20 年以上，实现全天候作业目标，解决晾晒水稻、存放场地和产品及时运输问题。

田埂改用植物纤维板材料拼接，节约土地，免去田埂除草和修整田埂维护费用，实现了农民"穿着皮鞋种田"的梦想，极大地改善了农民耕作环境和大幅降低了农民劳动强度。

物理驱虫灭虫一体。结合频振仪（驱爬虫）、黑光灯（灭飞虫）等物理驱虫灭虫技术，不使用杀虫剂和农药，使水稻产品达到生态化标准。白天可以用频振仪驱虫，驱走对声波敏感的虫子，如老鼠、蚂蚱、蝴蝶，而不用杀虫剂；晚上用黑光灯将虫子都吸引到一起消灭，通过虫情捕捉仪检测捕捉到的虫子数量和品种，并以此判断虫害是否会大暴发。

监控与追溯及田间土水气风温测定一体。每块田所在的位置不同，田里的湿度、风力和风向是有差别的。而气象台预报的风力是全区域的平均数，不能体现田块差别。为了能够科学管理田地，尽可能减少各方面成本，国沄公司研究出了一种多功能的机器——全科仪，在仪器顶端可以观测到风向、风力，通过互联网反映到电脑上，为管理稻田提供了科学依据。全科仪的感应探头还可以监测到气温、水温、地温、湿度，每天的数据会形成曲线图，如果曲线图没有重合，就会发生报警，从而判断是哪块田地由于什么问题导致的，并直接到田地把问题解决，省去了在田地找原因的时间和精力。

2. "膜播节控"栽培技术

生态水稻"膜播节控"栽培技术又称生态水稻"旱播湿管"种植技术（覆膜直播），是在完成"五位一体"现代水田基础设施建设的基础上实现的，从22个生产环节变为9个环节，省去了劳动密集型的前期育秧、插秧环节。生态水稻"膜播节控"栽培技术利用黑色生物降解薄膜，将种子粘在降解薄膜上，采用三角形排列，铺设到提前旱整标准的水田里，即"膜播"，起到节水、节肥、控草、控虫的作用，即"节控"。本栽培技术能改善稻田通风透光性，使土地和阳光利用率达到最大化。经权威机构检测，三角形栽培通风抗病，能够提高作物光合作用效率10%，提高产量5%～8%。

（三）工作成效

一是从源头解决粮食食品安全问题，使实现大规模有机种植成为可能。该模式将种子和有机肥粘到可降解膜上，形成膜带，用覆膜机铺设到田间，利用黑色降解膜灭草，使用生物有机肥，有效控制水稻种植的重要环节，既能保证水稻产量又能提高品质，可使总种植成本降低15%以上。

二是节本增效十分明显。该模式不育苗、不插秧，可最大限度地提高耕作效率、降低耕种成本和劳动强度、改善耕种环境，实现农民"穿着皮鞋种田"和农业生产工业化的梦想。

三是大大减轻土壤污染。该模式采用覆膜技术，膜带自动灭草，不施除草剂。强制使用生物有机肥，不使用化肥，使土壤不断得到改良，形成团粒结构，不断恢复地力，逐步实现土壤良性循环。

四是提高粮食产量，独有的三角形栽培方式比常规旱育稀植模式产量提高 5%～8%，且秸秆强壮、病害较轻、根系粗壮，使光合利用率提高 10%，为作物丰产、营养物质积累创造了条件。

十五、海洋牧场保险助力
"海上粮仓"发展

为认真落实山东省委、省政府海洋强省建设方案，打造乡村振兴齐鲁样板，中华保险山东分公司开办海洋牧场保险，为日照市海洋牧场提供风灾与高温风险保障，在 2022 年 9 月"梅花"台风灾害中有效地补偿了投保牧场灾害损失，有力地促进了海洋牧场恢复生产、重新起航。

（一）相关背景及目标

1. 产业发展迅速，保险保障缺失

山东省海洋资源丰富，海水养殖年产值约 1 000 亿元，省级及以上海洋牧场 83 处，居全国首位。海洋牧场投资大、风险高，一旦发生灾害，养殖企业血本无归。"经营海洋牧场，最怕的就是台风。"多个海洋牧场经营人都这么表示。保险保障是补偿损失、恢复生产的必然需求。海洋牧场不但具有水下养殖数量难查验、损失难测定的特点，而且养殖区域位于中远海，风险数据少、查勘定损难、服务成本高、理赔压力大，让众多保险公司望而却步。多年来海水养殖保险发展缓慢，在全省的农业保险占比仅为 0.5％。

2. 助力产业振兴，打造齐鲁样板

建设海洋强省，是服务国家发展大局的需要，是加快山东高质量发展的需要，是创造经略海洋新路径的需要。海洋牧场建设是海洋产业体系的重要组成部分，也是"海上粮仓"建设的主体，发展

空间巨大。2018 年，习近平总书记在山东视察时指出"海洋牧场是发展趋势，山东可以搞试点"，赋予山东"打造乡村振兴的齐鲁样板"的使命。近些年，山东省陆续出台《2018 年山东省海洋强省建设实施方案》《山东省现代化海洋牧场建设综合试点方案》，逐步将海洋牧场纳入保险保障范围，通过保险公司提供风险保障服务助力海洋产业振兴。中华保险以此为契机，立足农户需求、创新科技产品、提升服务能力，助力"海上粮仓"发展。

（二）主要做法

为认真落实山东省委、省政府海洋强省建设方案，打造乡村振兴齐鲁样板，中华保险经过深入调研、科学论证、大胆创新，引进科技公司共同研发推出海洋牧场巨灾保险，将台风和海水积温指数纳入海水养殖保险责任范围，突破海水养殖保险承保难、理赔难的技术问题，为海洋牧场"耕海牧渔"撑起"保护伞"。

1. 创新产品，契合客户需求

为确保保险方案的科学性、可行性，中华保险多次组织多个海洋牧场经营者进行座谈讨论、面对面沟通，全面掌握养殖企业所面临的风险点及保险需求。同时，引进第三方科技公司提供技术及气象数据支持，参与保险方案制定。通过对日照市 20 余年的历史气象数据、台风过境数量、海水温度变化值等因素的分析，合理拟定保险责任、赔付方式等产品要素，在产品设计方面实现创新突破。一是责任清晰，便于操作。保险方案采取天气指数设计方式，灾害等级触发对应指数阈值即可申请赔付，不但责任清晰通俗易懂，而且克服了查勘定损的难题。二是解决痛点，契合需求。海浪和高温是造成海洋牧场灾害损失的两个最重要因素，保险条款以台风和海水积温为保险责任，抓住养殖企业最需要和最关注的保险需求。三是费率优惠，保障充足。为促进海洋牧场保险尽快试点起步，采取降低成本、让利于民的方式，费率设计低于传统政策性养殖保险，有效降低了养殖企业保险成本。四是灵活组合，自主选择。保险金额按份设计，台风和海水积温分别设定保险金额、费率，养殖企业可根据自身需求选择购买份数及灾害类型。

2. 公开透明，承保理赔简单

投保时，养殖企业只需提供海洋权属证明和养殖证明即可，保险公司无需进行水下验标、核实养殖数量，彻底解决海水养殖承保难的问题。灾害发生后，触及即赔付，无需现场查勘定损，根据台风级别和海水积温确定赔付额度。台风数据来自中国气象局网站，海水积温数据来自欧洲哥白尼海洋服务中心。此方式快速赔付、简单易操作、理赔服务效率高，能够被海洋牧场企业普遍接受。

3. 发挥合力，试点成功开展

该业务试点开办以来，在各方的支持配合下，中华保险已成功为 7 个海洋牧场提供 2 600 万元的风险保障服务。一方面，地方政府提供了财政补贴。为减轻养殖企业负担，日照市财政、海洋渔业部门补贴了 50％保费，有效降低了养殖户投保成本。另一方面，海洋牧场协会助力推进宣传。地方海洋牧场协会充分发挥行业公信力，协助加大海洋牧场保险宣传力度，突出保障优势和补贴政策，提升了养殖企业投保的积极性。除此之外，龙头企业充分发挥风险意识足、保险需求强的引领作用，龙头企业的充分认可、积极投保，有效带动了周边企业。

（三）工作成效

1. 及时理赔，助力复工复产

2022 年 9 月 15 日，台风"梅花"过境日照海域，造成日照海域养殖的海产品大面积受损，台风中心风力 9 级，其路径穿过约定触发线，触发海洋牧场保险责任，赔付金额共计 104 万元，赔款 5

日内快速到账。海洋牧场保险赔付充分验证了保险对经济发展的保障作用。在强大的经济支撑和风险保障下，日照"海洋农业"高质量发展，特别是海上养殖业的高质量发展就有动力、有活力，就能在马拉松式的发展赛道上，持续跑出加速度。

2. 保险增信，引入金融活水

养殖企业贷款难，不是银行不想贷，而是养殖企业养殖数量、经营情况不好掌握，造成信息不对称，再加上突发养殖风险等不确定性因素，让银行不敢贷、不能贷。以往针对海洋业经营者的授信额度较小，少的有 20 万～30 万元，多的也只有 100 万元，往往还需要有抵押物。为解决贷款这个难题，中华保险山东分公司积极引入银行、省农担、蓝色产权等相关金融机构，联合开展普惠金融服务，将海洋牧场巨灾保险的投保作为信用状况的重要参考，通过海域抵押、保险增信等多种方式为客户引入生产资金，目前已成功授信 2 家养殖企业，授信总额 960 万元。中华保险充分发挥特色农险经营优势，强化创新引领，拓展"保险＋"，在保险业务与金融服务的嫁接上蹚出了一条新路，实现银行与保险互动。以保险作为增信基础，建立闭环风险防控体系，有效解决了海洋牧场企业融资难题。

（四）经验和启示

由于海洋渔业生产养殖品种、模式、区域等的不同，生产过程中主要风险因素也相差很大，如何设计出契合渔业养殖风险需求的产品至关重要，同时也非常考验公司风险控制、推广营销的能力。因此，在产品设计过程中，要充分调研养殖户的需求、搜集历史数据、抓住关键影响因子，也要考虑承保理赔实务执行过程中的科学性和可行性，进而取得服务实效。

海洋经济及产业具有投入高、周期长、技术壁垒高、资金密集等特点，其面临的风险更高。与庞大的海洋经济需求相比，海洋保险发展稍显滞后。下一步，中华保险将进一步深入调研，加大产品创新力度，结合实际研究人身及财产综合保险服务需求，积极探索碳汇指数、出海指数、风暴潮等创新产品，有针对性地开发巨灾保险、航运保险、滨海旅游保险、海洋环境责任保险、海洋科技保险等保险产品。同时，强化融资增信服务，积极促进银保深度融合，为海洋经济发展提供综合金融服务。

十六、"3＋X"帮扶体系助力乡村振兴的新疆实践

(一)背景及目标

保险扶贫作为金融扶贫的重要组成部分和精准扶贫的政策工具,在防范和化解贫困人口风险方面发挥了不可替代的作用,在"后脱贫时代",保险持续发挥其在财产保障、人身保障、融资增信等多方面的独特功能,助力"三农"持续向好发展。近年来,中华保险新疆分公司紧紧围绕保险保障核心职能,接续做好定点帮扶工作,不断探索保险帮扶的新途径,形成了以农业保险、大病保险、民生保险为核心,以民生帮扶、产业帮扶、消费帮扶、驻村帮扶、培训帮扶为重点的"3＋X"全方位帮扶体系,全面推进乡村振兴。

(二)主要做法

1. 深化保险帮扶,撑起防贫"保护伞"

立足行业优势和自身专业能力,中华保险新疆分公司将保险帮扶理念与地区发展实际相结合,创新保险帮扶模式,健全多维风险保障体系,为新疆各族群众保驾护航。充分发挥保险的经济补偿、社会管理和资金融通三大功能,探索建立健全以农业保险、大病保险、民生保险为核心的多维帮扶体系,保险保障广度和深度不断拓展,保险补偿作用日益彰显,为乡村振兴工作提供了有力的保险支撑。积极开展南疆四地州优势特色农产品保险,助力巩固拓展脱贫

攻坚成果。2022 年，优势特色林果保险承保面积 139.6 万亩，惠及农户 10.4 万户，提供风险保障 21.2 亿元，有效助力农民稳产增收。着力发展健康保险，为农村人口织密健康保障网。为近 400 万人提供了 9 000 亿元的意外及医疗风险保障，形成基本医疗保险、大病保险和精准帮扶联动模式，帮助一户户家庭摆脱"因病致贫、返贫"的困境，防止"病根"变"穷根"。探索开发政府防贫救助责任保险，构筑风险防范屏障。2019—2022 年，政府防贫救助责任保险为新疆 27.7 万农村人口提供了超过 20 亿元保险保障，有效防止群众因病、因灾、因意外事故而致贫、返贫，凭借其普惠性、精准性和补偿性的特点，在巩固拓展脱贫攻坚成果中发挥了"兜底"作用。

2. 开展多元帮扶，强村富民谱新篇

开展产业帮扶，促进帮扶地区发展增收。2022 年，中华保险新疆分公司助力示范投入帮扶资金 208 万元，实施民宿建设、牧业发展等 7 个项目，投资 120 万元，带动就业 36 人，帮助农村人口稳岗就业 76 人，其中脱贫人口 26 人。发展特色养殖业、盘活庭院经济、富余劳动力转移就业，多措并举，不断拓宽职工增收就业渠道。开展消费帮扶，助力脱贫地区特色产品销售。推动形成"人人皆可为、人人皆愿为、人人皆能为"的消费帮扶良好格局，促进农民特别是脱贫群众持续稳定增收。开展特色帮扶，中华保险塔城分公司在帮扶村举办丰收节、采摘节系列活动，并在农产品销售过程中组织发动全辖员工及身边亲朋好友积极参与，采取结对帮扶、集中采购、以购代捐、以买代帮等方式，帮助农户增收。开展民生帮扶，连续多年开展"大手牵小手 中华共童行"公益活动，为少年儿童的健康成长提供持续关怀。持续深化对口帮扶，助力帮扶地区短板弱项基础设施建设，2022 年投入 39 万元专项资金用于恰尔巴格乡炮台村的人居环境改造，另外募集资金 67.4 万元，用于炮台村进户改厕项目。

3. 开展"访惠聚"，为民办事暖民心

中华保险新疆分公司主动加入新疆"访民情、惠民生、聚民心"，将精准帮扶与维稳工作有机结合，制定印发了《中华保险新疆分公司党委关于加强包联第一书记和"访惠聚"工作队有关工作的通知》《中华保险新疆分公司 2022 年定点帮扶和乡村振兴工作计划》等系列文件，建立了党委班子联系驻村点制度，搭建了党建帮扶体系。积极响应"访惠聚"驻村工作要求，中华保险新疆分公司发动全系统入驻喀什、和田、阿克苏、图木舒克第三师等新疆 16 个地区对口扶贫村。自 2017 年开展"访惠聚"驻村工作以来，每年选派 90 余名党员干部深入 42 个多村队（社区），先后投入 1 600 万元实施村级惠民生项目。建立了一支政治素养高、事业心强、工作作风实、综合能力强的支农队伍，有效推动了帮扶措施精准到户，同时极大地加强了基层组织，为稳疆固边奠定了坚实基础。中华保险"访惠聚"工作队创新开展"为群众办实事"活动，动员农民进行土地流转，就业人员从土地中解脱出来以后，推荐到卫星工厂、合作社、工业园区等企业就业。

4. 丰富保险产品供给，开创保"价"护航新思路

中华保险新疆分公司致力于为农户继续提供保障高、保障全、价格低的保险产品，并充分利用风险管理专长，引入"保险＋期货"产品，分散农业生产者的价格风险，稳定农民基本收益，帮助避免"枣贱无市"及"价格冲击"等市场风险造成脱贫人员重新返贫。2022 年，中华保险新疆分公司根据市场需求，开发、报备农业保险产品 27 个，当年新报备产品中有 20 个产品已实现业务落地，保费共计 3 100 余万元，提供风险保障超过 11 亿元。密切与大连商品交易所沟通，积极争取当地政府的支持，开展生猪及猪饲料价格"保险＋期货"试点，已在兵团一师、四师、五师、六师、

八师和九师承保生猪 6.8 万头，保费 425 万元，提供风险保障约 1.2 亿元；积极申报郑州商品交易所"保险＋期货"项目，甜菜、红枣、棉花等 5 个项目分别落地兵团一师、三师、九师和麦盖提县。"保险＋期货"项目取得了良好实施效果，有效保障了农户稳定经营和收入增长。

5. 创新"送学上门"，"文化润疆"正当时

中华保险新疆分公司深入贯彻落实新时代党的治疆方略，将"文化润疆"作为重中之重，以铸牢中华民族共同体意识为主线，积极宣传国家强农、惠农政策，多次前往帮扶乡村开展农业保险、意健险、车险、财责险专题宣讲，提高村民的保险意识，将村民在生产生活中受不可控因素带来的损失降到最低。同时，开创了"送学上门"常态化服务机制，在向村民赠送各类学习书籍的基础上，定时邀请种植业、养殖业专家深入村民田间地头、养殖圈舍，解决村民在生产过程中遇到的实际困难，提高了帮扶村抵御风险的能力，为巩固帮扶成效打下了坚实基础。

6. 依托网点稳就业，帮扶"输血"变"造血"

为打通服务农民群众"最后一里路"，将保险服务延伸到农民家门口，实现保险服务面对面，中华保险新疆分公司不断加大农险基层服务网点及协保员队伍建设，以中心乡镇网点辐射广域乡村。在新疆共设立 21 家三级机构、334 家支公司与营销服务部，覆盖新疆各地，实现农险服务不出村。充分利用公司机构全、网点多的特点，开展就业帮扶，解决帮扶地区家庭就业难的问题。2022 年解决了 854 名人员的脱贫就业问题，变"输血"为"造血"。

（三）主要成效

1. 提升农村低收入群众的保障水平

中华保险新疆分公司通过提供多元的农业保险产品，深化"提标、扩面、增品",提高农牧业抵御风险的能力,进一步推动当地产业发展。通过开办健康保险和政府防贫救助责任保险,保障边缘脱贫人群在因灾、因病、因学致贫或返贫时,能够得到保险赔付,形成防止返贫的"兜底"保障。

2. 促进边缘贫困群体经济共荣

中华保险新疆分公司通过开展消费帮扶、产业帮扶、就业帮扶等多种形式的帮扶活动,让群众增收有保障、事业有奔头。通过开展"大手牵小手 中华共童行"公益活动,帮助乡村学校改善体育教育缺失的状况,阻断贫困代际传递的穷根。

3. 保障新疆地区社会的稳定

中华保险新疆分公司通过开展多种形式的宣传活动和丰收节等活动,弘扬和培育社会主义核心价值观,提高了村民的保险意识以及国家强农政策的渗透度。同时,开展长效的"访惠聚"工作,促进同帮扶地区的联系,进一步融洽了干群关系,以铸牢中华民族共同体意识为主线,促进了新疆地区的社会稳定。

(四) 经验和启示

1. 因地制宜,因地施策

保险兼具经济补偿、信贷增信和社会管理的功能,与帮扶的发展理念天然契合。中华保险新疆分公司立足新疆的地理位置、特色产业、文化底蕴等特点,将保险帮扶理念与地区实际相结合,开创了独具特色的"3+X"帮扶体系。

2. 多元模式,多维支持

中华保险新疆分公司积极参与援疆、支边、启智、敬老、济困、医疗等公益慈善活动,通过开展多元帮扶,为巩固拓展脱贫攻坚成果提供全方位的保障,为进一步支持国家乡村振兴战略和促进经济社会共生共荣、融合发展贡献保险力量。

3. 深化发展，持之以恒

脱贫摘帽不是终点，而是幸福生活的起点。未来，中华保险新疆分公司将进一步增强保险服务的广度、深度与力度，持续巩固结对帮扶成果，接续推进乡村振兴新发展，为促进农业高质高效、乡村宜居宜业、农民富裕富足的良好格局贡献保险力量。

十七、贵州习水推进"保险＋期货" 项目实践

贵州习水依托资源优势，大力推动生猪全产业链高质量发展，通过引入"保险＋期货"项目，构建产业风险管理体系。

（一）习水生猪产业发展概况和存在的问题

1. 贵州习水生猪产业概况

生猪养殖产业作为支撑国家农业体系的重要组成部分，是习水县实现农民收入稳定与增长、促进地方经济持续繁荣的重要驱动力。习水县以"四在农家·和美乡村"建设为载体，依托丰富的生态资源优势，大力发展生态畜牧业，扩大生猪养殖产业规模。2023年，习水县生猪存栏 60.4 万头，能繁母猪存栏 6.1 万头，出栏总量 84.45 万头，贡献产值约 24.28 亿元。为进一步提升生猪养殖业的综合效益与可持续发展能力，习水县致力于打造一个完整的生猪产业链，促进生猪养殖的规模化、标准化发展，为生猪产业的现代化、产业化发展开辟新路径。

2. 习水生猪产业面临的主要问题

一是生猪养殖成本高。农业农村部、国家发展改革委、商务部、海关总署、国家统计局联合发布的数据显示，2023 年 5 月全国猪粮比价 5.17，散养生猪每头成本 2 295 元，规模养殖每头成本 2 175 元；同期，散养生猪每头亏损 420 元，规模养殖每头亏损 223 元。经测算，贵州习水一头出栏标猪的饲料成本约占饲养总成

本的 68%。由此可知，生猪养殖成本过高会压缩利润甚至亏损，其中，饲料成本是最大的成本组成部分。

二是生猪养殖规模化程度低。根据农业农村部、国家统计局官方统计数据，2023 年我国生猪养殖规模化率达到 68%。习水县生猪养殖 500 头以上的规模养殖场有 272 个，建成年出栏 10 万头商品仔猪繁育场 2 个、年出栏 20 万头商品仔猪场 1 个，生猪养殖规模化率不到 52%，远远低于全国平均水平。

三是生猪产业链不完善。在生猪养殖产业链中，上游涵盖猪饲料与兽药业，中游为核心养殖环节，下游则连接屠宰与加工，最终产品流向消费市场。然而当地消费市场空间有限，习水县的生猪大部分调出。习水县生猪养殖、屠宰加工、冷链运输等环节之间的衔接不够紧密，导致资源利用效率低。

3. 贵州习水生猪产业引入"保险＋期货"的目标与意义

一是目标。依托习水县作为生猪调出大县的优势，运用政策性农业保险工具，创新性地引入"保险＋期货"项目，深度挖掘并充分利用期货市场与保险市场的价格发现与风险规避功能，为生猪产业筑起一条全新的价格风险防护屏障，帮助实现生猪产业发展的"套期保值"战略目标。

二是意义。农户或农业经营者为规避市场价格风险向保险公司购买农产品价格或收入保险产品，保险公司通过向期货经营机构购买期权将赔付风险转移，期货经营机构利用期货市场进行风险对冲。该模式的推广应用，不仅显著增强了生猪产业对抗价格波动风险的能力，还极大地丰富了我国生猪保险产品的种类与功能，保障生猪产业的持续稳定发展。具体而言，一方面，"保险＋期货"模式为农户和养殖企业筑起了一道风险防护网，使他们能够提前锁定收益预期，规避市场价格波动带来的不确定性，从而稳定收入、增强经营信心；另一方面，保险公司通过向期货公司购买期权，有效分散了自身的赔付风险，实现了风险管理的精细化与高效化，为生猪产业的快速、健康、可持续发展注入了强劲动力。

（二）习水生猪产业风险管理的主要做法

1. 习水生猪"保险＋期货"项目

一是习水生猪"保险＋期货"项目投保概况。习水生猪"保险＋期货"项目由当地 31 名农户向保险公司购买生猪期货价格保险，保险公司通过向中信中证资本管理有限公司购买生猪看跌期权进行"再保险"，中信中证资本管理有限公司通过复制场外期权进行风险对冲，将风险分散至期货市场。图 12 为"保险＋期货"项目业务流程。

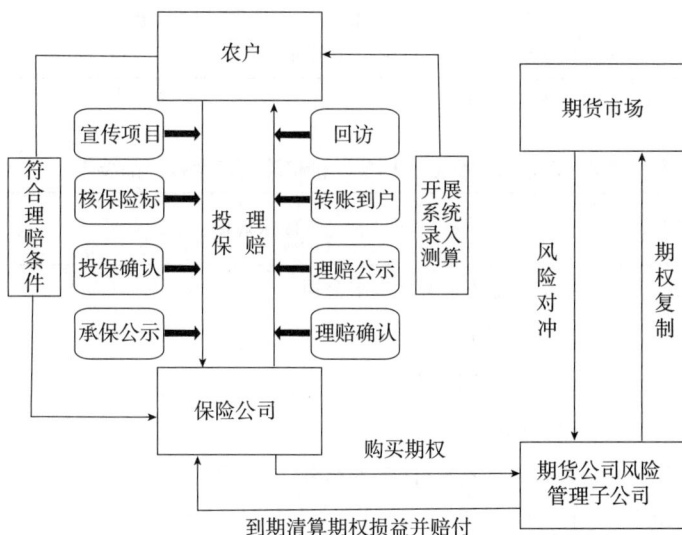

图 12　"保险＋期货"项目业务流程

该项目承保期限为 2023 年 5 月 30 日至 2023 年 7 月 3 日，总保费约 23.7 万元，其中省、市、县财政补贴 16.6 万元，其余保费由被保险人承担。该项目保险保障金额约 705 万元，为当地 31 户养殖户共计 431.5 吨生猪提供风险管理服务，规避因生猪价格下跌而导致的收入下滑风险，保护广大养殖户的经济利益，提高养殖户的生产积极性。该项目保险产品要素见表 7，期权产品要素见表 8。

表 7　习水县"保险＋期货"价格险项目保险产品要素

项目类别	具体数据
标的名称	生猪
承保期限	2023 年 5 月 30 日至 2023 年 7 月 3 日
保险规模	431.5 吨
保险数量	4 315 头
保障目标价格	16 340 元/吨
总保额	705 万元
总保费	23.7 万元
保费率	3.36％
保费来源	贵州省、遵义市、习水县财政分别补贴保费 9.5 万元、4.7 万元、2.4 万元，养殖户自缴 7.1 万元

数据来源：中信中证资本管理有限公司。

表 8　习水县"保险＋期货"价格险项目期权产品要素

项目类别	具体数据
期权卖方	中信中证资本管理有限公司
期权买方	某保险公司
期权类型	亚式增强看跌期权
期权标的物	LH2309
期权存续期	2023 年 5 月 30 日至 2023 年 7 月 3 日
期权参与率	100％
权利金总额	20.5 万元
期权权利金率	2.91％
执行价格	16 340 元/吨
标的数量	431.5 吨
结算价格	15 929.57 元/吨

数据来源：中信中证资本管理有限公司。

二是习水生猪"保险＋期货"项目理赔情况。该项目到期终止，以 15 929.57 元/吨作为结算价格，结算价格小于目标价格，中信中证资本管理有限公司按照"Max（执行价格－结算价格，0）×标的数量"的理赔公式对保险公司进行理赔，理赔总额为 17.71 万元。保险公司从中信中证资本管理有限公司得到理赔款后，对投保生猪价格险的 31 名养殖户进行赔付，每吨理赔 410.43 元。表 9 为习水县"保险＋期货"理赔详情数据。

表 9 习水县"保险＋期货"理赔详情数据

项目类别	具体数据
保障目标价格	16 340 元/吨
理赔结算价格	15 929.57 元/吨
每吨理赔	410.43 元
理赔总额	17.71 万元
保费总额	23.7 万元
赔付率	74.76%
保险理赔公式	Max（目标价格－结算价格，0）×保险数量
期权理赔条件及结算公式	到期结算价格＜目标价格，结算金额＝Max（执行价格－结算价格，0）×标的数量

数据来源：中信中证资本管理有限公司。

三是习水生猪"保险＋期货"项目套期保值情景分析。保险公司向期货公司风险管理子公司购买生猪看跌期权，同时为养殖户售出价格险，实现套期保值目标。从是否触发保险理赔条件来分析生猪"保险＋期货"项目是否实现套期保值目标，共有两种情形。第一种情形是生猪现货价格下跌至触发保险理赔条件，即到期结算价格＜目标价格，此时农户可获得保险公司的赔付；保险公司将对农户的赔付压力转移至期货市场；期货公司需对保险公司进行赔付，但是期货公司可以通过有效的风险管理策略，在期货市场获得额外收益，即以场内期货复制期权来保持风险中性，将风险进一步分散至期货市场的其他参与者，实现了风险转移和分散。第二种是生猪市场价格上涨，未触发保险理赔条件，即到期结算价格≥目标价格，农户可直接销售生猪获得市场价格上涨带来的利润；保险公司无需进行赔付，但可能需要支付少量的业务成本支出；期货公司收到保险公司期权权利金等费用，且期货公司仍然按照风险中性原则在期货市场复制期权；期货市场价格可能受到现货市场价格上涨的影响而同步上涨，使期货公司产生对冲亏损，风险依旧转移到期货市场。

四是习水生猪"保险＋期货"项目效益分析。基于本案例的数据养殖户购买保险支付了7.1万元保费，因价格下跌满足赔付条件，共收到保险公司赔付款17.71万元，赔付比例高达养殖户自缴保费的2.5倍。

对于看跌期权的买方（某保险公司）来说，只有当收益大于购买期权支付的权利金时，买方才实现盈利。同时，期权买方的损失是有限的，最大的损失为购买期权时所支付的价格，即20.5万元的期权权利金。保险公司在期权存续期结束时行使期权，以执行价格16 340元/吨卖出标的物LH2309，获得17.71万元的差价收益。

中信中证资本管理有限公司作为看跌期权卖方，获得权利金的同时也承担着潜在巨大损失的风险，因此通过场内期货复制期权保持风险中性。图13为看跌期权买卖双方损益，其中K为行权价格，横轴表示期权到期时的期货合约价格，纵轴表示利润/亏损。由此可知，保险公司收益为17.71万元，中信中证资本管理有限公司通过场外复制期权对冲风险。

2. 生猪产业"保险＋期货＋订单"模式

中信中证资本管理有限公司在调研过程中发现了中小家庭农场对于保价销售的需求，于是在原"保险＋期货"的模式下增加保价

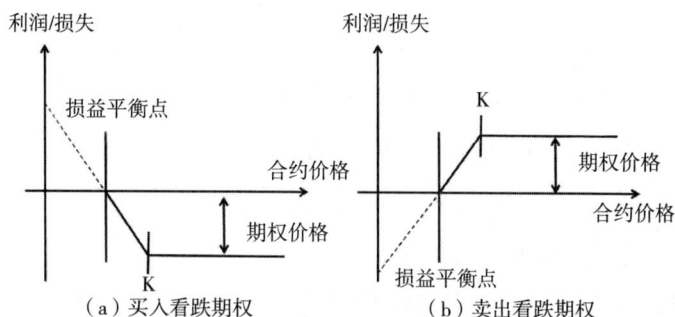

图 13 看跌期权买卖双方损益

购猪的新模式，通过保单实现期货的价格发现功能和中小型家庭农场保价销售需求的有机融合。

此外，为了更全面地助力养殖户解决保价销售难题，贵州富之源科技集团参与"保险＋期货＋订单"模式，与家庭农场签订了商品猪购销合同，提前锁定了一个具有保障性的收购底价，从而有效缓解了养殖户在价格波动中的压力，并确保了稳定的销售渠道。这一举措打破了传统定价购销模式的局限，使得养殖户能够在有效规避价格下跌风险的同时，还能在市场价格上扬时分享到增值收益，真正实现了风险管理与收益增长的双重保障，同时也为生猪市场的稳定供应提供了有力支撑。

（三）贵州习水生猪"保险＋期货"项目成效

1. 有效应对猪周期价格风险，提高保障程度

"保险＋期货"项目的成功运行，帮助习水县生猪养殖户规避了生猪价格波动对养殖利润带来的冲击，增强了养殖信心，为当地生猪养殖业提供了有力的风险保障。贵州习水生猪"保险＋期货"项目总保费 23.7 万元，投保标的保险总金额为 705 万元，保险保障放大倍数近 30 倍。农户自缴资金为 7.1 万元，保险保障放大近100 倍。

2. 减轻养殖压力，稳定生猪产业

习水县依托"保险＋期货"这一复合型风险管理模式，不仅为生猪养殖户提供了更加全面的风险保障，还促进了能繁母猪、育肥猪、仔猪等生猪产业链各环节的资金补贴与协调发展，显著减轻了养殖户因市场价格波动而承受的经济压力，为生猪产业的稳定发展筑起了一道坚实的防线。

3. 满足生猪养殖户的多样化需求，实现互利共赢

习水县引入"保险＋期货"项目平衡了生猪养殖户、保险公司和期货公司三方的利益与需求。一方面，该项目紧密贴合生猪养殖户的实际需求，为生产者提供了有效的收入保障措施；另一方面，生猪养殖户通过保险机制将价格风险合理转移至保险公司，保险公司通过期权机制将赔付风险转移至期货公司，促进了保险公司和期货公司业务量的增长，实现了三方互利共赢的局面。

附　录

一、2023 年 11 月以来中国农业风险管理大事记

2023 年 11 月 18 日，中国农业风险管理研究会以"强化品牌引领，助推农业高质量发展"为主题的重庆市长寿区农业产业高质量发展研讨会暨"自然长寿"品牌推介活动在京举行。活动旨在深入贯彻落实习近平总书记关于"三农"工作的重要论述，谋划重庆市长寿区农业产业全链条升级新思路，打造"自然长寿"区域农产品公用新品牌，促进长寿区农业高质量发展。

2023 年 12 月 8 日，为做好冬春农业防灾减灾救灾工作，全力赢得夏季粮油丰收主动权，确保蔬菜等"菜篮子"产品稳定供应，农业农村部办公厅印发《今冬明春科学应对厄尔尼诺防灾减灾保安全稳供给预案》，要求各地牢固树立"防灾就是增产、减损就是增粮""防重于救"等理念，积极应对、主动避灾、科学防灾，切实减轻灾害损失。

2023 年 12 月 17 日，农业农村部针对北京、天津、河北、山西、江苏、浙江、安徽、福建、江西、山东、河南、湖北、湖南、广东、广西、陕西、重庆、贵州等省（自治区、直辖市）启动农业低温雨雪冰冻灾害四级应急响应。农业农村部要求各地密切关注天气变化，加强监测研判，及时发布预警预报信息，加强灾情调度，及时了解并帮助解决低温雨雪冰冻灾害防范应对工作中存在的实际困难和问题；组派专家和农技人员深入受灾一线，指导落实抗灾救灾和灾后生产恢复措施，最大限度减轻灾害影响；精心组织冬季农业生产，加强农业设施安全隐患排查，保障"菜篮子"产品市场供

应，确保农民群众生命财产安全。

2024年1月29日，农业农村部紧急部署安排中东部大范围持续雨雪冰冻天气防范应对工作，要求各级农业农村部门强化风险意识和底线思维，持续绷紧防灾减灾这根弦，努力把灾害损失降到最低，保障农业生产安全和蔬菜等"菜篮子"产品稳定供应。加强监测预警，落实防御措施；做好畜禽、水产品的设施设备防冻，及时储备补；精准指导服务，搞好生产恢复；抓好"菜篮子"产品生产，保障市场供应。

2024年1月30日，安盟财产保险有限公司（以下简称安盟财产保险）揭牌暨战略合作签约仪式在成都举行。安盟财产保险前身为"中航安盟财产保险股份有限公司"。2023年底，蜀道集团承接原股东之一中航投资控股有限公司持有的50％股权，成为其新股东，而法国安盟保险集团持股50％不变。双方将以更名为新起点，继续发挥法国安盟保险集团的农业保险专业优势，创新推动蜀道集团赋能的市场拓展和商业保险布局，逐步形成在细分领域产品、服务、渠道等方面的核心竞争力。

2024年2月7日，农业农村部召开专题会议，视频调度有关省份雨雪冰冻灾害有关情况，研究部署灾后生产恢复和近期防灾减灾工作。会议强调，要认真贯彻落实习近平总书记重要指示精神，落实党中央、国务院部署要求，牢固树立底线思维、极限思维，站在统筹发展和安全的高度，把防灾救灾减灾作为农业生产的长期基础性工作、当前阶段性紧急任务来抓，以"时时放心不下"的责任感，时刻绷紧这根弦，采取有力有效举措，全力保障农业生产安全和"菜篮子"产品稳定供应。

2024年2月20日，农业农村部向湖南、湖北、贵州、河南、江苏、安徽等重点省份派出4个工作组和25个科技小分队，指导地方科学防范应对此轮雨雪冰冻天气。一是分析研判灾害影响。深入低温雨雪冰冻天气影响地区，分作物、分生育期调查了解灾害性天气影响，科学评估灾损情况。二是落实科学抗灾措施。会同地方农业农村部门，分区域分作物完善防御低温雨雪冰冻灾害技术意见，指导各地及时落实清理"三沟"、清除冻薹冻叶，喷施叶面肥，设施除雪加固、防风增温等防寒抗冻措施。三是强化指导服务。蹲点包片、进村入户，采取面对面现场授课、广播电视、网络平台、微信公众号、短视频等线上线下多种形式开展指导培训，及时了解并帮助解决实际困难和问题。

2024年3月13日，财政部会同农业农村部下达中央财政农业生产防灾救灾资金8.3亿元，支持江苏、安徽、河南、湖北、湖南等12省份加快做好农作物改种补种、农业及畜牧渔业设施灾损修复等相关防灾减灾救灾工作，为促进夏季粮油生产开好头、起好步提供有力支撑。

2024年第一季度，我国自然灾害形势复杂严峻，灾害时空分布差异大，以低温雨雪冰冻、地震和地质灾害为主，干旱、风雹、洪涝、沙尘暴和森林火灾等也有不同程度发生。各种自然灾害共造成全国26个省（自治区、直辖市）1 037.9万人次不同程度受灾，因灾死亡79人，紧急转移安置11.1万人次，需紧急生活救助46.8万人次；倒塌和损坏房屋6.6万间；农作物受灾面积944.3千公顷；直接经济损失237.6亿元。

2024年4月13日，中国农业风险管理研究会农业保险分会、内蒙古农业大学经济管理学院在呼和浩特市共同举办"贯彻中央一号文件精神促进农业保险高质量发展学术研讨会暨第20期农险论坛"。会议指出，建设农业强国要以维护农业产业安全为前提，高度重视农业风险管理的功能和作用。突出粮食安全、瞄准特色农业、聚焦设施农业，以及维护农业生态是确保农业产业安全、助力农业农村现代化的重点任务。运用好金融、保险、期货等金融工具，通过增强金融支农精准度与实效性、全面提升农业保险服务质效、完善金融衍生品市场分散农业风险、数字赋能巩固农业产业安全等多种手段，丰富完善具有中国特色的农业风险管理体系。

2024 年 4 月 24 日，中华保险辽宁盘锦中心支公司在盘锦市农业农村局的指导与支持下，在盘锦市大洼区成功落地贝类碳汇价值养殖成本综合保险。此项目为辽宁省内首个落地的"海洋碳汇保险"项目，为辽宁浩洋渔业发展有限公司"杂色蛤底播增殖养殖项目"的 1 万亩海域，提供了 1 690 万元碳汇价值与养殖成本的风险保障。

2024 年 5 月 1 日，财政部会同农业农村部、水利部于下达农业防灾减灾和水利救灾资金 3.09 亿元，支持浙江、福建、江西、湖南、广东、广西、贵州 7 省（自治区）全力做好洪涝救灾等相关工作。一是安排农业生产防灾救灾资金 1.55 亿元，支持浙江、江西、广东、贵州等地抓住春季生产关键时期，抓紧开展汛后农作物改种补种、农业生产设施水毁修复等工作，切实保障粮食生产平稳有序。二是安排水利救灾资金 1.54 亿元，支持福建、江西、湖南、广东、广西等地加快推进水毁水利工程设施修复，落实落细各项洪涝灾害防灾救灾措施，及时防范化解风险隐患，牢牢把握防汛救灾工作主动权。

2024 年 5 月 21 日，为推动提升农业保险保障水平，稳定种粮农户收益，支持推进乡村全面振兴，更好保障国家粮食安全，财政部、农业农村部、金融监管总局联合发布《关于在全国全面实施三大粮食作物完全成本保险和种植收入保险政策的通知》。

2024 年 5 月 30 日，农业农村部会同水利部、应急管理部、中国气象局印发《科学应对汛期自然灾害奋力夺取粮食和农业丰收预案》，要求各地坚持以防为主、防抗救相结合，细化实化关键措施，抓好抓牢灾情防控，切实减轻灾害损失。

2024年6月11日，针对近期持续高温干旱对农业生产造成的不利影响，农业农村部对河北、山西、江苏、安徽、山东、河南、陕西等省份启动农业重大自然灾害四级应急响应。应急响应要求相关省份加强旱情调度，及时反映旱情和抗旱保播工作进展情况，组派专家组和农技人员指导落实造墒播种、播后浇"蒙头水"、坐水种、干播等雨等抗旱措施，确保夏播顺利开展。

2024年6月14日，由中国农业风险管理研究会、清华大学两岸发展研究院共同主办的"首届精准农业与科技合作论坛"在福建省厦门市顺利召开。会议聚焦农业科技前沿，以"汇聚创新力量　抒写两岸农情"为主题，来自海峡两岸的行政部门、高校和科研院所的100余位专家学者、企业代表共同探讨如何深入推动两岸精准农业发展与创新，持续以科技创新助力农业强国建设。

2024年6月18日，中共中央总书记、国家主席、中央军委主席习近平对防汛抗旱工作作出重要指示。习近平指出，近期，南方多地持续出现强降雨，广东、福建等地发生洪涝和地质灾害，造成人员伤亡和财产损失，北方部分地区旱情发展迅速，南涝北旱特征明显。习近平要求，要全力应对灾情，千方百计搜救失联被困人员，妥善安置受灾群众，保障正常生产生活秩序，最大限度降低灾害损失。习近平强调，随着我国全面进入主汛期，防汛形势日趋严峻，各地区和有关部门要进一步强化风险意识、底线思维，压实责任、加强统筹，扎实做好防汛抗旱、抢险救灾各项工作。要加强灾害监测预警，排查风险隐患，备足装备物资，完善工作预案，有力有效应对各类突发事件，切实保障人民群众生命财产安全和社会大局稳定。

2024年6月29日，国家防总维持针对湖北、安徽、江西、湖南4省份的防汛三级应急响应和针对黑龙江、江苏、重庆、贵州、浙江5省份的防汛四级应急响应，维持针对河北、山西、内蒙古、山东 4 省份的抗旱四级应急响应，向江西、湖南 2 省份分别派出专家组重点强化工程巡查防守的指导，前期派出的 6 个工作组仍在黑龙江、江西、安徽、湖北、湖南、浙江一线协助指导防汛抗洪工作。

2024 年上半年，我国自然灾害以洪涝、地质灾害、干旱、风雹、低温冷冻害和雪灾为主，地震、台风、沙尘暴和森林草原火灾等也有不同程度发生。各种自然灾害共造成全国 3 238.1 万人次不同程度受灾，因灾死亡失踪 322 人，紧急转移安置 85.6 万人次；倒塌房屋 2.3 万间，损坏房屋 27.9 万间；农作物受灾面积 3 172.1 千公顷；直接经济损失 931.6 亿元。

2024 年上半年，由全国应急管理与减灾救灾标准化技术委员会（SAC/TC307）归口管理的《救灾帐篷　通用技术要求》（GB/T 44010—2024）、《基层减灾能力评估技术规范》（GB/T 43981—2024）、《自然灾害综合风险评估技术规范　第 1 部分：房屋建筑》（GB/T 44011.1—2024）、《应急避难场所　术语》（GB/T 44012—2024）、《应急避难场所　分级及分类》（GB/T 44013—2024）、《应急避难场所　标志》（GB/T 44014—2024）6 项国家标准由市场监管总局（国家标准委）批准发布，此 6 项标准将助力提升基层综合减灾能力，统筹规范应急避难场所全生命周期管理，保障人民生命财产安全，助推经济高质量发展。

2024 年 7 月 5 日，山东中西部遭遇强对流天气，菏泽、济宁、泰安等地出现 13 次龙卷风，通信、电力等基础设施和房屋损毁较重，因灾死亡 6 人，损坏房屋 9 400 余间，直接经济损失 4.9 亿元。内蒙古、新疆部分地区遭遇雷暴大风、冰雹等强对流天气，导致农作物倒伏、农业大棚等设施受损，农作物受灾面积 95.7 千公顷，直接经济损失 8.1 亿元。

2024 年 7 月 9 日，应急管理部组织视频调度会，连线各省、自治区、直辖市应急管理厅（局）和新疆生产建设兵团应急管理局，分析研判近期强降雨及洪水发展形势，针对性部署当前防汛抢险救灾工作。维持针对安徽、江西、湖北、湖南的防汛三级应急响应和针对黑龙江、山东、四川、重庆、江苏的防汛四级应急响应。

2024 年 7 月 25 日，台风"格美"先后在台湾宜兰和福建莆田登陆，给华南、江南、江淮等地带来较强风雨过程，共造成浙江、福建、江西、广东 4 省份 147.4 万人次受灾，紧急转移安置 21.6 万人次，直接经济损失 57.9 亿元。随后，台风"格美"残余环流深入内陆，给湖南等地带来极端强降雨，引发的洪涝和地质灾害造成湖南郴州、衡阳、湘潭等地 121.6 万人次不同程度受灾，因灾死亡失踪 94 人，紧急转移安置 9.6 万人次，直接经济损失 86.1 亿元。

2024 年 8 月 11 日，为加快经济社会发展全面绿色转型，中共中央、国务院下发《关于加快经济社会发展全面绿色转型的意见》。

2024 年 8 月 30 日，国务院总理李强主持召开国务院常务会议，研究推动保险业高质量发展的若干意见，部署落实大食物观相关工作，审议通过《加快完善海河流域防洪体系实施方案》和《网络数据安全管理条例（草案）》，讨论《中华人民共和国海商法（修订草案）》。会议指出，保险业在保障和改善民生、防灾减损、服务实体经济等方面具有重要作用。要夯实保险业高质量发展制度基础，牢固树立服务优先理念，充分发挥商业保险等市场机制作用，大力提升保险业保障能力和服务水平。要紧盯关键领域和薄弱环节加强监管，保障消费者合法权益，健全风险防范制度体系。

2024 年 9 月 8 日，为深入贯彻中央金融工作会议精神，进一步推动保险业高质量发展，国务院下发《关于加强监管防范风险推动保险业高质量发展的若干意见》。

2024 年 9 月 11 日，为深入贯彻中央金融工作会议精神，进一步推动保险业高质量发展，国务院对各省、自治区、直辖市人民政府，国务院各部委、各直属机构提出到 2029 年，初步形成覆盖面稳步扩大、保障日益全面、服务持续改善、资产配置稳健均衡、偿付能力充足、治理和内控健全有效的保险业高质量发展框架。保险监管制度体系更加健全，监管能力和有效性大幅提高。到 2035 年，基本形成市场体系完备、产品和服务丰富多样、监管科学有效、具有较强国际竞争力的保险业新格局。

2024 年 9 月 14 日，为进一步推动提升我国农业保险保障水平，稳定种豆农户收益，助力提升大豆种植积极性，更好服务保障油料供应安全，扩大实施大豆完全成本保险和种植收入保险，财政部、农业农村部、金融监管总局联合发布《关于扩大大豆完全成本保险和种植收入保险政策实施范围的通知》。

2024 年 9 月 14 日，为采取切实措施帮助养殖场户渡过难关，稳定肉牛奶牛生产，农业农村部、国家发展改革委、工业和信息化部、财政部、中国人民银行、市场监管总局、金融监管总局联合发布《关于促进肉牛奶牛生产稳定发展的通知》。

2024 年 9 月 23 日，针对台风"摩羯""贝碧嘉""普拉桑"及其残余环流造成的暴雨洪涝灾害，财政部、应急管理部再次预拨 3.1 亿元中央自然灾害救灾资金，重点支持浙江、江苏、安徽、广西、海南等省（自治区、直辖市）做好防汛防台风、抢险救灾工作，主要用于搜救转移安置受灾人员、排危除险等应急处置、开展次生灾害隐患排查、倒损民房修复等，防止次生灾害发生，最大限度减轻灾害影响，切实保障人民群众生命财产安全。

二、统计数据和相关资料

（一）2010—2023 年我国农业自然灾害受灾情况

年份	农作物受灾 面积/ 万公顷	农作物绝收 面积/ 万公顷	自然灾害直接 经济损失/ 亿元	自然灾害 受灾人口/ 万人次	自然灾害受灾 死亡人口/ 人
2010	3 742.6	486.3	5 339.9	42 610.2	6 541
2011	3 247.1	289.2	3 096.4	43 290.0	1 014
2012	2 496.2	182.6	4 185.5	29 421.7	1 530
2013	3 135.0	384.4	5 808.4	38 818.7	2 284
2014	2 489.1	309.0	3 373.8	24 353.7	1 818
2015	2 177.0	223.3	2 704.1	18 620.3	967
2016	2 622.1	290.2	5 032.9	18 911.7	1 706
2017	1 847.8	182.7	3 018.7	14 448.0	979
2018	2 081.4	258.5	2 644.6	13 553.9	589
2019	1 925.7	280.2	3 270.9	13 759.0	909
2020	1 995.8	270.6	3 701.5	13 829.7	591
2021	1 173.9	163.3	3 340.2	10 731.0	867
2022	1 207.2	135.2	2 386.5	11 267.8	554
2023	1 054.0	98.0	—	—	—

数据来源：中国统计年鉴。

（二）2022 年我国各地区农作物自然灾害受灾情况

地区	农作物受灾面积/万公顷	旱灾受灾面积/万公顷	洪涝、地质灾害和台风受灾面积/万公顷	风雹灾害受灾面积/万公顷	低温冷冻害和雪灾受灾面积/万公顷	经济损失/亿元
北京	0.9	—	—	0.9	—	6.4
天津	0.5	—	—	0.5	—	0.3
河北	13.5	2.8	2.5	5.0	3.2	9.5
山西	37.2	11.3	14.2	10.2	1.5	40.2
内蒙古	139.5	54.3	49.8	30.3	5.1	117.3
辽宁	79.7	—	76.5	3.3	—	128.8
吉林	19.3	—	16.7	2.6	0.1	16.0
黑龙江	9.7	—	5.3	4.5	—	6.1
上海	0.4	—	0.4	—	—	0.7
江苏	7.9	7.2	0.3	0.4	0.0	16.6
浙江	10.5	5.4	5.1	—	—	54.0
安徽	39.0	36.5	1.9	—	0.7	20.2
福建	10.6	2.6	6.0	0.5	1.4	180.8
江西	111.2	70.3	29.6	3.4	7.9	282.1
山东	4.6	0.2	2.8	1.6	—	12.8
河南	68.3	60.3	3.6	3.3	1.2	46.0
湖北	117.5	96.5	11.8	3.8	5.4	112.4
湖南	113.0	69.2	34.6	1.8	7.4	199.2
广东	19.4	0.0	18.9	0.0	0.6	182.9
广西	37.6	11.3	24.5	0.0	1.7	168.9
海南	0.4	—	0.4	—	—	2.7
重庆	37.0	33.2	2.7	0.9	0.1	48.4
四川	61.6	52.3	5.5	2.5	1.1	292.7
贵州	42.0	26.6	7.0	6.3	2.2	81.8

（续）

地区	农作物受灾面积/万公顷	旱灾受灾面积/万公顷	洪涝、地质灾害和台风受灾面积/万公顷	风雹灾害受灾面积/万公顷	低温冷冻害和雪灾受灾面积/万公顷	经济损失/亿元
云南	81.1	16.9	11.8	22.2	30.1	122.8
西藏	0.8	0.3	0.2	0.3	0.0	1.4
陕西	55.3	28.1	15.9	10.4	0.9	67.0
甘肃	48.8	17.0	6.0	10.5	15.3	85.0
青海	9.3	0.5	1.4	6.5	1.0	51.6
宁夏	6.9	2.6	1.8	2.0	0.5	6.6
新疆	23.7	3.7	0.5	19.1	0.01	25.2

数据来源：中国统计年鉴。

（三）2010—2023 年我国农作物病虫害发生面积

年份	农作物病虫害发生面积/亿公顷
2010	4.8
2011	4.7
2012	5.1
2013	4.9
2014	4.8
2015	4.7
2016	4.5
2017	4.4
2018	4.1
2019	4.0
2020	4.1
2021	4.1
2022	3.8
2023	3.9

数据来源：国家统计局、全国农业技术推广服务中心。

（四）2017—2023 年粮食作物病虫害发生面积

年份	水稻/ 万公顷	小麦/ 万公顷	玉米/ 万公顷	马铃薯/ 万公顷	大豆/ 万公顷	其他/ 万公顷
2017	8 040	5 867	6 613	593	647	113
2018	7 220	5 333	6 040	580	693	287
2019	6 973	4 567	5 807	507	700	293
2020	7 567	5 073	5 840	500	673	280
2021	7 100	5 133	6 233	460	647	273
2022	6 173	4 180	5 893	407	807	267
2023	6 587	2 087	3 000	119	—	—

数据来源：全国农业技术推广服务中心。

（五）2011—2023 年我国农作物病虫害造成的粮食损失情况

年份	粮食实际损失量/万吨	实际损失量占总产量比例/%
2011	1 861	3.3
2012	2 251	3.8
2013	1 914	3.2
2014	1 917	3.2
2015	1 972	3.2
2016	1 709	2.8
2017	1 652	2.7
2018	1 583	1.3
2019	1 459	2.2
2020	1 449	2.2
2021	1 469	2.2
2022	1 462	2.1
2023	1 513	2.2

数据来源：全国农业技术推广服务中心。

（六）2010—2023 年我国农业保险保费及赔付情况

年份	农业保险保费/亿元	农业保险赔付金额/亿元
2010	135.9	96.0
2011	174.0	81.8
2012	240.6	131.3
2013	306.6	194.9
2014	325.8	205.8
2015	374.9	237.1
2016	417.7	299.2
2017	478.9	333.4
2018	572.7	394.3
2019	672.5	527.9
2020	814.9	592.5
2021	975.9	720.2
2022	1 219.4	868.9
2023	1 429.7	1 106.9

数据来源：国家统计局。

（七）重点管理外来入侵物种名录

序号	中文名称	学名
植物		
1	紫茎泽兰	*Ageratina adenophora*（Spreng.）R. M. King&H. Rob（syn. *Eupatorium adenophora Spreng.*）
2	藿香蓟	*Ageratum conyzoides* L.
3	空心莲子草	*Alternanthera philoxeroides*（Mart.）Griseb.
4	长芒苋	*Amaranthus palmeri* S. Watson
5	刺苋	*Amaranthus spinosus* L.

（续）

序号	中文名称	学名
6	豚草	*Ambrosia artemisiifolia* L.
7	三裂叶豚草	*Ambrosia trifida* L.
8	落葵薯	*Anredera cordifolia*（Ten.）Steenis
9	野燕麦	*Avena fatua* L.
10	三叶鬼针草	*Bidens pilosa* L.
11	水盾草	*Cabomba caroliniana* Gray
12	长刺蒺藜草	*Cenchrus longispinus*（Hack.）Fernald
13	飞机草	*Chromolaena odorata*（L.）R. M. King&H. Rob.
14	凤眼蓝	*Eichhornia crassipes*（Mart.）Solms
15	小蓬草	*Erigeron canadensis* L.［*Conyza canadensis*（L.）Cronquist］
16	苏门白酒草	*Erigeron sumatrensis* Retz.
17	黄顶菊	*Flaveria bidentis*（L.）Kuntze
18	五爪金龙	*Ipomoea cairica*（L.）Sweet
19	假苍耳	*Cyclachaena xanthiifolia* Nutt.
20	马缨丹	*Lantana camara* L.
21	毒莴苣	*Lactuca serriola* L.
22	薇甘菊	*Mikania micrantha* Kunth
23	光荚含羞草	*Mimosa bimucronata*（DC.）Kuntze
24	银胶菊	*Parthenium hysterophorus* L.
25	垂序商陆	*Phytolacca americana* L.
26	大薸	*Pistia stratiotes* L.
27	假臭草	*Praxelis clematidea* R. M. King&H. Rob.
28	刺果瓜	*Sicyos angulatus* L.
29	黄花刺茄	*Solanum rostratum* Dunal
30	加拿大一枝黄花	*Solidago canadensis* L.
31	假高粱	*Sorghum halepense*（L.）Pers.
32	互花米草	*Spartina alterniflora* Loisel.

（续）

序号	中文名称	学名
33	刺苍耳	*Xanthium spinosum* L.

昆虫

34	苹果蠹蛾	*Cydia pomonella* L.
35	红脂大小蠹	*Dendroctonus valens* LeConte
36	美国白蛾	*Hyphantria cunea*（Drury）
37	马铃薯甲虫	*Leptinotarsa decemlineata*（Say）
38	美洲斑潜蝇	*Liriomyza sativae* Blanchard
39	稻水象甲	*Lissorhoptrus oryzophilus* Kuschel
40	日本松干蚧	*Matsucoccus matsumurae*（Kuwana）
41	湿地松粉蚧	*Oracella acuta*（Lobdell）
42	扶桑绵粉蚧	*Phenacoccus solenopsis* Tinsley
43	锈色棕榈象	*Rhynchophorus ferrugineus*（Olivier）
44	红火蚁	*Solenopsis invicta* Buren
45	草地贪夜蛾	*Spodoptera frugiperda*（Smith）
46	番茄潜叶蛾	*Tuta absoluta*（Meyrick）

植物病原微生物

47	梨火疫病菌	*Erwinia amylovora*（Burrill）Winslow et al.
48	亚洲梨火疫病菌	*Erwinia pyrifoliae* Kim，Gardan，Rhim et Geider
49	落叶松枯梢病菌	*Botryosphaeria laricina*（Sawada）Y. Z. Shang
50	香蕉枯萎病菌 4 号小种	*Fusarium oxysporum* Schlecht f. sp. cubense（E. F. Sm.）Snyd. et Hans（Race 4）

植物病原线虫

51	松材线虫	*Bursaphelenchus xylophilus*（Steiner et Buhrer）Nickle

软体动物

52	非洲大蜗牛	*Achatina fulica* Bowdich
53	福寿螺	*Pomacea canaliculata*（Lamarck）

鱼类

54	鳄雀鳝	*Atractosteus spatula*（Lacépède）

（续）

序号	中文名称	学名
55	豹纹翼甲鲶	*Pterygoplichthys pardalis*（Castelnau）
56	齐氏罗非鱼	*Coptodon zillii*（Gervais）
两栖动物		
57	美洲牛蛙	*Rana catesbeiana* Shaw
爬行动物		
58	大鳄龟	*Macroclemys temminckii* Troost
59	红耳彩龟	*Trachemys scripta elegans*（Wied）

数据来源：农业农村部。

注：1. 本名录将外来入侵物种分为 8 个类群，每个类群按物种学名首字母顺序排列。2. 依照有关规定，在特定区域内合法养殖的水产物种不在名录管理范围内。3. 农业农村部会同有关部门在风险研判和入侵趋势分析的基础上对名录实行动态调整。4. 本名录所列外来入侵物种的监测与防控按照相关部门职责分工开展。

（八）秋冬季生猪主要疫病防控技术要点（摘要）

非洲猪瘟、口蹄疫、猪瘟、猪繁殖与呼吸综合征、猪流感、伪狂犬病、猪传染性胃肠炎和流行性腹泻等多种疫病容易在秋冬季发生和流行，要根据疫病特点，科学采取防治措施。

非洲猪瘟：继续落实常态化防控措施。加强临床巡视，每日巡栏，监测猪群临床症状和体温变化，一旦发现猪只出现嗜睡、轻触不起、采食量减少、拱料不食、发热、皮肤发红、关节肿胀/坏死、咳喘、腹式呼吸，育肥猪死淘率增高，母猪流产或出现死胎/木乃伊胎等可疑临床表现时，第一时间采样检测。定期开展场外环境采样检测，每周对猪群进行病原和抗体监测。加强人员管控，人员在入场 3 天前不去农贸市场、屠宰厂（场）、无害化处理厂及动物产品交易市场等高风险场所，入场前要严格经过淋浴、更衣等程序。外来车辆原则上不得进场，应在猪场外一定距离的位置完成作业；确需进入的，需彻底清洗、消毒、烘干，并对车辆所经道路进行彻底消毒。严格进场物资管控，分类采用熏蒸、消毒剂浸泡、烘干等方法进行消毒。

口蹄疫：用好疫苗免疫手段。猪场要结合本场实际，制定科学合理的免疫程序，选择经批准使用的疫苗制品，要严格按照疫苗保存条件要求，运输和储存疫苗，严格按照说明书规定的用法、用量进行免疫。免疫注射应一猪一针头，防止人为传播疫病。免疫后要对猪群进行免疫抗体监测，确保达到群体免疫效果。

仔猪腹泻：引起仔猪腹泻的病原多，病毒有猪流行性腹泻病毒、猪传染性胃肠炎病毒、轮状病毒以及猪丁型（德尔塔）冠状病毒；细菌有大肠杆菌、沙门菌和产气荚膜梭菌等。对于病毒性腹泻，可选择高质量的疫苗，制定科学合理的免疫程序，重点做好母猪群的免疫接种工作，提升母猪群的母源抗体水平。对于各种细菌性腹泻，应选择针对性强的敏感药物进行预防和治疗，宜轮换用药，以免产生耐药性菌株；在流行情况严重的猪场，可进行疫苗免疫。应注意保持圈舍清洁、干燥、通风良好，注意防寒保暖，控制温湿度，分娩区每周消毒 2 次，2～3 种消毒剂交替使用，产房采取全进全出，母猪进入产房要进行全身清洗和消毒。

猪繁殖与呼吸综合征：在猪繁殖与呼吸综合征流行场或阳性不稳定场，可根据本场流行毒株选择相应的弱毒活疫苗进行免疫。在阳性稳定场应逐渐减少弱毒活疫苗的使用，或者停止使用弱毒活疫苗；在阴性场、原种猪场和种公猪站，停止使用弱毒活疫苗。坚持自繁自养、全进全出。如需引进猪只、精液，必须坚持引自阴性猪场。引进种猪要进行隔离、观察、检测，病毒核酸检测阴性后再混群饲养。

猪瘟：选用高质量的猪瘟疫苗，制定科学合理的猪瘟免疫程序，加强免疫效果监测评估，掌握猪群整体免疫状态，淘汰疑似先天感染和免疫耐受仔猪，杜绝可能的传染源。

伪狂犬病：采取有效的灭鼠措施，定期开展灭鼠工作。及时隔离疑似感染猪、发病猪，对圈舍进行彻底消毒。伪狂犬病疫苗有弱毒疫苗、灭活疫苗、基因缺失疫苗，应选用一种疫苗，防止多种疫苗混合使用。

猪细小病毒感染：引种前了解引进猪群是否有猪细小病毒感染，怀孕母猪是否有繁殖障碍临床表现，母猪群是否做过疫苗免疫接种等情况。选择合适的疫苗对母猪进行免疫接种。猪只饲养过程中，发现母猪产木乃伊胎或者死胎，应立即进行紧急隔离，安排专门的饲养员管理带毒的母猪、仔猪等，使用专门的饲养用具，防止发生交叉感染，对猪舍进行全面彻底的清洗消毒。对病死猪与产出的死胎、病猪排出的粪便、采食过的饲料以及其他污物等进行无害化处理。

猪传染性胸膜肺炎：降低猪群饲养密度，做好猪场常见病的免疫接种，提高猪群整体免疫水平，可减少呼吸道疫病的继发感染。减少应激因素对猪群的影响。保持清洁卫生，及时清除粪尿污物，减少有害气体对猪只呼吸道黏膜的刺激与损害。使用敏感性药物对猪群进行药物预防和治疗，注意合理交替用药。

格拉瑟病：也称副猪嗜血杆菌病。该病大多继发于猪繁殖与呼吸综合征、猪圆环病毒病、伪狂犬病、猪瘟等病毒性疫病，猪场要按程序做好基础免疫，保证猪群常年处于良好免疫状态。降低猪群饲养密度有助于减少病菌传播。可使用敏感药物对猪群进行预防和保健。发病严重的猪场可使用副猪嗜血杆菌病灭活疫苗，但由于副猪嗜血杆菌的血清型众多，疫苗的免疫效果有时不明显。

（资料来源：农业农村部畜牧兽医局）

三、2024年农业风险管理相关政策文件

关于印发《国家自然灾害救助
应急预案》的通知

国办函〔2024〕11号

各省、自治区、直辖市人民政府，国务院各部委、各直属机构：

经国务院同意，现将修订后的《国家自然灾害救助应急预案》印发给你们，请结合实际认真贯彻落实。2016年3月10日经国务院批准、由国务院办公厅印发的《国家自然灾害救助应急预案》（国办函〔2016〕25号）同时废止。

国务院办公厅

2024年1月20日

（此件公开发布）

国家自然灾害救助应急预案

1 总则

1.1 编制目的

以习近平新时代中国特色社会主义思想为指导，深入贯彻落实习近平总书记关于防灾减灾救灾工作的重要指示批示精神，加强党中央对防灾减灾救灾工作的集中统一领导，按照党中央、国务院决策部署，建立健全自然灾害救助体系和运行机制，提升救灾救助工

作法治化、规范化、现代化水平，提高防灾减灾救灾和灾害处置保障能力，最大程度减少人员伤亡和财产损失，保障受灾群众基本生活，维护受灾地区社会稳定。

1.2 编制依据

《中华人民共和国防洪法》、《中华人民共和国防震减灾法》、《中华人民共和国气象法》、《中华人民共和国森林法》、《中华人民共和国草原法》、《中华人民共和国防沙治沙法》、《中华人民共和国红十字会法》、《自然灾害救助条例》以及突发事件总体应急预案、突发事件应对有关法律法规等。

1.3 适用范围

本预案适用于我国境内遭受重特大自然灾害时国家层面开展的灾害救助等工作。

1.4 工作原则

坚持人民至上、生命至上，切实把确保人民生命财产安全放在第一位落到实处；坚持统一指挥、综合协调、分级负责、属地管理为主；坚持党委领导、政府负责、社会参与、群众自救，充分发挥基层群众性自治组织和公益性社会组织的作用；坚持安全第一、预防为主，推动防范救援救灾一体化，实现高效有序衔接，强化灾害防抗救全过程管理。

2 组织指挥体系

2.1 国家防灾减灾救灾委员会

国家防灾减灾救灾委员会深入学习贯彻习近平总书记关于防灾减灾救灾工作的重要指示批示精神，贯彻落实党中央、国务院有关决策部署，统筹指导、协调和监督全国防灾减灾救灾工作，研究审议国家防灾减灾救灾的重大政策、重大规划、重要制度以及防御灾害方案并负责组织实施工作，指导建立自然灾害防治体系；协调推动防灾减灾救灾法律法规体系建设，协调解决防灾救灾重大问题，统筹协调开展防灾减灾救灾科普宣传教育和培训，协调开展防灾减灾救灾国际交流与合作；完成党中央、国务院交办的其他事项。

国家防灾减灾救灾委员会负责统筹指导全国的灾害救助工作，协调开展重特大自然灾害救助活动。国家防灾减灾救灾委员会成员单位按照各自职责做好灾害救助相关工作。

2.2　国家防灾减灾救灾委员会办公室

国家防灾减灾救灾委员会办公室负责与相关部门、地方的沟通联络、政策协调、信息通报等，组织开展灾情会商评估、灾害救助等工作，协调落实相关支持政策和措施。主要包括：

（1）组织开展灾情会商核定、灾情趋势研判及救灾需求评估；

（2）协调解决灾害救助重大问题，并研究提出支持措施，推动相关成员单位加强与受灾地区的工作沟通；

（3）调度灾情和救灾工作进展动态，按照有关规定统一发布灾情以及受灾地区需求，并向各成员单位通报；

（4）组织指导开展重特大自然灾害损失综合评估，督促做好倒损住房恢复重建工作；

（5）跟踪督促灾害救助重大决策部署的贯彻落实，推动重要支持措施落地见效，做好中央救灾款物监督和管理，健全完善救灾捐赠款物管理制度。

2.3　专家委员会

国家防灾减灾救灾委员会设立专家委员会，对国家防灾减灾救灾工作重大决策和重要规划提供政策咨询和建议，为国家重特大自然灾害的灾情评估、灾害救助和灾后恢复重建提出咨询意见。

3　灾害救助准备

气象、自然资源、水利、农业农村、海洋、林草、地震等部门及时向国家防灾减灾救灾委员会办公室和履行救灾职责的国家防灾减灾救灾委员会成员单位通报灾害预警预报信息，自然资源部门根据需要及时提供地理信息数据。国家防灾减灾救灾委员会办公室根据灾害预警预报信息，结合可能受影响地区的自然条件、人口和经济社会发展状况，对可能出现的灾情进行预评估，当可能威胁人民生命财产安全、影响基本生活，需要提前采取应对措施时，视情采取以下一项或多项措施：

（1）向可能受影响的省（自治区、直辖市）防灾减灾救灾委员会或应急管理部门通报预警预报信息，提出灾害救助准备工作要求；

（2）加强应急值守，密切跟踪灾害风险变化和发展趋势，对灾害可能造成的损失进行动态评估，及时调整相关措施；

（3）做好救灾物资准备，紧急情况下提前调拨。启动与交通运输、铁路、民航等部门和单位的应急联动机制，做好救灾物资调运准备；

（4）提前派出工作组，实地了解灾害风险，检查指导各项灾害救助准备工作；

（5）根据工作需要，向国家防灾减灾救灾委员会成员单位通报灾害救助准备工作情况，重要情况及时向党中央、国务院报告；

（6）向社会发布预警及相关工作开展情况。

4　灾情信息报告和发布

县级以上应急管理部门按照党中央、国务院关于突发灾害事件信息报送的要求，以及《自然灾害情况统计调查制度》和《特别重大自然灾害损失统计调查制度》等有关规定，做好灾情信息统计报送、核查评估、会商核定和部门间信息共享等工作。

4.1　灾情信息报告

4.1.1　地方各级应急管理部门应严格落实灾情信息报告责任，健全工作制度，规范工作流程，确保灾情信息报告及时、准确、全面，坚决杜绝迟报、瞒报、漏报、虚报灾情信息等情况。

4.1.2　地方各级应急管理部门在接到灾害事件报告后，应在规定时限内向本级党委和政府以及上级应急管理部门报告。县级人民政府有关涉灾部门应及时将本行业灾情通报同级应急管理部门。接到重特大自然灾害事件报告后，地方各级应急管理部门应第一时间向本级党委和政府以及上级应急管理部门报告，同时通过电话或国家应急指挥综合业务系统及时向应急管理部报告。

4.1.3　通过国家自然灾害灾情管理系统汇总上报的灾情信息，要按照《自然灾害情况统计调查制度》和《特别重大自然灾害损失统计调查制度》等规定报送，首报要快，核报要准。特殊紧急情况下（如断电、断路、断网等），可先通过卫星电话、传真等方式报告，后续及时通过系统补报。

4.1.4　地震、山洪、地质灾害等突发性灾害发生后，遇有死亡和失踪人员相关信息认定困难的情况，受灾地区应急管理部门应按照因灾死亡和失踪人员信息"先报后核"的原则，第一时间先上报信息，后续根据认定结果进行核报。

4.1.5　受灾地区应急管理部门要建立因灾死亡和失踪人员信息比对机制，主动与公安、自然资源、交通运输、水利、农业农村、卫生健康等部门沟通协调；对造成重大人员伤亡的灾害事件，及时开展信息比对和跨地区、跨部门会商。部门间数据不一致或定性存在争议的，会同相关部门联合开展调查并出具调查报告，向本级党委和政府报告，同时抄报上一级应急管理部门。

4.1.6　重特大自然灾害灾情稳定前，相关地方各级应急管理部门执行灾情 24 小时零报告制度，逐级上报上级应急管理部门。灾情稳定后，受灾地区应急管理部门要及时组织相关部门和专家开展灾情核查，客观准确核定各类灾害损失，并及时组织上报。

4.1.7　对于干旱灾害，地方各级应急管理部门应在旱情初显、群众生产生活受到一定影响时，初报灾情；在旱情发展过程中，每

10 日至少续报一次灾情,直至灾情解除;灾情解除后及时核报。

4.1.8 县级以上人民政府要建立健全灾情会商制度,由县级以上人民政府防灾减灾救灾委员会或应急管理部门针对重特大自然灾害过程、年度灾情等,及时组织相关涉灾部门开展灾情会商,通报灾情信息,全面客观评估、核定灾情,确保各部门灾情数据口径一致。灾害损失等灾情信息要及时通报本级防灾减灾救灾委员会有关成员单位。

4.2 灾情信息发布

灾情信息发布坚持实事求是、及时准确、公开透明的原则。发布形式包括授权发布、组织报道、接受记者采访、举行新闻发布会等。受灾地区人民政府要主动通过应急广播、突发事件预警信息发布系统、重点新闻网站或政府网站、微博、微信、客户端等发布信息。各级广播电视行政管理部门和相关单位应配合应急管理等部门做好预警预报、灾情等信息发布工作。

灾情稳定前,受灾地区县级以上人民政府防灾减灾救灾委员会或应急管理部门应及时向社会滚动发布灾害造成的人员伤亡、财产损失以及救助工作动态、成效、下一步安排等情况;灾情稳定后,应及时评估、核定并按有关规定发布灾害损失情况。

关于灾情核定和发布工作,法律法规另有规定的,从其规定。

5 国家应急响应

根据自然灾害的危害程度、灾害救助工作需要等因素,国家自然灾害救助应急响应分为一级、二级、三级、四级。一级响应级别最高。

5.1 一级响应

5.1.1 启动条件

(一)发生重特大自然灾害,一次灾害过程出现或经会商研判可能出现下列情况之一的,可启动一级响应:

（1）一省（自治区、直辖市）死亡和失踪 200 人以上（含本数，下同）可启动响应，其相邻省（自治区、直辖市）死亡和失踪 160 人以上 200 人以下的可联动启动；

（2）一省（自治区、直辖市）紧急转移安置和需紧急生活救助 200 万人以上；

（3）一省（自治区、直辖市）倒塌和严重损坏房屋 30 万间或 10 万户以上；

（4）干旱灾害造成缺粮或缺水等生活困难，需政府救助人数占该省（自治区、直辖市）农牧业人口 30% 以上或 400 万人以上。

（二）党中央、国务院认为需要启动一级响应的其他事项。

5.1.2　启动程序

灾害发生后，国家防灾减灾救灾委员会办公室经分析评估，认定灾情达到启动条件，向国家防灾减灾救灾委员会提出启动一级响应的建议，国家防灾减灾救灾委员会报党中央、国务院决定。必要时，党中央、国务院直接决定启动一级响应。

5.1.3　响应措施

国家防灾减灾救灾委员会主任组织协调国家层面灾害救助工作，指导支持受灾省（自治区、直辖市）灾害救助工作。国家防灾减灾救灾委员会及其成员单位采取以下措施：

（1）会商研判灾情和救灾形势，研究部署灾害救助工作，对指导支持受灾地区救灾重大事项作出决定，有关情况及时向党中央、国务院报告。

（2）派出由有关部门组成的工作组，赴受灾地区指导灾害救助工作，核查灾情，慰问受灾群众。根据灾情和救灾工作需要，应急管理部可派出先期工作组，赴受灾地区指导开展灾害救助工作。

（3）汇总统计灾情。国家防灾减灾救灾委员会办公室及时掌握灾情和救灾工作动态信息，按照有关规定统一发布灾情，及时发布受灾地区需求。国家防灾减灾救灾委员会有关成员单位做好灾情、受灾地区需求、救灾工作动态等信息共享，每日向国家防灾减灾救灾委员会办公室报告有关情况。必要时，国家防灾减灾救灾委员会专家委员会组织专家开展灾情发展趋势及受灾地区需求评估。

（4）下拨救灾款物。财政部会同应急管理部迅速启动中央救灾资金快速核拨机制，根据初步判断的灾情及时预拨中央自然灾害救灾资金。灾情稳定后，根据地方申请和应急管理部会同有关部门对灾情的核定情况进行清算，支持做好灾害救助工作。国家发展改革委及时下达灾后应急恢复重建中央预算内投资。应急管理部会同国家粮食和储备局紧急调拨中央生活类救灾物资，指导、监督基层救灾应急措施落实和救灾款物发放。交通运输、铁路、民航等部门和单位协调指导开展救灾物资、人员运输与重要通道快速修复等工作，充分发挥物流保通保畅工作机制作用，保障各类救灾物资运输畅通和人员及时转运。

（5）投入救灾力量。应急管理部迅速调派国家综合性消防救援队伍、专业救援队伍投入救灾工作，积极帮助受灾地区转移受灾群众、运送发放救灾物资等。国务院国资委督促中央企业积极参与抢险救援、基础设施抢修恢复等工作，全力支援救灾工作。中央社会工作部统筹指导有关部门和单位，协调组织志愿服务力量参与灾害救助工作。军队有关单位根据国家有关部门和地方人民政府请求，组织协调解放军、武警部队、民兵参与救灾，协助受灾地区人民政府做好灾害救助工作。

（6）安置受灾群众。应急管理部会同有关部门指导受灾地区统筹安置受灾群众，加强集中安置点管理服务，保障受灾群众基本生活。国家卫生健康委、国家疾控局及时组织医疗卫生队伍赴受灾地区协助开展医疗救治、灾后防疫和心理援助等卫生应急工作。

（7）恢复受灾地区秩序。公安部指导加强受灾地区社会治安和道路交通应急管理。国家发展改革委、农业农村部、商务部、市场监管总局、国家粮食和储备局等有关部门做好保障市场供应工作，防止价格大幅波动。应急管理部、国家发展改革委、工业和信息化部组织协调救灾物资装备、防护和消杀用品、药品和医疗器械等生产供应工作。金融监管总局指导做好受灾地区保险理赔和金融支持服务。

（8）抢修基础设施。住房城乡建设部指导灾后房屋建筑和市政基础设施工程的安全应急评估等工作。水利部指导受灾地区水利水电工程设施修复、蓄滞洪区运用及补偿、水利行业供水和村镇应急供水工作。国家能源局指导监管范围内的水电工程修复及电力应急保障等工作。

（9）提供技术支撑。工业和信息化部组织做好受灾地区应急通信保障工作。自然资源部及时提供受灾地区地理信息数据，组织受灾地区现场影像获取等应急测绘，开展灾情监测和空间分析，提供应急测绘保障服务。生态环境部及时监测因灾害导致的生态环境破坏、污染、变化等情况，开展受灾地区生态环境状况调查评估。

（10）启动救灾捐赠。应急管理部会同民政部组织开展全国性救灾捐赠活动，指导具有救灾宗旨的社会组织加强捐赠款物管理、分配和使用；会同外交部、海关总署等有关部门和单位办理外国政府、国际组织等对我中央政府的国际援助事宜。中国红十字会总会依法开展相关救灾工作，开展救灾募捐等活动。

（11）加强新闻宣传。中央宣传部统筹负责新闻宣传和舆论引导工作，指导有关部门和地方建立新闻发布与媒体采访服务管理机制，及时组织新闻发布会，协调指导各级媒体做好新闻宣传。中央网信办、广电总局等按职责组织做好新闻报道和舆论引导工作。

（12）开展损失评估。灾情稳定后，根据党中央、国务院关于灾害评估和恢复重建工作的统一部署，应急管理部会同国务院有关部门，指导受灾省（自治区、直辖市）人民政府组织开展灾害损失综合评估工作，按有关规定统一发布灾害损失情况。

（13）国家防灾减灾救灾委员会其他成员单位按照职责分工，做好有关工作。

（14）国家防灾减灾救灾委员会办公室及时汇总各部门开展灾害救助等工作情况并按程序向党中央、国务院报告。

5.2 二级响应

5.2.1 启动条件

发生重特大自然灾害，一次灾害过程出现或会商研判可能出现下列情况之一的，可启动二级响应：

（1）一省（自治区、直辖市）死亡和失踪100人以上200人以下（不含本数，下同）可启动响应，其相邻省（自治区、直辖市）死亡和失踪80人以上100人以下的可联动启动；

（2）一省（自治区、直辖市）紧急转移安置和需紧急生活救助100万人以上200万人以下；

（3）一省（自治区、直辖市）倒塌和严重损坏房屋20万间或7万户以上、30万间或10万户以下；

（4）干旱灾害造成缺粮或缺水等生活困难，需政府救助人数占该省（自治区、直辖市）农牧业人口25％以上30％以下或300万人以上400万人以下。

5.2.2 启动程序

灾害发生后，国家防灾减灾救灾委员会办公室经分析评估，认定灾情达到启动条件，向国家防灾减灾救灾委员会提出启动二级响应的建议，国家防灾减灾救灾委员会副主任（应急管理部主要负责同志）报国家防灾减灾救灾委员会主任决定。

5.2.3 响应措施

国家防灾减灾救灾委员会副主任（应急管理部主要负责同志）

组织协调国家层面灾害救助工作，指导支持受灾省（自治区、直辖市）灾害救助工作。国家防灾减灾救灾委员会及其成员单位采取以下措施：

（1）会商研判灾情和救灾形势，研究落实救灾支持政策和措施，重要情况及时向党中央、国务院报告。

（2）派出由有关部门组成的工作组，赴受灾地区指导灾害救助工作，核查灾情，慰问受灾群众。

（3）国家防灾减灾救灾委员会办公室及时掌握灾情和救灾工作动态信息，按照有关规定统一发布灾情，及时发布受灾地区需求。国家防灾减灾救灾委员会有关成员单位做好灾情、受灾地区需求、救灾工作动态等信息共享，每日向国家防灾减灾救灾委员会办公室报告有关情况。必要时，国家防灾减灾救灾委员会专家委员会组织专家开展灾情发展趋势及受灾地区需求评估。

（4）财政部会同应急管理部迅速启动中央救灾资金快速核拨机制，根据初步判断的灾情及时预拨中央自然灾害救灾资金。灾情稳定后，根据地方申请和应急管理部会同有关部门对灾情的核定情况进行清算，支持做好灾害救助工作。国家发展改革委及时下达灾后应急恢复重建中央预算内投资。应急管理部会同国家粮食和储备局紧急调拨中央生活类救灾物资，指导、监督基层救灾应急措施落实和救灾款物发放。交通运输、铁路、民航等部门和单位协调指导开展救灾物资、人员运输与重要通道快速修复等工作，充分发挥物流保通保畅工作机制作用，保障各类救灾物资运输畅通和人员及时转运。

（5）应急管理部迅速调派国家综合性消防救援队伍、专业救援队伍投入救灾工作，积极帮助受灾地区转移受灾群众、运送发放救灾物资等。军队有关单位根据国家有关部门和地方人民政府请求，组织协调解放军、武警部队、民兵参与救灾，协助受灾地区人民政府做好灾害救助工作。

（6）国家卫生健康委、国家疾控局根据需要，及时派出医疗卫生队伍赴受灾地区协助开展医疗救治、灾后防疫和心理援助等卫生应急工作。自然资源部及时提供受灾地区地理信息数据，组织受灾地区现场影像获取等应急测绘，开展灾情监测和空间分析，提供应急测绘保障服务。国务院国资委督促中央企业积极参与抢险救援、基础设施抢修恢复等工作。金融监管总局指导做好受灾地区保险理赔和金融支持服务。

（7）应急管理部会同民政部指导受灾省（自治区、直辖市）开展救灾捐赠活动。中央社会工作部统筹指导有关部门和单位，协调组织志愿服务力量参与灾害救助工作。中国红十字会总会依法开展相关救灾工作，开展救灾募捐等活动。

（8）中央宣传部统筹负责新闻宣传和舆论引导工作，指导有关部门和地方视情及时组织新闻发布会，协调指导各级媒体做好新闻宣传。中央网信办、广电总局等按职责组织做好新闻报道和舆论引导工作。

（9）灾情稳定后，受灾省（自治区、直辖市）人民政府组织开展灾害损失综合评估工作，及时将评估结果报送国家防灾减灾救灾委员会。国家防灾减灾救灾委员会办公室组织核定并按有关规定统一发布灾害损失情况。

（10）国家防灾减灾救灾委员会其他成员单位按照职责分工，做好有关工作。

（11）国家防灾减灾救灾委员会办公室及时汇总各部门开展灾害救助等工作情况并上报。

5.3 三级响应

5.3.1 启动条件

发生重特大自然灾害，一次灾害过程出现或会商研判可能出现下列情况之一的，可启动三级响应：

（1）一省（自治区、直辖市）死亡和失踪 50 人以上 100 人以下可启动响应，其相邻省（自治区、直辖市）死亡和失踪 40 人以上 50 人以下的可联动启动；

（2）一省（自治区、直辖市）紧急转移安置和需紧急生活救助 50 万人以上 100 万人以下；

（3）一省（自治区、直辖市）倒塌和严重损坏房屋 10 万间或 3 万户以上、20 万间或 7 万户以下；

（4）干旱灾害造成缺粮或缺水等生活困难，需政府救助人数占该省（自治区、直辖市）农牧业人口 20％以上 25％以下或 200 万人以上 300 万人以下。

5.3.2　启动程序

灾害发生后，国家防灾减灾救灾委员会办公室经分析评估，认定灾情达到启动条件，向国家防灾减灾救灾委员会提出启动三级响应的建议，国家防灾减灾救灾委员会副主任（应急管理部主要负责同志）决定启动三级响应，并向国家防灾减灾救灾委员会主任报告。

5.3.3　响应措施

国家防灾减灾救灾委员会副主任（应急管理部主要负责同志）或其委托的国家防灾减灾救灾委员会办公室副主任（应急管理部分管负责同志）组织协调国家层面灾害救助工作，指导支持受灾省（自治区、直辖市）灾害救助工作。国家防灾减灾救灾委员会及其成员单位采取以下措施：

（1）国家防灾减灾救灾委员会办公室组织有关成员单位及受灾省（自治区、直辖市）分析灾情形势，研究落实救灾支持政策和措施，有关情况及时上报国家防灾减灾救灾委员会主任、副主任并通报有关成员单位。

（2）派出由有关部门组成的工作组，赴受灾地区指导灾害救助工作，核查灾情，慰问受灾群众。

（3）国家防灾减灾救灾委员会办公室及时掌握并按照有关规定统一发布灾情和救灾工作动态信息。

（4）财政部会同应急管理部迅速启动中央救灾资金快速核拨机制，根据初步判断的灾情及时预拨部分中央自然灾害救灾资金。灾情稳定后，根据地方申请和应急管理部会同有关部门对灾情的核定情况进行清算，支持做好灾害救助工作。国家发展改革委及时下达灾后应急恢复重建中央预算内投资。应急管理部会同国家粮食和储备局紧急调拨中央生活类救灾物资，指导、监督基层救灾应急措施落实和救灾款物发放。交通运输、铁路、民航等部门和单位协调指导开展救灾物资、人员运输与重要通道快速修复等工作，充分发挥物流保通保畅工作机制作用，保障各类救灾物资运输畅通和人员及时转运。

（5）应急管理部迅速调派国家综合性消防救援队伍、专业救援队伍投入救灾工作，积极帮助受灾地区转移受灾群众、运送发放救灾物资等。军队有关单位根据国家有关部门和地方人民政府请求，组织协调解放军、武警部队、民兵参与救灾，协助受灾地区人民政府做好灾害救助工作。

（6）国家卫生健康委、国家疾控局指导受灾省（自治区、直辖市）做好医疗救治、灾后防疫和心理援助等卫生应急工作。金融监管总局指导做好受灾地区保险理赔和金融支持服务。

（7）中央社会工作部统筹指导有关部门和单位，协调组织志愿服务力量参与灾害救助工作。中国红十字会总会依法开展相关救灾工作。受灾省（自治区、直辖市）根据需要规范有序组织开展救灾捐赠活动。

（8）灾情稳定后，应急管理部指导受灾省（自治区、直辖市）

评估、核定灾害损失情况。

（9）国家防灾减灾救灾委员会其他成员单位按照职责分工，做好有关工作。

5.4　四级响应

5.4.1　启动条件

发生重特大自然灾害，一次灾害过程出现或会商研判可能出现下列情况之一的，可启动四级响应：

（1）一省（自治区、直辖市）死亡和失踪 20 人以上 50 人以下；

（2）一省（自治区、直辖市）紧急转移安置和需紧急生活救助10 万人以上 50 万人以下；

（3）一省（自治区、直辖市）倒塌和严重损坏房屋 1 万间或3 000 户以上、10 万间或 3 万户以下；

（4）干旱灾害造成缺粮或缺水等生活困难，需政府救助人数占该省（自治区、直辖市）农牧业人口 15％以上 20％以下或 100 万人以上 200 万人以下。

5.4.2　启动程序

灾害发生后，国家防灾减灾救灾委员会办公室经分析评估，认定灾情达到启动条件，国家防灾减灾救灾委员会办公室副主任（应急管理部分管负责同志）决定启动四级响应，并向国家防灾减灾救灾委员会副主任（应急管理部主要负责同志）报告。

5.4.3　响应措施

国家防灾减灾救灾委员会办公室组织协调国家层面灾害救助工作，指导支持受灾省（自治区、直辖市）灾害救助工作。国家防灾减灾救灾委员会及其成员单位采取以下措施：

（1）国家防灾减灾救灾委员会办公室组织有关部门和单位分析灾情形势，研究落实救灾支持政策和措施，有关情况及时上报国家防灾减灾救灾委员会主任、副主任并通报有关成员单位。

（2）国家防灾减灾救灾委员会办公室派出工作组，赴受灾地区协助指导地方开展灾害救助工作，核查灾情，慰问受灾群众。必要时，可由有关部门组成联合工作组。

（3）国家防灾减灾救灾委员会办公室及时掌握并按照有关规定统一发布灾情和救灾工作动态信息。

（4）财政部会同应急管理部迅速启动中央救灾资金快速核拨机制，根据初步判断的灾情及时预拨部分中央自然灾害救灾资金。灾情稳定后，根据地方申请和应急管理部会同有关部门对灾情的核定情况进行清算，支持做好灾害救助工作。国家发展改革委及时下达灾后应急恢复重建中央预算内投资。应急管理部会同国家粮食和储备局紧急调拨中央生活类救灾物资，指导、监督基层救灾应急措施落实和救灾款物发放。交通运输、铁路、民航等部门和单位协调指导开展救灾物资、人员运输与重要通道快速修复等工作，充分发挥物流保通保畅工作机制作用，保障各类救灾物资运输畅通和人员及时转运。

（5）应急管理部迅速调派国家综合性消防救援队伍、专业救援队伍投入救灾工作，积极帮助受灾地区转移受灾群众、运送发放救灾物资等。军队有关单位根据国家有关部门和地方人民政府请求，组织协调解放军、武警部队、民兵参与救灾，协助受灾地区人民政府做好灾害救助工作。

（6）国家卫生健康委、国家疾控局指导受灾省（自治区、直辖市）做好医疗救治、灾后防疫和心理援助等卫生应急工作。

（7）国家防灾减灾救灾委员会其他成员单位按照职责分工，做好有关工作。

5.5 启动条件调整

对灾害发生在敏感地区、敏感时间或救助能力薄弱的革命老区、民族地区、边疆地区、欠发达地区等特殊情况，或灾害对受灾省（自治区、直辖市）经济社会造成重大影响时，相关应急响应启动条件可酌情降低。

5.6　响应联动

对已启动国家防汛抗旱防台风、地震、地质灾害、森林草原火灾应急响应的，国家防灾减灾救灾委员会办公室要强化灾情态势会商，必要时按照本预案规定启动国家自然灾害救助应急响应。

省（自治区、直辖市）启动三级以上省级自然灾害救助应急响应的，应及时向应急管理部报告。启动国家自然灾害救助应急响应后，国家防灾减灾救灾委员会办公室、应急管理部向相关省（自治区、直辖市）通报，所涉及省（自治区、直辖市）要立即启动省级自然灾害救助应急响应，并加强会商研判，根据灾情发展变化及时作出调整。

5.7　响应终止

救灾应急工作结束后，经研判，国家防灾减灾救灾委员会办公室提出建议，按启动响应的相应权限终止响应。

6　灾后救助

6.1　过渡期生活救助

6.1.1　灾害救助应急工作结束后，受灾地区应急管理部门及时组织将因灾房屋倒塌或严重损坏需恢复重建无房可住人员、因次生灾害威胁在外安置无法返家人员、因灾损失严重缺少生活来源人员等纳入过渡期生活救助范围。

6.1.2　对启动国家自然灾害救助应急响应的灾害，国家防灾减灾救灾委员会办公室、应急管理部要指导受灾地区应急管理部门统计摸排受灾群众过渡期生活救助需求情况，明确需救助人员规模，及时建立台账，并统计生活救助物资等需求。

6.1.3　根据省级财政、应急管理部门的资金申请以及需救助人员规模，财政部会同应急管理部按相关政策规定下达过渡期生活救助资金。应急管理部指导做好过渡期生活救助的人员核定、资金发放等工作，督促做好受灾群众过渡期基本生活保障工作。

6.1.4 国家防灾减灾救灾委员会办公室、应急管理部、财政部监督检查受灾地区过渡期生活救助政策和措施的落实情况，视情通报救助工作开展情况。

6.2 倒损住房恢复重建

6.2.1 因灾倒损住房恢复重建由受灾地区县级人民政府负责组织实施，提供资金支持，制定完善因灾倒损住房恢复重建补助资金管理有关标准规范，确保补助资金规范有序发放到受灾群众手中。

6.2.2 恢复重建资金等通过政府救助、社会互助、自行筹措、政策优惠等多种途径解决，并鼓励通过邻里帮工帮料、以工代赈等方式实施恢复重建。积极发挥商业保险经济补偿作用，发展城乡居民住宅地震巨灾保险、农村住房保险、灾害民生保险等相关保险，完善市场化筹集恢复重建资金机制，帮助解决受灾群众基本住房问题。

6.2.3 恢复重建规划和房屋设计要尊重群众意愿，加强全国自然灾害综合风险普查成果转化运用，因地制宜确定方案，科学安排项目选址，合理布局，避开地震断裂带、洪涝灾害高风险区、地质灾害隐患点等，避让地质灾害极高和高风险区。无法避让地质灾害极高和高风险区的，必须采取工程防治措施，提高抗灾设防能力，确保安全。

6.2.4 对启动国家自然灾害救助应急响应的灾害，应急管理部根据省级应急管理部门倒损住房核定情况，视情组织评估组，参考其他灾害管理部门评估数据，对因灾倒损住房情况进行综合评估，明确需恢复重建救助对象规模。

6.2.5　根据省级财政、应急管理部门的资金申请以及需恢复重建救助对象规模，财政部会同应急管理部按相关政策规定下达因灾倒损住房恢复重建补助资金。

6.2.6　倒损住房恢复重建工作结束后，地方应急管理部门应采取实地调查、抽样调查等方式，对本地因灾倒损住房恢复重建补助资金管理使用工作开展绩效评价，并将评价结果报上一级应急管理部门。应急管理部收到省级应急管理部门上报的本行政区域内绩效评价情况后，通过实地抽查等方式，对全国因灾倒损住房恢复重建补助资金管理使用工作进行绩效评价。

6.2.7　住房城乡建设部门负责倒损住房恢复重建的技术服务和指导，强化质量安全管理。自然资源部门负责做好灾后重建项目地质灾害危险性评估审查，根据评估结论指导地方做好必要的综合治理；做好国土空间规划、计划安排和土地整治，同时做好建房选址，加快用地、规划审批，简化审批手续。其他有关部门按照各自职责，制定优惠政策，支持做好住房恢复重建工作。

6.3　冬春救助

6.3.1　受灾地区人民政府负责解决受灾群众在灾害发生后的当年冬季、次年春季遇到的基本生活困难。国家防灾减灾救灾委员会办公室、应急管理部、财政部根据党中央、国务院有关部署加强统筹指导，地方各级应急管理部门、财政部门抓好落实。

6.3.2　国家防灾减灾救灾委员会办公室、应急管理部每年9月下旬开展受灾群众冬春生活困难情况调查，并会同省级应急管理部门开展受灾群众生活困难状况评估，核实情况，明确全国需救助人员规模。

6.3.3　受灾地区县级应急管理部门应在每年10月底前统计、评估本行政区域受灾群众当年冬季、次年春季的基本生活救助需求，核实救助人员，编制工作台账，制定救助工作方案，经本级党委和政府批准后组织实施，并报上一级应急管理部门备案。

6.3.4　根据省级财政、应急管理部门的资金申请以及全国需救助人员规模，财政部会同应急管理部按相关政策规定下达中央冬春救助资金，专项用于帮助解决受灾群众冬春基本生活困难。

6.3.5　地方各级应急管理部门会同有关部门组织调拨发放衣被等物资，应急管理部会同财政部、国家粮食和储备局根据地方申请视情调拨中央救灾物资予以支持。

7　保障措施

7.1　资金保障

7.1.1　县级以上地方党委和政府将灾害救助工作纳入国民经济和社会发展规划，建立健全与灾害救助需求相适应的资金、物资保障机制，将自然灾害救灾资金和灾害救助工作经费纳入财政预算。

7.1.2　中央财政每年综合考虑有关部门灾情预测和此前年度实际支出等因素，合理安排中央自然灾害救灾资金预算，支持地方党委和政府履行自然灾害救灾主体责任，用于组织开展重特大自然灾害救灾和受灾群众救助等工作。

7.1.3　财政部、应急管理部建立健全中央救灾资金快速核拨机制，根据灾情和救灾工作进展，按照及时快速、充分保障的原则预拨救灾资金，满足受灾地区灾害救助工作资金急需。灾情稳定后，及时对预拨资金进行清算。国家发展改革委及时下达灾后应急恢复重建中央预算内投资。

7.1.4　中央和地方各级人民政府根据经济社会发展水平、自然灾害生活救助成本等因素，适时调整自然灾害救助政策和相关补助标准，着力解决好受灾群众急难愁盼问题。

7.2　物资保障

7.2.1　充分利用现有国家储备仓储资源，合理规划、建设中央救灾物资储备库；设区的市级及以上人民政府、灾害多发易发地区的县级人民政府、交通不便或灾害事故风险等级高地区的乡镇人民政府，应根据灾害特点、居民人口数量和分布等情况，按照布局合理、规模适度的原则，设立救灾物资储备库（点）。优化救灾物资储备库布局，完善救灾物资储备库的仓储条件、设施和功能，形成救灾物资储备网络。救灾物资储备库（点）建设应统筹考虑各行业应急处置、抢险救灾等方面需要。

7.2.2　制定救灾物资保障规划，科学合理确定储备品种和规模。省、市、县、乡级人民政府应参照中央应急物资品种要求，结合本地区灾害事故特点，储备能够满足本行政区域启动二级响应需求的救灾物资，并留有安全冗余。建立健全救灾物资采购和储备制度，每年根据应对重特大自然灾害需求，及时补充更新救灾物资。按照实物储备和能力储备相结合的原则，提升企业产能保障能力，优化救灾物资产能布局。依托国家应急资源管理平台，搭建重要救灾物资生产企业数据库。建立健全应急状态下集中生产调度和紧急采购供应机制，提升救灾物资保障的社会协同能力。

7.2.3　依托应急管理、粮食和储备等部门中央级、区域级、省级骨干库建立救灾物资调运配送中心。建立健全救灾物资紧急调拨和运输制度，配备运输车辆装备，优化仓储运输衔接，提升救灾物资前沿投送能力。充分发挥各级物流保通保畅工作机制作用，提高救灾物资装卸、流转效率。增强应急调运水平，与市场化程度高、集散能力强的物流企业建立战略合作，探索推进救灾物资集装单元化储运能力建设。

7.2.4　制定完善救灾物资品种目录和质量技术标准、储备库（点）建设和管理标准，加强救灾物资保障全过程信息化管理。建立健全救灾物资应急征用补偿机制。

7.3　通信和信息保障

7.3.1 工业和信息化部健全国家应急通信保障体系，增强通信网络容灾抗毁韧性，加强基层应急通信装备预置，提升受灾地区应急通信抢通、保通、畅通能力。

7.3.2 加强国家自然灾害灾情管理系统建设，指导地方基于应急宽带 VSAT 卫星网和战备应急短波网等建设、管理应急通信网络，确保中央和地方各级党委和政府、军队有关指挥机构及时准确掌握重大灾情。

7.3.3 充分利用现有资源、设备，完善灾情和数据共享平台，健全灾情共享机制，强化数据及时共享。加强灾害救助工作信息化建设。

7.4 装备和设施保障

7.4.1 国家防灾减灾救灾委员会有关成员单位应协调为基层配备灾害救助必需的设备和装备。县级以上地方党委和政府要配置完善调度指挥、会商研判、业务保障等设施设备和系统，为防灾重点区域和高风险乡镇、村组配备必要装备，提升基层自救互救能力。

7.4.2 县级以上地方党委和政府应根据发展规划、国土空间总体规划等，结合居民人口数量和分布等情况，统筹推进应急避难场所规划、建设和管理工作，明确相关技术标准，统筹利用学校、公园绿地、广场、文体场馆等公共设施和场地空间建设综合性应急避难场所，科学合理确定应急避难场所数量规模、等级类别、服务半径、设施设备物资配置指标等，并设置明显标志。灾害多发易发地区可规划建设专用应急避难场所。

7.4.3 灾情发生后，县级以上地方党委和政府要视情及时启用开放各类应急避难场所，科学设置受灾群众安置点，避开山洪、地质灾害隐患点及其他危险区域，避免次生灾害。同时，要加强安置点消防安全、卫生医疗、防疫消杀、食品安全、治安等保障，确保安置点安全有序。

7.5　人力资源保障

7.5.1　加强自然灾害各类专业救灾队伍建设、灾害管理人员队伍建设，提高灾害救助能力。支持、培育和发展相关社会组织、社会工作者和志愿者队伍，鼓励和引导其在救灾工作中发挥积极作用。

7.5.2　组织应急管理、自然资源、住房城乡建设、生态环境、交通运输、水利、农业农村、商务、卫生健康、林草、地震、消防救援、气象、电力、红十字会等方面专家，重点开展灾情会商、赴受灾地区现场评估及灾害管理的业务咨询工作。

7.5.3　落实灾害信息员培训制度，建立健全覆盖省、市、县、乡镇（街道）、村（社区）的灾害信息员队伍。村民委员会、居民委员会和企事业单位应设立专职或者兼职的灾害信息员。

7.6　社会动员保障

7.6.1　建立健全灾害救助协同联动机制，引导社会力量有序参与。

7.6.2　完善非灾区支援灾区、轻灾区支援重灾区的救助对口支援机制。

7.6.3　健全完善灾害应急救援救助平台，引导社会力量和公众通过平台开展相关活动，持续优化平台功能，不断提升平台能力。

7.6.4　科学组织、有效引导，充分发挥乡镇党委和政府、街道办事处、村民委员会、居民委员会、企事业单位、社会组织、社会工作者和志愿者在灾害救助中的作用。

7.7　科技保障

7.7.1　建立健全应急减灾卫星、气象卫星、海洋卫星、资源卫星、航空遥感等对地监测系统，发展地面应用系统和航空平台系统，建立基于遥感、地理信息系统、模拟仿真、计算机网络等技术的"天地空"一体化灾害监测预警、分析评估和应急决策支持系统。开展地方空间技术减灾应用示范和培训工作。

7.7.2 组织应急管理、自然资源、生态环境、交通运输、水利、农业农村、卫生健康、林草、地震、消防救援、气象等方面专家开展自然灾害综合风险普查，及时完善全国自然灾害风险和防治区划图，制定相关技术和管理标准。

7.7.3 支持鼓励高等院校、科研院所、企事业单位和社会组织开展灾害相关领域的科学研究，加强对全球先进应急装备的跟踪研究，加大技术装备开发、推广应用力度，建立合作机制，鼓励防灾减灾救灾政策理论研究。

7.7.4 利用空间与重大灾害国际宪章、联合国灾害管理与应急反应天基信息平台等国际合作机制，拓展灾害遥感信息资源渠道，加强国际合作。

7.7.5 开展国家应急广播相关技术、标准研究，建立健全国家应急广播体系，实现灾情预警预报和减灾救灾信息全面立体覆盖。通过国家突发事件预警信息发布系统及时向公众发布灾害预警信息，综合运用各类手段确保直达基层一线。

7.8 宣传和培训

进一步加强突发事件应急科普宣教工作，组织开展全国性防灾减灾救灾宣传活动，利用各种媒体宣传应急法律法规和灾害预防、避险、避灾、自救、互救、保险常识，组织好"全国防灾减灾日"、"国际减灾日"、"世界急救日"、"世界气象日"、"全国科普日"、"全国科技活动周"、"全国消防日"和"国际民防日"等活动，加强防灾减灾救灾科普宣传，提高公民防灾减灾救灾意识和能力。积极推进社区减灾活动，推动综合减灾示范社区建设，筑牢防灾减灾救灾人民防线。

组织开展对地方各级党委和政府分管负责人、灾害管理人员和专业救援队伍、社会工作者和志愿者的培训。

8　附则

8.1　术语解释

本预案所称自然灾害主要包括洪涝、干旱等水旱灾害，台风、风雹、低温冷冻、高温、雪灾、沙尘暴等气象灾害，地震灾害，崩塌、滑坡、泥石流等地质灾害，风暴潮、海浪、海啸、海冰等海洋灾害，森林草原火灾和重大生物灾害等。

8.2　责任与奖惩

各地区、各部门要切实压实责任，严格落实任务要求，对在灾害救助过程中表现突出、作出突出贡献的集体和个人，按照国家有关规定给予表彰奖励；对玩忽职守造成损失的，依据国家有关法律法规追究当事人责任，构成犯罪的，依法追究其刑事责任。

8.3　预案管理

8.3.1　本预案由应急管理部负责组织编制，报国务院批准后实施。预案实施过程中，应急管理部应结合重特大自然灾害应对处置情况，适时召集有关部门和专家开展复盘、评估，并根据灾害救助工作需要及时修订完善。

8.3.2　有关部门和单位可根据实际制定落实本预案任务的工作手册、行动方案等，确保责任落实到位。

8.3.3　地方各级党委和政府的防灾减灾救灾综合协调机构，应根据本预案修订本级自然灾害救助应急预案，省级预案报应急管理部备案。应急管理部加强对地方各级自然灾害救助应急预案的指导检查，督促地方动态完善预案。

8.3.4　国家防灾减灾救灾委员会办公室协调国家防灾减灾救灾委员会成员单位制定本预案宣传培训和演练计划，并定期组织演练。

8.3.5　本预案由国家防灾减灾救灾委员会办公室负责解释。

8.4　参照情形

发生自然灾害以外的其他类型突发事件，根据需要可参照本预案开展救助工作。

8.5　预案实施时间

本预案自印发之日起实施。

关于在全国全面实施三大粮食作物完全成本
保险和种植收入保险政策的通知

财金〔2024〕45号

各省、自治区、直辖市、计划单列市财政厅（局）、农业农村（农牧）厅（局、委），金融监管总局各监管局，新疆生产建设兵团财政局、农业农村局，中国融通资产管理集团有限公司、中国储备粮管理集团有限公司、北大荒农垦集团有限公司、中国农业发展集团有限公司，有关保险公司：

按照《中共中央　国务院关于学习运用"千村示范、万村整治"工程经验有力有效推进乡村全面振兴的意见》有关要求，为推动提升农业保险保障水平，稳定种粮农户收益，支持推进乡村全面振兴，更好保障国家粮食安全，现就在全国全面实施三大粮食作物完全成本保险和种植收入保险政策有关事项通知如下：

一、总体要求

以习近平新时代中国特色社会主义思想为指导，全面贯彻落实党的二十大和二十届二中全会精神、中央经济工作会议精神、中央农村工作会议精神，深入贯彻落实习近平总书记关于"三农"工作的重要论述精神，坚持以人民为中心的发展思想，完整、准确、全面贯彻新发展理念，加快构建新发展格局，着力推动高质量发展，紧紧围绕推进乡村全面振兴和加快农业农村现代化，通过在全国全面实施稻谷、小麦、玉米三大粮食作物完全成本保险和种植收入保险政策，在管理上要效率，在创新上要效益，助力健全农村金融服务体系和种粮农民收益保障机制，推动完善农业支持保护制度，服务乡村振兴战略，保障国家粮食安全。

——坚持自主自愿。实施三大粮食作物完全成本保险和种植收入保险的地区以及有关农户、农业生产经营组织、承保机构均应坚持自主自愿原则。自 2024 年起，全国种粮农户和农业生产经营组织可在物化成本保险、完全成本保险或种植收入保险中自主自愿选择险种投保，但不得重复投保。

——聚焦惠及农户。将适度规模经营农户和小农户均纳入三大粮食作物完全成本保险和种植收入保险保障范围，以小农户为基础、新型农业经营主体为重点，发挥新型农业经营主体带动作用，提升小农户组织化程度，允许村集体组织小农户集体投保、分户赔付。

——体现高质高效。地方财政部门要加强与农业农村、保险监管等有关单位以及承保机构协同，坚持尽力而为、量力而行，强化绩效导向，科学合理确定保障水平，及时足额拨付保费补贴，提高财政资金使用效益，推动实现三大粮食作物农业保险提质增效，确保政策精准滴灌。

——加强合规管理。各地要健全风险防范和应急处置机制。承保机构要强化防范风险主体责任，坚持审慎经营，提升风险预警、识别、管控能力，加强风险减量管理，切实提升服务水平，增强种粮农户政策满意度。保险监管部门要监督承保机构重合同、守信用，及时足额定损理赔，不得平均赔付、协议赔付。

——鼓励创新赋能。鼓励各地探索开发契合农户需求的农业保险创新产品，开展农业保险创新试点，推动农业保险与其他农村金融工具和支农惠农政策以及防灾减灾举措有机结合，发挥农业保险增信功能，助力健全农村信用体系。同时，提升农业保险数字化、线上化水平，夯实保单级大数据管理基础，不断提升农业保险管理精准度、精细度、可靠度。

二、补贴方案

（一）保险标的为关系国计民生和粮食安全的稻谷、小麦、玉米三大粮食作物。保险品种为完全成本保险和种植收入保险。其中，完全成本保险为保险金额覆盖物化成本、土地成本和人工成本等农业生产总成本的农业保险；种植收入保险为保险金额体现农产品价格和产量，保障水平覆盖相关农产品种植收入的农业保险。保险保障对象包括适度规模经营农户、小农户等全体农户和农业生产经营组织。

（二）实施地区为全国种粮地区。具体作物品种和保险产品结合种粮实际情况和农产品特点确定。

（三）完全成本保险保障水平、种植收入保险保障水平原则上均不得高于相应品种产值的80%。农业生产总成本、单产和价格（地头价）数据，以国家发展改革委最新发布的《全国农产品成本收益资料汇编》或相关主管部门认可的数据为准。

（四）三大粮食作物完全成本保险和种植收入保险保费补贴比例为在省级财政保费补贴不低于25%的基础上，中央财政对中西部地区和东北地区补贴45%，对东部地区补贴35%。在相关中央单位承担不低于10%保费的基础上，中央财政对相关中央单位保费补贴按其种植业务所在地补贴比例执行。

三、保险方案

（一）完全成本保险的保险责任应涵盖当地主要的自然灾害、重大病虫鼠害、意外事故、野生动物毁损等风险，种植收入保险的保险责任应涵盖农产品价格、产量波动导致的收入损失。

（二）保险费率按照保本微利原则厘定。承保机构公平合理拟定保险费率。省级财政部门应会同有关方面加强指导，并征求当地农业农村部门、保险监管部门、农户代表和财政部当地监管局意见。

（三）地方财政部门应进一步规范保费补贴资金管理，优化资金拨付方式，根据农业保险承保进度及签单情况，及时向承保机构拨付保费补贴，不得拖欠。

（四）保险监管部门应监督承保机构加强承保理赔管理，对适度规模经营农户和小农户都要做到承保到户、定损到户、理赔到户。

（五）承保机构应规范费用列支，在保障专业服务质量的前提下持续加强费用管控，确保农业保险综合费用率不高于 20％。

（六）承保机构应抓实查勘定损工作，加强承保理赔信息管理，提高农户信息采集准确度。当地农业农村部门在种粮信息采集等方面提供支持。

四、其他事项

（一）省级财政部门应于 2024 年 6 月 20 日前，将扩大政策实施范围相关资金申请报告及测算表报财政部，财政部根据预算安排和各地申请情况，于 9 月 30 日前下达当年扩大政策实施范围资金，并在下一年度统一结算，以后年度按照《财政部关于印发〈中央财政农业保险保费补贴管理办法〉的通知》（财金〔2021〕130 号）相关规定报送。

（二）各地和相关中央单位要高度重视扩大完全成本保险和种植收入保险实施范围工作，执行中如有问题，请及时报告。

（三）本通知自 2024 年 1 月 1 日起施行。

财政部

农业农村部

金融监管总局

2024 年 5 月 21 日

国务院关于加强监管防范风险推动保险业高质量发展的若干意见

国发〔2024〕21 号

各省、自治区、直辖市人民政府，国务院各部委、各直属机构：

党的十八大以来，我国保险业快速发展，在保障和改善民生、防灾减损、服务实体经济等方面发挥了重要作用。为深入贯彻中央金融工作会议精神，进一步推动保险业高质量发展，现提出以下意见。

一、总体要求

以习近平新时代中国特色社会主义思想为指导，全面贯彻党的二十大和二十届二中、三中全会精神，完整准确全面贯彻新发展理念，坚守金融工作的政治性、人民性，以强监管、防风险、促高质量发展为主线，充分发挥保险业的经济减震器和社会稳定器功能，大力提升保险保障能力和服务水平，推进金融强国建设，服务中国式现代化大局。

深刻把握保险业高质量发展的主要内涵，牢固树立服务优先理念，助力筑牢经济安全网、社会保障网和灾害防控网。必须坚持党中央对金融工作的集中统一领导，坚定不移走中国特色金融发展之路，确保保险业始终保持正确的发展方向；必须坚持人民立场，牢固树立以人民为中心的发展思想，专注主业，保护消费者合法权益，更好满足人民群众日益增长的保险保障和财富管理需求；必须坚持从严监管，确保监管"长牙带刺"、有棱有角，实现监管全覆盖、无例外，牢牢守住不发生系统性风险的底线；必须坚持深化改革，做好科技金融、绿色金融、普惠金融、养老金融、数字金融五篇大文章，统筹好开放和安全，提升保险业服务实体经济质效。

到 2029 年，初步形成覆盖面稳步扩大、保障日益全面、服务持续改善、资产配置稳健均衡、偿付能力充足、治理和内控健全有效的保险业高质量发展框架。保险监管制度体系更加健全，监管能力和有效性大幅提高。到 2035 年，基本形成市场体系完备、产品和服务丰富多样、监管科学有效、具有较强国际竞争力的保险业新格局。

二、严把保险市场准入关

严格审批保险机构。依法从严审批新设保险机构。优化机构区域和层级布局，稳妥有序推进减量提质。推进业务分级管理。

严格审核管理人员任职资格。健全保险机构董事、监事、高级管理人员任职资格审查机制。强化董事长和总经理履职监管。建立关键人员任职履职负面信息库，加大失职问责力度，防止"带病流动"。

严格审查股东资质。健全保险公司股权管理规则。严格股东资质、资金来源和行为穿透式审查。严禁违规跨业经营、杠杆率过高、存在严重失信行为和重大违法违规记录的企业成为保险机构主要股东或实际控制人。建立股东、实际控制人"黑名单"制度，加大对重大违法违规股东的清退力度。

三、严格保险机构持续监管

强化公司治理监管。促进党的领导与公司治理有机融合。健全内控合规和风险管理体系。从严监管关联交易。严格并表监管。完善关键人员激励约束机制，加强长周期考核。

强化资产负债联动监管。健全利率传导和负债成本调节机制。引导优化资产配置结构，提升跨市场跨周期投资管理能力。督促理顺委托人和受托人职责分工。加强投资全流程监管。依法合规运用金融衍生品。稳慎推进全球资产配置。

强化分级分类监管。健全保险机构监管评级制度，强化评级结果运用。推动保险销售人员分级分类管理。加强产品费差监管。合理配置监管资源，实行高风险高强度监管、低风险低强度监管。严防监管套利和监管真空。

强化保险消费者权益保护。深化保险业信用体系建设。加强产品适当性监管，增强产品供需适配度。强化客户信息安全保护。加强源头治理，优化承保理赔服务。加强宣传普及，提升全社会保险意识。引导保险机构切实维护行业信誉。

四、严肃整治保险违法违规行为

紧盯关键领域和薄弱环节。加大稽查检查力度，坚决打击严重破坏市场秩序、严重损害保险消费者合法权益、造成恶劣社会影响的关键事、关键人、关键行为。依法建立股东不当所得追回制度和风险责任事后追偿机制。对监守自盗、内外勾结、搞利益输送的关键人员，从严实施取消任职资格、薪酬追索、行业禁入等措施；涉嫌犯罪的，依法移送司法机关处理。

加大市场整治力度。依法严厉打击股东或实际控制人违规持股、非自有资金出资、违规干预公司经营管理活动、违规占用资金等行为。严禁违规投资与保险主业无关的行业企业。规范销售行为，严肃查处销售误导、套取费用等行为。坚决打击保险欺诈犯罪、违规代理退保等行为。

优化行政处罚工作机制。细化各类违法行为处罚标准。严格落实应罚尽罚、罚没并举和"双罚"制度。坚持同案同罚、过罚相当原则，提高处罚精准度。推动处罚工作标准化。

五、有力有序有效防范化解保险业风险

建立以风险监管为本的制度体系。完善保险资产风险分类制度。强化逆周期监管。优化偿付能力和准备金监管政策。制定风险处置规程。健全保险保障基金参与风险处置机制。规范保险产品设计和利益相关方权利义务，研究完善与风险挂钩的保单兑付机制。

持续防范化解苗头性、倾向性风险隐患。健全风险预警体系，压实预警响应责任。强化风险监测分析，跟踪研判重点领域风险。加强久期和利率风险管理。建立风险早期纠正硬约束制度。

稳慎推进风险处置。拓宽风险处置资金来源，支持符合条件的企业参与保险机构改革化险。健全市场退出机制。对风险大、不具备持续经营能力的保险机构，收缴金融许可证，依法进入破产清算程序。落实地方党委和政府风险处置属地责任，强化中央金融管理部门监管责任，协同推进风险处置。

六、提升保险业服务民生保障水平

丰富巨灾保险保障形式。坚持政府推动、市场运作原则，探索建立多渠道多层次巨灾保险保障机制。拓展巨灾保险保障范围。扩大综合巨灾保险试点。研发运用巨灾风险模型。研究探索巨灾债券。合理运用再保险分散风险。发展气候保险。健全保险应急服务机制，改进风险减量服务，支持防灾减灾救灾。

积极发展第三支柱养老保险。大力发展商业保险年金，满足人民群众多样化养老保障和跨期财务规划需求。鼓励开发适应个人养老金制度的新产品和专属产品。支持养老保险公司开展商业养老金业务。推动专属商业养老保险发展。丰富与银发经济相适应的保险产品、服务和保险资金支持方式。依法合规促进保险业与养老服务业协同发展。

提升健康保险服务保障水平。扩大健康保险覆盖面。丰富商业医疗保险产品形式，推动就医费用快速结算。将医疗新技术、新药品、新器械应用纳入保障范围。发展商业长期护理保险。持续做好大病保险服务保障。推动商业健康保险与健康管理深度融合。鼓励面向老年人、慢病患者等群体提供保险产品。试行区域保险药械目录。探索建立第三方服务机构"黑名单"制度。

健全普惠保险体系。实现基础保险服务扩面提质。扩大保险服务区域、领域和群体，努力为人民群众提供覆盖广泛、公平可得、保费合理、保障有效的保险服务。更好满足农民、城镇低收入者等群体保险需求。优化新业态、新市民等保险保障供给。大力推广意外伤害保险。鼓励发展专属普惠保险。完善普惠保险评价指标。

七、提升保险业服务实体经济质效

聚焦国家重大战略和重点领域。积极对接高质量共建"一带一路"等国家重大战略、重点领域和薄弱环节的风险保障与融资需求。探索提供一揽子风险管理与金融服务方案，助力畅通国内国际双循环。发挥共保体作用，服务国家重点支持领域。

服务科技创新和现代化产业体系建设。健全覆盖科技企业全生命周期的保险产品和服务体系。强化绿色保险顶层设计。提升农业保险和农村基础设施保险发展水平。加快发展海运保险，提高海运保障能力。研究探索国际道路运输风险分散机制。扩大出口信用保险覆盖面，助力培育外贸新动能。

发挥保险资金长期投资优势。培育真正的耐心资本，推动资金、资本、资产良性循环。加大战略性新兴产业、先进制造业、新型基础设施等领域投资力度，服务新质生产力发展。引导保险资金为科技创新、创业投资、乡村振兴、绿色低碳产业发展提供支持。

八、深化保险业改革开放

持续健全保险市场体系。支持大型保险机构做优做强。引导中小保险公司特色化专业化经营发展。提升保险资产管理公司长期资金管理能力。推动保险中介机构规范提质发展。推动再保险公司加大产品、服务和技术创新力度。发挥保险行业组织和基础设施作用。

持续深化重点领域改革。健全产品定价机制，强化精算技术运用。推进产品转型升级，支持浮动收益型保险发展。以新能源汽车商业保险为重点，深化车险综合改革。发展多层次农业保险，推动农业保险扩面、增品、提标，及时规范理赔。探索责任保险和家庭财产保险创新。发挥人寿保险的家庭保障和财富传承功能。加快营销体制改革。稳步开展境内外币保单业务。

持续推进高水平对外开放。支持优质境外保险机构来华设立法人机构及分支机构。支持合格境外机构投资入股境内保险机构。鼓励中资保险机构稳步拓展海外业务，持续提升经营管理和风险防范能力。深化国际保险监管交流合作，积极参与国际保险治理。

九、增强保险业可持续发展能力

提升产品定价精准性。强化保险业基础数据治理和标准化建设，推动与相关行业数据共享。探索推进医疗保障信息平台与商业健康保险信息平台信息交互。制定商业养老保险统计标准。健全健康保险数据指标体系。编制完善经验发生率表。

提高数智化水平。加快数字化转型，加大资源投入，提升经营管理效率。鼓励运用人工智能、大数据等技术，提高营销服务、风险管理和投资管理水平。加强网络安全防护和数据安全管理，提升突发事件应急处置和灾备水平。依法依规维护数据资产权益。

增强高质量发展内生动力。积极培育中国特色保险文化，塑造可信赖、能托付、有温度的保险业良好形象。树立正确的经营观、业绩观和风险观，加快由追求速度和规模向以价值和效益为中心转变。加强专业人才队伍建设。改善经营效益，提升内源性资本补充能力。拓宽资本补充渠道，健全资本补充监管制度。增加债务性资本补充工具。

十、强化推动保险业高质量发展政策协同

健全央地协同工作机制。制定央地协同事项清单，明确工作流程。建立金融监管部门与地方金融管理部门定期通报、信息共享和重大事项会商等制度。持续打击非法保险等活动。提升监管联动质效。

　　强化宏观政策协同。健全财政支持的农业保险大灾风险分散机制。合理安排中央、省级财政对主要粮食作物、地方优势特色农产品的保费补贴。加强责任保险领域法制建设。建立科技保险政策体系，鼓励各地因地制宜开展创新探索。符合规定的事业单位可按制度要求使用财政资金购买与建立补充医疗保险相关的商业健康保险。支持个人保险代理人按照灵活就业人员相关政策参加社会保险、办理居住证。

　　深化部际协调联动。推动保险领域法治建设。加大违法违规行为联合打击力度。强化行刑衔接、纪法衔接。健全重大违法违规线索双向通报机制，加大案件移送力度。在违法违规股东清退、问题机构风险处置等方面，推动发挥司法强制执行、集中管辖等作用。

　　打造政治过硬、能力过硬、作风过硬的监管铁军。把政治建设放在更加突出位置，深入推进全面从严治党。铲除腐败问题产生的土壤和条件，坚决惩治腐败与风险交织、资本与权力勾连等腐败问题，营造风清气正的政治生态。

国务院

2024 年 9 月 8 日

中共中央办公厅　国务院办公厅关于进一步
提升基层应急管理能力的意见

（2024 年 9 月 21 日）

加强基层应急管理能力建设是防范化解重大安全风险、及时应对处置各类灾害事故的固本之策，是推进应急管理体系和能力现代化的重要内容。为深入贯彻党的二十大和二十届二中、三中全会精神，认真落实习近平总书记关于应急管理和基层治理的重要论述，强化基层应急基础和力量，进一步提升基层应急管理能力，筑牢安全底板、守牢安全底线，经党中央、国务院同意，现提出如下意见。

一、提升基层应急管理组织指挥能力

（一）加强党的全面领导。在党中央集中统一领导下，完善基层应急管理组织体系，把党的领导贯彻到基层应急管理工作全过程各方面。在县级党委和政府组织领导下，乡镇（街道）（含开发区、工业园区等各类功能区，下同）和村（社区）依法依规开展巡查巡护、隐患排查、信息传递、先期处置、组织群众疏散撤离以及应急知识宣传普及等应急管理工作，做到预防在先、发现在早、处置在小。充分发挥基层党组织战斗堡垒作用和党员先锋模范作用，调动广大党员参与应急管理的积极性，平时组团服务，应急时就地入列。

（二）理顺应急管理体制。坚持资源统筹、县乡一体、上下联动、条块结合，县级党委和政府根据本地实际整合安全生产监管、消防、防灾减灾救灾、应急救援有关职责，统一归口应急管理部门综合管理。发挥应急管理部门综合优势以及相关部门和有关方面专业优势，衔接好"防"和"救"的责任链条，推动形成隐患排查、风险识别、监测预警、及时处置闭环管理。在人才、科技、装备、专业培训、业务指导等方面给予乡镇（街道）支持。乡镇（街道）明确专门工作力量，统筹强化应急管理及消防工作并纳入基层网格化管理服务内容。

（三）建立应急指挥机制。完善县（市、区、旗）、乡镇（街道）大安全大应急框架下应急指挥机制，统一组织、指挥、协调突发事件应急处置工作。明确党政领导班子成员和相关单位职责，完善调度指挥、会商研判、业务保障等设施设备和系统，确保上下贯通、一体应对。

（四）健全责任落实机制。坚持党政同责、一岗双责、齐抓共管、失职追责。落实分级负责、属地管理为主的原则，县级党委和政府负责本地应急管理体系和能力建设，指挥协调灾害事故抢险救援工作。党政主要负责同志是本地应急管理工作的第一责任人，定期组织研究应急管理工作；党政领导班子其他成员对分管范围内的应急管理工作承担领导责任，与业务工作同部署、同推进、同检查。县级应急管理和消防救援部门负责牵头协调有关部门，组织开展应急管理及消防工作，合理布局应急资源和人员力量。根据有关规定，按照责权一致、责能一致原则，在乡镇（街道）履行职责事项清单中，明确应急管理及消防相关基本履职事项和以上级应急管理等部门为主负责、乡镇（街道）为辅配合的履职事项，并相应下沉工作力量和资源，建立健全相关工作制度。对不属于乡镇（街道）职责范围或乡镇（街道）不能有效承接的事项，不得由乡镇（街道）承担。完善安全生产风险排查整治和责任倒查机制。

二、提高基层安全风险防范能力

（五）强化智能监测预警。推动公共安全治理模式向事前预防转型，促进专业监测和群测群防深度融合，进一步完善监测手段，提高预警精准度，实现从人防、技防向智防提升。健全自然灾害综合风险普查和数据成果动态更新制度，强化结果分析应用。加强洪涝、泥石流等自然灾害和安全生产、消防安全风险监测网络建设，建立专职或兼职信息报告员制度，推动系统应用向基层延伸，强化数据汇聚共享和风险综合研判。定期开展危险源辨识评估，积极运用物联网、大数据等先进技术，对老化燃气管道、桥涵隧道、病险水库等高风险领域加强风险实时监测，制定安全防范措施。乡镇（街道）和村（社区）在相关部门指导下建立风险隐患"一张图"，畅通预警信息发布和传播渠道，落实直达网格责任人的预警"叫应"机制，综合运用应急广播、短信微信、智能外呼、鸣锣吹哨、敲门入户等手段，及时传达到户到人。

（六）做实隐患排查治理。市县两级加强对基层隐患排查治理的业务和技术指导，推广应用简便易用的风险隐患信息报送系统。乡镇（街道）和村（社区）配合相关部门定期开展重点检查，做好日常巡查，推动落实生产经营单位主动自查等制度，突出防御重点，盯紧基层末梢，着重开展"九小场所"、农家乐、经营性自建房、在建工地、燃气、低洼易涝点及城市地下空间、江河堤防、山塘水库、尾矿库、山洪和地质灾害危险区、森林草原火险区等风险隐患排查，提升排查专业性。企业依法配备专职或兼职安全生产管理人员。鼓励群众发现报告风险隐患并按照规定给予奖励。推行"街乡吹哨、部门报到"做法，完善发现问题、流转交办、督查督办等制度。分区域、分灾种、分行业领域建立隐患排查治理台账，采取工程治理、避险搬迁、除险加固等方式，及时消除重大隐患。

（七）依法开展监督检查。综合运用派驻执法、联合执法、协作执法和"四不两直"等方式，提升乡镇（街道）执法效能。加强执法装备配备，强化"互联网＋执法"，推动执法全过程上线入网。

发挥应急管理综合行政执法技术检查员和社会监督员作用，加强专家指导服务。

（八）广泛开展科普宣传。开展全国防灾减灾日、安全生产月、消防宣传月等活动。加强科普读物、动漫游戏、短视频等公众教育产品开发推送，采取案例警示、模拟仿真、体验互动、文艺作品等形式，深入推进安全宣传进企业、进农村、进社区、进学校、进家庭，普及应急管理法律法规和防灾减灾救灾知识，培育安全文化。有条件的地方依托公共场所、各类场馆等因地制宜建设防灾减灾体验场所，常态化开展科普宣传和技能培训，强化对基层干部教育培训，提升社会公众风险防范意识和自救互救能力。

三、增强基层应急救援队伍实战能力

（九）完善救援力量体系。市县两级根据本地人口数量、经济规模、灾害事故特点、安全风险程度等因素，依规配齐配强应急救援力量，优化队伍布局，构建"综合＋专业＋社会"基层应急救援力量体系，推动力量下沉、保障下倾，在党委和政府领导下，由应急管理部门统一指挥、调度使用。发挥属地企业专职救援力量、微型消防站以及民兵、预备役人员、物业管理人员、保安员、医务人员等作用，加强专兼职基层应急救援力量建设。水旱灾害、地震地质灾害、森林草原火灾等风险突出，或矿山（含尾矿库）、危险化学品等高危行业生产经营单位集中的县（市、区、旗），要加强相关专业救援力量建设。

（十）鼓励支持社会应急力量发展。发挥有关部门、群团组织以及志愿服务组织等作用，推动社会应急力量建设。加强对社会应急力量的政治引领、政策指导和规范管理。开展政治理论、业务知识和救援技能培训，举办技能竞赛，组织实施分级分类测评。将社会应急力量纳入资源统计、管理训练和对接调动的范畴，积极搭建任务对接、技能提升、激励等平台，可在训练等方面给予适当支持。完善应急管理领域政府购买服务指导性目录。

（十一）加强一体管理与实战训练。国家综合性消防救援队伍要充分发挥主力军作用，建立健全与基层应急救援力量联训联演联战机制。优化力量编成，对基层应急救援力量进行体系化编组，统一管理指挥，强化救援协作。坚持实战导向编制训练计划，采取理论培训、案例教学、岗位练兵、比武竞赛、联合演练等方式，提高抢险救援能力。

（十二）加强队伍规范化建设。市县两级在充分利用现有资源的基础上，科学规划建设功能齐全、配套完善、经济实用的应急救援训练场地，推动与国防动员相关场所设施共建共享。规范救援装备配备，购置破拆、清障、防护、通信等先进适用应急装备，强化共享共用。加强队伍正规化管理，建立人员选配、值班备勤、应急响应、指挥调度、训练演练等制度。

四、提升基层应急处置能力

（十三）加强预案编制和演练。相关部门要结合当地灾害事故风险特点，指导编制并动态修订上下衔接的乡镇（街道）综合应急预案、专项应急预案和简明实用的村（社区）应急预案，制定重点岗位应急处置卡，明确各环节责任人和应对措施。常态化开展预案演练，乡镇（街道）和村（社区）每年至少组织 1 次以先期处置、转移避险、自救互救为重点内容的综合演练，高风险地区要加强防汛、防台风、避震自救、山洪和地质灾害避险、火灾逃生等专项演练。

（十四）加强值班值守和信息报告发布。落实领导带班和值班值守制度。明确信息报告的主体、范围、内容、时限、流程和工作纪律，落实企业、学校、医院、村（社区）等基层单位及时报告信息的主体责任，加强多渠道多部门信息报告，强化信息互通共享，不得迟报、谎报、瞒报、漏报。按照有关规定及时、准确发布信息，积极回应社会关切。

（十五）开展先期处置。依法赋予乡镇（街道）应急处置权。强化预警和应急响应联动，提高响应速度。灾害事故发生后，迅速启动应急预案，按照有关规定成立现场指挥部，及时组织人员转移，救早救小救初期。就近启用应急设施和避难场所，组织群众自救互救。根据需要申请上级增援并配合做好救援工作。推动应急避难场所和文化、教育、体育、旅游等基础设施融合共建、综合利用。

（十六）统筹做好灾后救助。地方党委和政府要加强灾情统计和灾害救助，及时下拨救灾资金和物资，组织协调承保机构开展保险理赔，保障受灾群众基本生活。乡镇（街道）和村（社区）协助做好救灾资金和物资发放、卫生防疫、抚恤补偿、心理抚慰以及恢复重建等工作。组织群众开展生产自救，重建家园。

五、强化基层应急管理支撑保障能力

（十七）强化人才支持。通过公务员考录、实施基层应急管理特设岗位计划、公开招聘、退出消防员安置等方式，配备专业人员，充实基层应急专业力量。支持有条件的高校、职业学校开设应急管理相关学科专业，加强对基层应急管理人员的专业培训。鼓励基层应急管理人员考取注册安全工程师、注册消防工程师、应急救援员等职业资格，参加紧急救援救护、应急医疗急救等专业技能培训。维护退出消防员合法权益，合理保障基层应急管理人员待遇，按规定落实人身意外伤害保险、抚恤优待等政策。

（十八）保障资金投入。按照事权与支出责任相适应原则，将基层应急管理工作经费纳入地方政府财政预算，完善多元经费保障。将救援队伍和应急场所建设、应急装备物资配备、应急信息化项目等纳入地方经济社会发展规划和相关专项规划，完善基层防灾减灾、公共消防等基础设施。

（十九）强化物资保障。市县两级要坚持节约高效原则，综合考虑本地灾害事故特点、人口分布、地理位置等因素，合理规划应急物资储备点布局，在重点区域和高风险乡镇（街道）、村（社区）配备卫星通信终端、险情监控、救生防护等必要物资装备。对市场保有量充足、保质期短、养护成本高的物资，逐步提高协议储备占比。鼓励引导企事业单位、社会组织和家庭储备必要应急物资。充分发挥各级交通物流保通保畅工作机制作用，健全直达基层的现代应急物流调配体系。按照规定完善社会资源应急征用补偿机制。加强基层应急救援用车保障，为应急救援人员和车辆提供通行便利。

（二十）加强科技赋能。推动"智慧应急"和基层治理有机融合，按照部省统筹管理、市县推广创新、基层落地应用的要求，推广应用符合基层实际需求的科技手段和信息化系统。强化系统集成，加强数据融合与分析应用，为乡镇（街道）和村（社区）提供隐患辅助识别、预警预报自动提醒等智能服务。加强"断路、断网、断电"等极端状态下的应急通信保障能力建设。在基层推广配备"小、快、轻、智"新型技术装备。

（二十一）推进标准化建设。鼓励地方采取以奖代补等方式支持村（社区）综合减灾等工作。加快基层应急力量配置、场所设施、物资装备、应急标识等标准化建设，做到力量充足、设施完备、装备齐全、标识一致、管理规范。

六、强化组织实施

按照省负总责、市县抓落实的工作要求，地方各级党委和政府要把基层应急管理能力建设与重点工作统筹谋划推进，结合实际抓好本意见贯彻落实。各省（自治区、直辖市）按照分类指导、符合实际、明确职责的原则，可制定配套文件。明确细化落实应急管理工作相关部门职责，充分发挥群团组织作用，完善相关政策，形成工作合力。将应急管理工作岗位作为培养锻炼和考察识别干部的重要平台，在干部考察考核等工作中，注意了解有关领导干部履行灾害事故预防、应急准备、救援处置等职责情况。对在防范灾害事故、应急抢险救灾等急难险重任务中作出突出贡献的单位和个人，按规定给予表彰奖励；对玩忽职守造成损失或重大社会影响的，依规依纪依法严肃追究有关单位和人员责任。总结推广经验做法，加大宣传力度，营造良好氛围。

农业农村部　国家发展改革委　工业和信息化部　财政部
中国人民银行　市场监管总局　金融监管总局
关于促进肉牛奶牛生产稳定发展的通知

农牧发〔2024〕16 号

各省、自治区、直辖市及计划单列市和新疆生产建设兵团农业农村（农牧）、畜牧兽医厅（局、委）、发展改革委、工业和信息化主管部门、财政厅（局）、市场监管局（厅、委）、金融监管局；中国人民银行上海总部，各省、自治区、直辖市及计划单列市分行：

2023 年以来，全国牛肉牛奶价格持续走低，养殖场户普遍亏损，经营困难，肉牛奶牛生产面临多年未遇的严峻形势。为采取切实措施帮助养殖场户渡过难关，稳定肉牛奶牛生产，现将有关事项通知如下。

一、着力稳定肉牛奶牛基础产能

肉牛奶牛生产周期长，过度淘汰母牛将对产业持续健康发展造成严重影响。各地要把保护母牛基础产能放在突出位置，抓紧抓实抓好各项重点工作。加快实施基础母牛扩群提质项目，通过"先增后补、见犊补母"方式，对饲养肉牛基础母牛、选用优秀种公牛冻精配种的养殖场户给予积极支持，在稳住基础母牛群体数量的基础上，提升母牛种用性能和繁殖效率。培育奶牛家庭牧场和奶农合作社等新型经营主体，改进设施装备，促进良种良法配套，提升生产经营能力。奶业主产省份可结合本地区实际，探索实施喷粉补贴、增量收购补贴等紧急纾困政策，帮助养殖加工企业缓解生产经营压力，稳定养殖预期。

二、有效降低养殖场户饲草成本

饲草料是肉牛奶牛的"口粮"。当前正值集中收储青贮玉米的关键时节，各地要把降低收储成本作为促进养殖节本增效的关键举措，用好用足粮改饲支持政策。以青贮玉米、苜蓿、饲用燕麦等优质饲草为重点，兼顾区域性特色饲草品种，加快推进优质饲草收储进度。鼓励探索实施农作物秸秆与优质饲草混贮利用，对肉牛奶牛等草食家畜养殖场户、企业、农民合作社以及专业化饲草收储服务组织等主体给予支持。强化青贮收获机械等条件保障，加强青贮饲料收获制作技术指导，帮助养殖场户备足用好青贮饲料。加强肉牛奶牛饲草料供需情况调度，及时准确掌握饲草料储备情况，组织做好产销衔接，防止发生缺草断供问题。内蒙古、四川、西藏、甘肃、青海、宁夏、新疆等7个牧区省份和新疆生产建设兵团要组织实施好草原畜牧业转型升级整县推进项目，督促项目县按照批复的项目实施方案抓好落实，加强高产稳产优质饲草生产、优良种畜和饲草种子扩繁以及防灾减灾饲草贮运体系等基础设施建设；加强项目资金全链条监管和日常调度，严格按照有关制度支出和使用资金，提高项目建设质量。

三、推动奶业养殖加工一体化发展

各地要全面落实稳定可控奶源要求，强化部门协作联动，细化工作措施，抓紧构建产加销紧密协作的利益联结机制，稳定生鲜乳购销秩序，保障奶农合法权益。督促乳品加工企业规范复原乳添加和标识管理，促进鲜奶加工消费。优化实施奶业生产能力提升整县推进项目，提高养殖大县奶业综合生产能力，促进一二三产业融合发展。各地建设的以肉牛、奶业为主导产业的现代农业产业园、优势特色产业集群项目，要进一步强化对饲草料种收储、养殖、屠宰、加工全产业链发展的支持，结合本地实际对饲草料种收储和养殖环节给予更加精准有效支持，促进产业提档升级和农牧民增收。

四、强化信贷保险政策支持

各地要主动开展肉牛奶牛养殖场户对接走访工作，对养殖经验丰富、饲养管理水平较高、信用良好的养殖场户建立白名单制度，鼓励银行机构在有效防控风险前提下积极给予信贷支持。加强银政企户精准有效对接，对生产经营正常、信用状况良好、具备持续经营能力但暂时遇到困难的肉牛奶牛养殖场户等涉农主体，鼓励金融机构通过合理展期、续贷等方式予以支持，不盲目抽贷、断贷、限贷。支持将肉牛奶牛活体、养殖圈舍等纳入抵质押品范围，地方各级农业农村部门要会同金融部门积极推进养殖圈舍、大型养殖机械、活体畜禽等抵押登记、评价、流转、处置等机制建设。鼓励开展肉牛奶牛产业专属信贷服务，共享数据信息，强化信贷风险管理和处置。要着眼入秋以后收储青贮玉米的资金需求，鼓励银行机构创新"青贮贷"等专项金融产品。各地要积极用好基础母牛扩群提质、奶业新型经营主体培育等政策，可探索采取贴息补助的方式给予支持。全国农业信贷担保体系要加强对养殖场户的担保增信支持。保险机构要优化保险服务，做到精准投保、及时理赔、应赔尽赔。各地要落实好中央财政对地方优势特色农产品保险奖补政策，因地制宜支持发展肉牛养殖、基础母牛养殖保险。探索创新保险、信贷联动支持模式，利用保单数据构建信贷模型，撬动更多金融资源支持肉牛奶牛生产稳定发展。

五、强化脱贫地区和脱贫群众肉牛奶牛产业支持

肉牛奶牛产业已成为部分欠发达地区的支柱产业和部分脱贫群众的重要收入来源。各地要全面了解分析研判当前脱贫养殖户面临的困难，一户一策落实针对性帮扶措施，尽可能减少牛肉等农产品价格下行对脱贫养殖户带来的影响。按照相关规定统筹用好衔接资金，对符合支持条件的肉牛奶牛脱贫养殖户予以补助，推动调整优化养殖结构，减少养殖亏损。按照帮扶产业"四个一批"有关要

求，结合实际、分类施策，谋划实施好脱贫地区肉牛奶牛帮扶产业项目，补齐产业短板，延长产业链条，提高抗风险能力。

六、促进牛肉牛奶消费

各地要综合用好新媒体和传统媒介，通过制作发布短视频、长图等方式，在官方网站、公众号等平台开设牛肉牛奶促消费宣传专栏，宣传展示鲜牛肉、鲜牛奶品质和营养价值，发布牛肉牛奶美食地图、展示本地特色饮食文化，促进牛肉牛奶消费。用好展会、中国农民丰收节金秋消费季等平台，促进牛肉牛奶产销衔接。加强牛肉牛奶消费常识科普，纠正消费认知误区。推广"学生饮用奶"，鼓励有条件的地方通过发放消费券等方式，拉动牛奶消费。

七、加强技术指导服务

各地要建立健全肉牛奶牛生产监测和预警体系，摸清产能底数，强化生产形势分析研判和预警引导。充分发挥畜牧兽医技术支撑机构、行业协会、产业技术体系、科研院校等技术力量优势，组织推动技术下乡、服务上门。继续实施农技推广特聘计划，在牧区、半牧区和边境地区招募特聘动物防疫员，指导做好肉牛奶牛疫病防控。围绕优质饲草高效利用和农副产品资源饲料化利用、精细化饲养管理、肉牛奶牛选种选配、疫病防控等关键环节，通过培训讲座、现场指导、发放技术手册等多种形式，集成推广一批高效实用技术，指导养殖场户提高饲养管理水平和生物安全防护水平，实现节本提质增效。

各地要高度重视牛肉和牛奶稳产保供工作，切实加强组织领导，强化部门沟通协作，形成工作合力。鼓励各地在组织落实好现有资金渠道基础上，结合实际出台更有针对性的助农助企纾困支持政策。要建立与养殖场户（企业）常态化沟通交流机制，经常性听取意见建议，指导和帮助解决好生产经营中遇到的实际困难，及时发现并解决苗头性问题，促进肉牛奶牛生产平稳发展。

农业农村部　国家发展改革委　工业和信息化部

财政部　中国人民银行　市场监管总局

金融监管总局

2024 年 9 月 14 日

关于扩大大豆完全成本保险和种植
收入保险政策实施范围的通知

财金〔2024〕83号

各省、自治区、直辖市、计划单列市财政厅（局）、农业农村（农牧）厅（局、委），金融监管总局各监管局，新疆生产建设兵团财政局、农业农村局、中国融通资产管理集团有限公司、中国储备粮管理集团有限公司、北大荒农垦集团有限公司、中国农业发展集团有限公司，有关保险公司：

按照《中共中央　国务院关于学习运用"千村示范、万村整治"工程经验有力有效推进乡村全面振兴的意见》有关要求，为进一步推动提升我国农业保险保障水平，稳定种豆农户收益，助力提升大豆种植积极性，更好服务保障油料供应安全，现就扩大大豆完全成本保险和种植收入保险政策实施范围有关事项通知如下：

一、总体要求

以习近平新时代中国特色社会主义思想为指导，坚持以人民为中心的发展思想，紧紧围绕推进乡村全面振兴和加快农业农村现代化，通过扩大大豆完全成本保险和种植收入保险政策实施范围，提高大豆保险保障水平，提升农户种豆积极性，服务保障我国大豆油料供应安全。

——坚持自主自愿。实施大豆完全成本保险和种植收入保险的地区以及有关农户、农业生产经营组织、承保机构均应坚持自主自愿原则。2024年起，政策实施地区的种豆农户和农业生产经营组织可在物化成本保险、完全成本保险或种植收入保险中自主自愿选择，但不得重复投保。

——体现金融普惠。将适度规模经营农户和小农户均纳入保障范围，以小农户为基础、新型农业经营主体为重点，发挥新型农业经营主体带动作用，提升小农户组织化程度。

——注重精准高效。各地财政、农业农村、保险监管等有关单位以及承保机构要协同配合、形成合力，在确保数据安全的前提下共享土地承包、流转、种植等信息，加强承保理赔数据核验比对，提高农业保险精准度、精细度和有效度。

——强化合规管理。各地要健全风险防范和应急处置机制。承保机构要强化防范风险主体责任，坚持审慎经营，提升风险预警、识别、管控能力，加强风险减量管理，切实提升服务水平。保险监管部门监督承保机构，及时足额定损理赔，不得平均赔付、协议赔付。

二、补贴方案

（一）保险标的为大豆。保险品种为完全成本保险和种植收入保险。其中，完全成本保险为保险金额覆盖物化成本、土地成本和人工成本等农业生产总成本的农业保险；种植收入保险为保险金额体现价格和产量，保障水平覆盖种植收入的农业保险。保险保障对象包括适度规模经营农户、小农户等全体农户和农业生产经营组织。

（二）2024 年，大豆完全成本保险和种植收入保险政策覆盖内蒙古自治区、黑龙江省全域，其他省、自治区、直辖市、计划单列市纳入政策实施范围的大豆种植面积不超过辖内大豆种植总面积的50％。2025 年，政策覆盖各省、自治区、直辖市、计划单列市。2026 年，将北大荒农垦集团有限公司、中国储备粮管理集团有限公司等相关中央单位纳入政策范围，实现政策全国全面覆盖。

（三）完全成本保险保障水平、种植收入保险保障水平原则上均不得高于大豆相应产值的 80%。大豆生产总成本、单产和价格（地头价）数据，以国家发展改革委最新发布的《全国农产品成本收益资料汇编》或相关主管部门认可的数据为准。

（四）大豆完全成本保险和种植收入保险保费补贴比例为在省级财政保费补贴不低于 25% 的基础上，中央财政对中西部地区及东北地区补贴 45%，对东部地区补贴 35%。在相关中央单位承担不低于 10% 保费的基础上，中央财政对相关中央单位保费补贴按其种植业务所在地补贴比例执行。

三、保险方案

（一）完全成本保险的保险责任应涵盖当地主要的自然灾害、重大病虫鼠害、意外事故、野生动物毁损等风险，种植收入保险的保险责任应涵盖大豆价格、产量波动导致的收入损失。

（二）保险费率按照保本微利原则厘定。承保机构公平合理拟定保险费率。省级财政部门应会同有关方面加强指导，并征求当地农业农村部门、保险监管部门、农户代表和财政部当地监管局意见。

（三）地方财政部门应进一步规范保费补贴资金管理，优化资金拨付方式，根据农业保险承保进度及签单情况，及时向承保机构拨付保费补贴，不得拖欠。

（四）保险监管部门应监督承保机构加强承保理赔管理，对适度规模经营农户和小农户都要做到承保到户、定损到户、理赔到户。

（五）承保机构应规范费用列支，在保障专业服务质量的前提下持续加强费用管控，确保农业保险综合费用率不高于 20%。

（六）承保机构应抓实查勘定损工作，加强承保理赔信息管理，提高农户信息采集准确度。当地农业农村部门在种植信息采集等方面提供支持。

四、其他事项

（一）保费补贴资金申请按照《财政部关于印发〈中央财政农业保险保费补贴管理办法〉的通知》（财金〔2021〕130 号）相关规定报送。

（二）各地和相关中央单位要高度重视扩大大豆完全成本保险和种植收入保险实施范围工作，执行中如有问题，请及时报告。

（三）本通知自 2024 年 1 月 1 日起施行。

财政部　农业农村部　金融监管总局

2024 年 9 月 14 日